HUMAN RESOURCE MANAGEMENT

人力资源
法律风险管控操作实务

段海宇 编著

图书在版编目（CIP）数据

人力资源法律风险管控操作实务 / 段海宇编著. —北京：北京大学出版社，2012.9

ISBN 978-7-301-20935-6

Ⅰ.人… Ⅱ.段… Ⅲ.劳动合同—合同法—中国—手册 Ⅳ.D922.52-62

中国版本图书馆CIP数据核字（2012）第154613号

书　　　　名：人力资源法律风险管控操作实务

著作责任者：段海宇　编著

责 任 编 辑：孙尔春

标 准 书 号：ISBN 978-7-301-20935-6/F·3251

出 版 发 行：北京大学出版社

地　　　　址：北京市海淀区成府路205号 100871

网　　　　址：http://www.pup.cn

电　　　　话：邮购部 62752015　　发行部 62750672

　　　　　　　编辑部 82893506　　出版部 62754962

电 子 邮 箱：tbcbooks@vip.163.com

印　　刷　者：北京市密东印刷有限公司

经　　销　者：新华书店

　　　　　　　787毫米×1092毫米　16开本　24印张　360千字

　　　　　　　2012年9月第1版第1次印刷

定　　　　价：68.00元

未经许可，不得以任何方式复制或抄袭本书之部分或全部内容。

版权所有，侵权必究

举报电话：010-62752024；电子邮箱：fd@pup.pku.edu.cn

目录 CONTENTS

前言 / V

第一章　规章制度法律风险管控

第一节　为什么要关注规章制度 / 3

第二节　如何让规章制度发生效力 / 4

第三节　法律风险 / 7

第四节　专业提示 / 9

第五节　案例分析 / 11

第六节　法律依据 / 13

第二章　招聘管理法律风险管控

第一节　为什么要关注招聘管理 / 17

第二节　用人单位主体资格 / 17

第三节　劳动者主体资格 / 27

第四节　招聘启事 / 43

第五节　应聘登记 / 56

第六节　录用前审查 / 60

第七节　履行告知义务 / 65

第八节　录用通知书 / 68

第三章　入职管理法律风险管控

第一节　入职登记表　/ 79

第二节　制作职工名册　/ 82

第三节　签订劳动合同通知书　/ 83

第四节　签订劳动合同　/ 84

第五节　固定期限劳动合同　/ 90

第六节　无固定期限劳动合同　/ 92

第七节　以完成一定工作任务为期限的劳动合同　/ 105

第八节　试用期　/ 109

第九节　劳动合同内容　/ 116

第十节　工作岗位　/ 120

第十一节　工作地点　/ 123

第十二节　签订劳动合同的法律风险提示　/ 124

第十三节　发放劳动合同和员工手册　/ 130

第十四节　办理用工手续　/ 133

第十五节　商业秘密保护　/ 134

第十六节　竞业限制　/ 141

第十七节　专项培训　/ 151

第十八节　续签劳动合同　/ 155

第四章　在职管理法律风险管控

第一节　劳动合同的变更　/ 165

第二节　工时制度　/ 169

第三节　休息休假　/ 192

第四节　女职工劳动保护　/ 206

第五节　劳动保护、劳动条件和职业危害防护　/ 219

第六节　社会保险　/ 235

第七节　劳务派遣　/ 257

第五章　薪酬管理法律风险管控

第一节　《劳动合同法》对薪酬管理的影响　/ 265

第二节　工资额度　/ 268

第三节　工资支付　/ 285

第四节　试用期工资　/ 295

第六章 离职管理法律风险管控

第一节　协商解除劳动合同 / 299

第二节　劳动者单方面解除劳动合同 / 303

第三节　用人单位单方面解除劳动合同 / 308

第四节　劳动合同终止 / 338

第五节　劳动合同解除和终止限制性规定 / 342

第六节　经济补偿 / 348

第七节　劳动者的赔偿责任 / 357

第八节　劳动争议解决 / 362

前言 PREFACE

近年来，随着《中华人民共和国劳动合同法》、《中华人民共和国劳动争议调解仲裁法》和《中华人民共和国就业促进法》等一系列新劳动法规的实施，人力资源管理的法律风险比从前翻了好几倍，很多用人单位都因为劳动法规的使用不当而陷入劳动仲裁之中。因此，现代人力资源管理者不仅要熟练掌握工作分析和职务评估的基本功，更要熟悉相应的劳动法规——这是人力资源管理的工作底线。

众所周知，我国的制造业整体上处于全球产业链的末端，大部分的劳动成果被发达国家拿走了。我国广大用人单位的利润本来就很低，加上如今的经济危机，很多用人单位都面临着前所未有的压力。"自救者，天救之"、"政府不会救落后的生产力"，我国的用人单位想要升级换代摆脱困境，就必须从自身出发，不仅要向技术要利润，更要向管理要利润！人力资源管理作为现代用人单位管理的关键环节之一，也必须进行升级换代。那么，人力资源管理升级换代的方向在哪儿呢？方向就在于注重精细化、专业化和合法化的管理。

由于我国现行的劳动法规比较分散，相互之间还存在一些冲突，广大人力资源管理者在查询和使用相关劳动法规时，难免会遇到一些困难。为了优化人力资源管理，降低用人单位不必要的用工风险，构建和谐的劳资关系，笔者根据长期以来担任劳资顾问和参与劳动维权的实践经验，编写了本书，以此来提示人力资源法律中需要注意和规避的风险点。

与同类图书相比，本书具有以下特征：

第一，务实求真。本书没有"假大空"，内容涉及的全部是劳资管理实践中常见和多发的问题。

第二，操作方便。本书按照人力资源管理操作实务从入职到在职再到离职的顺序展开，分类逻辑清晰，非常方便查询。

第三，指导专业。本书是作者根据日常法律顾问经验制作的，是国内人力资源法律相关书籍中内容最翔实、指导最全面的实务书籍之一。

由于时间仓促，加上笔者的水平有限，不免存在一些疏漏之处，还请广大读者批评指正。

HUMAN RESOURCE MANAGEMENT

第一章

规章制度法律风险管控

第一节　为什么要关注规章制度

与劳动者利益相关的规章制度是用人单位和劳动者之间的"法律",贯穿于用人单位和劳动者互动的整个过程,是用人单位行使用工自主权(例如对劳动者的选择权,调岗调薪、解除劳动合同等劳动关系变动自主权和追究违法违纪劳动者的法律责任等方面)的重要依据。劳动者不胜任原工作岗位的,用人单位有权调整其工作岗位和劳动报酬;严重违反用人单位规章制度的,用人单位可解除劳动合同。如果没有完善的规章制度规定工作岗位的胜任力指标,没有具体规定用人单位可以解除劳动关系的违规违纪情形,用人单位对员工的调岗调薪和解雇就将缺乏依据,人力资源管理自然将会陷入困境。

《中华人民共和国劳动合同法》(以下简称《劳动合同法》)第四条对规章制度有大篇幅规定,"用人单位在制定、修改或者决定有关劳动报酬、工作时间、休息休假、劳动安全卫生、保险福利、职工培训、劳动纪律以及劳动定额管理等直接涉及劳动者切身利益的规章制度或者重大事项时,应当经职工代表大会或者全体职工讨论,提出方案和意见,与工会或者职工代表平等协商确定。……用人单位应当将直接涉及劳动者切身利益的规章制度和重大事项决定公示,或者告知劳动者"。

《劳动合同法》第八十条规定,"用人单位直接涉及劳动者切身利益的规章制度违反法律、法规规定的,由劳动行政部门责令改正,给予警告;给劳动者造成损害的,应当承担赔偿责任"。

可见,没有有效的规章制度,人力资源管理就会因为无章可循而失去用工自主权,陷入被动。勉强为之的话,用人单位很可能因为无法得到劳动保障行政部门和司法部门的认可而陷入非法境地,因此给劳动者造成损害的,还可能承担赔偿责任。这和以往的法律相比,对规章制度的合法性要求严格了许多。

第二节　如何让规章制度发生效力

根据《劳动合同法》第四条规定，用人单位在制定、修改或者决定有关劳动报酬、工作时间、休息休假、劳动安全卫生、保险福利、职工培训、劳动纪律以及劳动定额管理等直接涉及劳动者切身利益的规章制度或者重大事项时，应当经职工代表大会或者全体职工讨论，与工会或者职工代表协商确定，然后将直接涉及劳动者切身利益的规章制度和重大事项决定公示，或者告知劳动者。

根据《最高人民法院关于审理劳动争议案件适用法律若干问题的解释》第十九条规定，规章制度必须符合"民主程序制定"、"公示"等条件。

由以上法律规定可以看出，规章制度合法的要件如下：

一、规章制度内容要合法

在实践中，不少用人单位认为自己处于强势地位，规章制度想怎么制定就怎么制定，由他们制定的内部规章制度往往违反相关法律规定，例如员工入职要交保证金、押金，用人单位可以扣押劳动者身份证等，严重侵犯了员工的合法权益。因此，用人单位的规章制度必须在现行法律的框架之内制定，不能违反现行法律法规。这里的"合法"应作广义的理解，指符合所有法律、法规和规章的规定，具体包括：宪法、法律、行政法规、地方法规、民族自治地方的自治条例和单行条例，以及关于劳动方面的行政法规。

根据《劳动合同法》第八十条规定，用人单位直接涉及劳动者切身利益的规章制度违反法律、法规规定的，由劳动行政部门责令改正，给予警告；给劳动者造成损害的，应当承担赔偿责任。所以，用人单位制定的规章制度合法是其具有法律效力的基础。

二、规章制度内容要合理

法律将制定规章制度的权力授予用人单位后,除了合法性以外,还产生"规章制度合理性"的问题。根据《劳动合同法》第三十九条规定,员工如果严重违反用人单位的规章制度或者严重失职,营私舞弊,给用人单位造成重大损害的,用人单位可以解除劳动合同。但法律并没有对什么是"严重违反用人单位的规章制度"和"重大损害"做出具体的规定,这些都需要用人单位在规章制度中做出明确、具体的规定。用人单位如果不予界定或界定不合理,界定权就将移交给仲裁机构或法院,用人单位将失去主动权,多一层败诉风险。用人单位如何把握好合理的"度"是一个难点,这也是相对而言的。一般情况下,如果一个规定能得到用人单位大多数员工的认同,就是合理的;如果大多数员工都不认同,这个规定就可能存在问题。

例如某化工企业规定,在车间抽烟的属于严重违纪,予以解除劳动合同,这是合理的,因为化工企业一旦失火,将损失惨重。而某机械行业也做出相同的规定就有悖于规章制度的合理性了。再如有的单位规定,旷工一天予以解除劳动关系,这没有给员工一个改过的机会,缺乏合理性。因此,用人单位在制定规章制度时要尽量做到合理。

三、规章制度的制定要符合民主程序

用人单位制定的规章制度能否对管理起到有效作用,关键在于执行。如果让员工参与规章制度制定过程中的讨论,规章制度能体现员工的意愿并得到员工的认可,就能顺利地得到实施。《劳动合同法》第四条第二款规定,"用人单位在制定、修改或者决定有关劳动报酬、工作时间、休息休假、劳动安全卫生、保险福利、职工培训、劳动纪律以及劳动定额管理等直接涉及劳动者切身利益的规章制度或者重大事项时,应当经职工代表大会或者全体职工讨论,提出方案和意见,与工会或者职工代表平等协商确定"。这就要求用人单位制定规章制度的行为是一个民主表决和集体协商的行为,而不再是职能部门制定、高层管理表决的过程。

从法律规定看，规章制度的制定、修改流程为：职工代表大会或者全体职工讨论→提出方案和意见→与工会或者职工代表平等协商确定。法律并没有规定提出方案和意见的主体是劳动者还是用人单位，因为两者都可以提出方案和意见。在如今工会不具有独立性的情况下，一般都是由用人单位整体提出方案和意见，劳动者再对此发表意见。

四、规章制度制定后要向员工公示

1. 公示的重要性

规章制度是否向劳动者公示，可直接决定用人单位在劳动争议案件中的胜败。按照最高人民法院司法解释及《劳动合同法》的规定，规章制度只有向劳动者公示才对劳动者产生约束力。司法实践中，劳动者往往以其不知道规章制度的内容为由，主张规章制度未公示，用人单位也往往无法提供已经公示的证据，很多用人单位本应该胜诉的案件最终败诉，问题往往就出在这里。员工的违纪行为本已经达到了规章制度中规定的解除劳动合同条件，但是员工称不知道有这个制度，用人单位也无法出示曾向员工公示的证据，最终败诉。

2. 公示方法

（1）《员工手册》发放法：用人单位可以制作一份《规章制度学习书》，放在《员工手册》最后一页，一式两份，公司一份，员工一份。《规章制度学习书》内容如下："本人确认已阅读了由×年×月×日起生效的公司《员工手册》，清楚了解了手册的全部内容，并同意接受此手册的全部内容。"让员工签上本人姓名和日期。

（2）内部培训法：用人单位可以通过内部培训的方法向员工公示规章制度，但是注意一定要让员工在包括培训时间、地点、参与人员、培训内容的签到表签到。

（3）劳动合同约定法：用人单位可以将规章制度作为劳动合同的附件，并在劳动合同中约定"下列规章制度作为合同的附件，与劳动合同具有同等法律效用，乙方（员工）知悉并认可下列制度"。但是这种做法将导致合同变得很厚。

（4）考试法：必须是书面考试，开卷或闭卷都可以。必须内容齐全，有关劳动者切身利益的规章制度都应当涉及，并得到劳动者的签名。

（5）传阅法：公司将制定好的规章制度给每个部门发一份，并要求每名员工阅读后签名确认，表示知悉并认可该份制度，公司人力资源部收回有员工签名的原件作为公示的证据保留。

（6）《入职登记表》声明条款法：例如在《入职登记表》中注明以下内容并让员工签名确认："本人已经阅读单位的招聘管理、入职管理、培训管理、考勤制度、绩效考核规定、薪酬管理、员工关系等与本人切实利益相关的所有规章制度，并已准确理解其含义，本人认可并接受这些规章制度的管理，认真履行公司对岗位人员所规定的责任和义务。"

（7）会议宣传法：用人单位通过召开会议向员工介绍规章制度，并设计一份《与会人员签到表》，做好会议纪要，详细记录会议的主题、时间、地点、与会人员和会议内容等。

用人单位在公示规章制度时，要尽量避免如下举证困难的公示方法：网站公布、电子邮件告知、公告栏和宣传栏张贴。

第三节　法律风险

一、规章制度无效的法律风险

无效的规章制度在仲裁或诉讼中不能作为审理劳动争议案件的依据。根据《劳动合同法》第四条和《最高人民法院关于审理劳动争议案件适用法律若干问题的解释》第十九条的规定，有效的规章制度必须符合"民主程序制定"、"合法"和"公示"三个条件，才可作为人民法院审理劳动争议案件的依据。

二、规章制度违反法律、法规的法律风险

根据《劳动合同法》第三十八条规定，用人单位的规章制度违反法律、法规的规定，损害劳动者权益的，劳动者可以解除劳动合同。另外，《劳动合同法》第八十条还规定，"用人单位直接涉及劳动者切身利益的规章制度违反法律、法规规定的，由劳动行政部门责令改正，给予警告；给劳动者造成损害的，应当承担赔偿责任"。

三、规章制度未做细化、具体化的后果

用人单位制定的规章制度不能简单概括，而应当精细化、具体化。

《劳动合同法》第三十九条规定，"劳动者有下列情形之一的，用人单位可以解除劳动合同：（一）在试用期间被证明不符合录用条件的；（二）严重违反用人单位的规章制度的；（三）严重失职，营私舞弊，给用人单位造成重大损害的"。

要想让用人单位关于上述三项的规章制度真实发生效力，就必须明确各个工作岗位的具体录用条件是什么，严重违反用人单位规章制度的具体情形和重大损害的数额是多少。否则，以此解除劳动合同将很可能被认定为非法解除劳动合同，被要求支付非法解除劳动合同赔偿金或者被迫恢复劳动合同关系。

例如，某企业市场总监对公司业绩有卓越贡献，且与现任CEO关系较好，经常迟到早退。后因企业领导换届，新任CEO遵循规范化管理制度，多次要求该市场总监严格遵守上下班打卡制度，均未引起其重视，遂以严重违反公司规章制度为由，向其发送解除劳动合同关系通知。为此，该市场总监提起诉讼，认为企业认定其严重违反公司规章制度证据不足，虽然该企业执行上下班打卡制度，但是企业规章制度中并未明确规定上下班的具体时间。因此，以此作为严重违反公司规章制度处理，证据不充分。经审理，该市场总监胜诉，企业与之解除劳动关系仍需支付相应非法解除劳动合同赔偿金。

可见，企业规章制度严谨、细化、合法化是一把利器，企业要学会利用法律赋

予其在合法范围内自行规定的权力,把握住劳动关系纠纷的源头,给员工以明示,给审判以依据,为保障和谐劳动关系把好关、站好岗。

四、用人单位在制作和执行规章制度过程中未作证据留存的后果

根据《最高人民法院关于审理劳动争议案件适用法律若干问题的解释》第十九条的规定,规章制度必须符合"民主程序制定"、"公示"等条件。否则,将可能因为这些规章制度不能作为处理劳动争议的依据,而导致对劳动者的处理决定被认定为非法。

因此,用人单位应特别注意收集和妥善保留制定、修改、决定规章制度或者重大事项时,已依法经过职工代表大会或者全体职工讨论、提出方案和意见,且已经与工会或者职工代表平等协商确定的证据材料,包括用人单位动议制定、修改、决定规章制度或者重大事项的证据,通知职工代表大会或者全体职工参加讨论的证据,讨论会议的会议记录、职工代表大会或者全体职工提出的方案和意见以及用人单位对这些方案和意见的处理的证据,与工会或者职工代表平等协商过程的证据,以及已将这类规章制度和决定公示或者告知劳动者的证据。

上述证据的制作、收集,均须注意应有职工代表大会或者全体职工、工会、职工代表的签章确认,可以视听资料的形式固定,并妥为保存。

第四节　专业提示

一、几种特殊情况下的规章制度合法的情形

1. 《劳动合同法》实施前制定的规章制度

例如《深圳市中级人民法院关于审理劳动争议案件程序性问题的指导意见》

第七十八条第一款规定,"用人单位在《劳动合同法》实施以前制定的规章制度,虽未经过《劳动合同法》第四条第二款规定的民主程序,但内容未违反法律、行政法规及政策规定,并已向劳动者公示或告知的,可以作为用人单位用工管理的依据"。

2．《劳动合同法》实施后,制定、修改规章制度,未经法定民主程序,但未违反法律、行政法规及政策规定,不存在明显不合理的情形

例如《深圳市中级人民法院关于审理劳动争议案件程序性问题的指导意见》第七十八条第二款规定,"《劳动合同法》实施后,用人单位制定、修改直接涉及劳动者切身利益的规章制度或重大事项时,未经过《劳动合同法》第四条第二款规定的民主程序的,原则上不能作为用人单位用工管理的依据。但规章制度或重大事项的内容未违反法律、行政法规及政策规定,不存在明显不合理的情形,并已向劳动者公示或告知的,劳动者没有异议的,可以作为劳动仲裁和人民法院裁判的依据"。

3．《劳动合同法》实施后,制定、修改规章制度,经法定民主程序,但是劳动者不同意的

例如《深圳市中级人民法院关于审理劳动争议案件程序性问题的指导意见》第七十九条规定,"《劳动合同法》第四条第二款规定的'平等协商确定'主要是指程序上的要求,如果平等协商无法达成一致,最后决定权在用人单位"。

二、子公司是否可以执行母公司的规章制度

关于子公司是否可以执行母公司的规章制度,现在全国还没有统一的规定,部分地区认为子公司可以执行母公司的规章制度。例如《江苏省高级人民法院、江苏省劳动争议仲裁委员会〈关于审理劳动争议案件的指导意见〉》第十八条第三款规定,"有独立法人资格的子公司执行母公司的规章制度,如子公司履行了《劳动合同法》第四条规定的民主程序,或母公司履行了《劳动合同法》第四条规定的民主程序且在子公司内向劳动者公示或告知的,母公司的规章制度可以作为处理子公司劳动争议的依据"。

第五节 案例分析

案例一：用人单位规章制度受阻于职工代表大会

某外商投资用人单位人力资源部根据董事会的意图制定出了《××单位职工奖金福利分配办法》，并于2005年12月8日提交职工代表大会讨论表决。职工代表认为，该《分配办法》对于职工获得奖金的条件过于苛刻，要求降低标准，但用人单位代表坚决予以反驳，经过几个回合的讨论协商，双方未能就此达成一致，职工代表甚至提出了自己的奖金福利分配办法。至此，双方的对峙达到了白热化的程度。

问题：

规章制度在提交职工代表大会讨论前，是否须先经工会讨论通过？如果职工代表大会不满用人单位起草的规章制度并提出了自己的规章制度，要求以此为基础来讨论，对照现行法律和《劳动合同法》的规定，用人单位该如何收场才较为明智？

评析：

根据《劳动合同法》第四条规定，规章制度的制定、修改流程为：职工代表大会或者全体职工讨论→提出方案和意见→与工会或者职工代表平等协商确定→公示告知。

该法条没有对规章制度的起草人、提交职工代表大会或者全体职工讨论之前是否要经过工会讨论通过的前置程序，以及双方出现分歧时如何确定规章制度的内容做出明确规定。在目前的大环境下，如此规定实际上赋予了用人单位起草规章制度的权力，在双方发生分歧后，该规章制度的最终版本实际上由用人单位决定。这一点，在有些地区已经通过指导意见等形式确定下来，例如《深圳市中级人民法院关于审理劳动争议案件若干问题的指导意见》第七十九条规定，"《劳动合同法》第四条第二款规定的'平等协商确定'主要是指程序上的要求，如果平等协商无法达成一致，最后决定权在用人单位。如该规章制度违反法律法规的规定，给劳动者造成损害的，劳动者可依据《劳动合同法》第八十条寻求救济"。可见，规章制度受阻于职工代表大会或全体职工大会时，用人单位有最终决定权，只要通过的规章制度不违反法律法规即可。

案例二：职工"不堪忍受"用人单位规章制度跳槽

张某就职于一家上市公司，由于该公司业务繁忙，需要职工经常加班加点，于是该公司出台了《公司职工加班及加班工资支付办法》，规定职工无正当理由必须接受公司的加班安排，加班工资按《中华人民共和国劳动法》（以下简称《劳动法》）的规定执行。当时职工认为经常加班可以提高个人收入，该规定在职工代表大会上获得了通过。张某一开始比较拥护公司的这项规定，但慢慢地发现经常加班使自己丧失了利用休息时间进行业务充电的机会，就开始拒绝公司的加班安排。公司对张某的行为提出了严厉的批评，张某一气之下提出辞职，并于辞职第二日到另一家公司上班。

问题：

对照现行法律和《劳动合同法》的规定，张某能否就此离职并进入其他公司上班？张某离职能获得补偿吗？

评析：

根据《劳动合同法》第四条和《最高人民法院关于审理劳动争议案件适用法律若干问题的解释》第十九条规定，用人单位规章制度必须合法，不得违反法律法规，否则不得作为人民法院审理劳动争议案件的依据。按照《劳动法》第四十一条规定，用人单位可以在标准工作时间以外，适当延长工作时间，安排职工加班，但必须取得职工的同意，即除《劳动法》第四十二条规定的"发生自然灾害、事故或者因其他原因，威胁劳动者生命健康和财产安全，需要紧急处理的"、"生产设备、交通运输线路、公共设施发生故障，影响生产和公众利益，必须及时抢修的"等法律法规规定的特殊情况外，职工有权拒绝加班。

至于是否可以就此离职并要求解除劳动合同经济补偿,按照《劳动合同法》第三十八条第四项和第四十六条规定,用人单位的规章制度违反法律、法规的规定,损害劳动者权益的,劳动者可以此为由辞职并可以要求单位支付经济补偿。

第六节 法律依据

《中华人民共和国劳动合同法》(自2008年1月1日起施行,中华人民共和国主席令第六十五号)

第四条 用人单位应当依法建立和完善劳动规章制度,保障劳动者享有劳动权利、履行劳动义务。

用人单位在制定、修改或者决定有关劳动报酬、工作时间、休息休假、劳动安全卫生、保险福利、职工培训、劳动纪律以及劳动定额管理等直接涉及劳动者切身利益的规章制度或者重大事项时,应当经职工代表大会或者全体职工讨论,提出方案和意见,与工会或者职工代表平等协商确定。

在规章制度和重大事项决定实施过程中,工会或者职工认为不适当的,有权向用人单位提出,通过协商予以修改完善。

用人单位应当将直接涉及劳动者切身利益的规章制度和重大事项决定公示,或者告知劳动者。

《最高人民法院关于审理劳动争议案件适用法律若干问题的解释》(法释〔2001〕14号)

第十九条 用人单位根据《劳动法》第四条之规定,通过民主程序制定的规章制度,不违反国家法律、行政法规及政策规定,并已向劳动者公示的,可以作为人民法院审理劳动争议案件的依据。

《深圳市中级人民法院关于审理劳动争议案件若干问题的指导意见(试行)》(2009年4月15日起施行)

第七十八条 用人单位在《劳动合同法》实施以前制定的规章制度，虽未经过《劳动合同法》第四条第二款规定的民主程序，但内容未违反法律、行政法规及政策规定，并已向劳动者公示或告知的，可以作为用人单位用工管理的依据。

《劳动合同法》实施后，用人单位制定、修改直接涉及劳动者切身利益的规章制度或重大事项时，未经过《劳动合同法》第四条第二款规定的民主程序的，原则上不能作为用人单位用工管理的依据。但规章制度或重大事项的内容未违反法律、行政法规及政策规定，不存在明显不合理的情形，并已向劳动者公示或告知的，劳动者没有异议的，可以作为劳动仲裁和人民法院裁判的依据。

第七十九条 《劳动合同法》第四条第二款规定的"平等协商确定"主要是指程序上的要求，如果平等协商无法达成一致，最后决定权在用人单位。如该规章制度违反法律法规的规定，给劳动者造成损害的，劳动者可依据《劳动合同法》第八十条寻求救济。

《江苏省高级人民法院、江苏省劳动争议仲裁委员会〈关于审理劳动争议案件的指导意见〉》（苏高法审委〔2009〕47号）

第十八条 用人单位在《劳动合同法》实施前制定的规章制度，虽未经过《劳动合同法》第四条规定的民主程序，但其内容不违反法律、行政法规及政策规定，且不存在明显不合理的情形，并已向劳动者公示或者告知的，可以作为处理劳动争议的依据。

用人单位在《劳动合同法》实施后制定、修改规章制度，经法定民主程序与工会或职工代表协商，但未达成一致意见，若该规章制度的内容不违反法律、行政法规的规定、不存在明显不合理的情形，且已向劳动者公示或者告知的，可以作为处理劳动争议的依据。

有独立法人资格的子公司执行母公司的规章制度，如子公司履行了《劳动合同法》第四条规定的民主程序，或母公司履行了《劳动合同法》第四条规定的民主程序且在子公司内向劳动者公示或告知的，母公司的规章制度可以作为处理子公司劳动争议的依据。

HUMAN RESOURCE MANAGEMENT

第二章

招聘管理法律风险管控

第一节 为什么要关注招聘管理

员工招聘、录用管理是用人单位人力资源管理行为中的关口。做得好,不但为用人单位找到了适合的人才,还能在第一时间有效预防劳资纠纷的发生;做得不好,则犹如病从口入,不但浪费了招聘的费用、人力和时间,导致用人单位人才缺位或错位,影响用人单位的经营,而且可能为日后的劳资纠纷埋下导火索。

找到与岗位匹配的人才,这往往是用人单位招聘人员关注的焦点,但是他们往往容易轻视甚至忽视其中可能存在的法律风险。有的招聘人员甚至连调整用人单位招聘阶段的主要法律法规有哪些都不知道,更不用说国家在这方面的禁止性规定(即红线)了。近年来,用人单位因为拒绝录用或者解雇乙肝病毒携带者而受到起诉的案件屡见报端,这些用人单位不但需要支付高昂的违法成本,还严重损害了自己在员工心中的形象。可见,用人单位构建员工招聘法律风险防范体系极具现实意义。

第二节 用人单位主体资格

一、法律解读

用人单位主体资格法律风险管理方面比较简单,只需要掌握用人单位适格主体的范围即可,以防止不具备用人单位主体资格的单位与劳动者签订劳动合同,从而构成非法用工。

1. 用人单位主体资格与民事主体资格之间的区别和联系

（1）定义。

用人单位主体资格是指以劳动关系的特殊性决定而由法律创制的资格。

民事主体资格是指民事主体通过自己民事活动或借助他人的民事活动，参与民事法律关系、取得和行使民事权利、承担和履行民事义务的资格。

（2）区别。

第一，法律设立用人单位主体资格的主要目的，在于确保其有可靠的能力实现劳动者合法权益；设立民事主体资格的主要目的，在于维护市场准入的秩序，保障市场交易的平等、自由和安全。

第二，用人单位主体资格是对用人单位使用劳动力和保障劳动力再生产的必要条件所提出的基本要求。民事主体资格主要是对民事主体实现商品交换的必要条件提出的基本要求。

第三，用人单位主体资格受国家控制的程度相对较大，民事主体资格受国家控制的程度相对较小。所谓的国家控制是指用人单位需在劳动力主管部门，即人力资源与社会保障部门（厅、局）强制登记。

第四，法人资格与非法人组织民事主体资格在依法成立时开始存在，用人单位主体资格则必须经由国家机关确认才开始存在。

有民事主体资格的不一定拥有用人单位资格，如公民、农村集体经济组织、农村承包经营户等。有用人单位资格的也不一定拥有民事主体资格，如分公司、分支机构、办事处等，当然，他们要取得用人单位资格必经由劳动力市场主管部门确认。

（3）联系。

第一，用人单位主体资格往往以民事主体资格的取得为前提。

其一，民法的基本理念和原则是建立在劳动合同制度的基础上的，劳动合同制度是在民法雇佣制度上发展而来的；其二，用人单位主体资格实现了民事权利义务的安定化；其三，违反劳动法的责任包括民事责任。

第二,用人单位主体资格是民事主体资格的扩张。

2. 《劳动合同法》规定的用人单位

(1) 企业。

企业是以盈利为目的的经济性组织,包括法人企业和非法人企业,是用人单位的主要组成部分,是《劳动合同法》的主要调整对象。

(2) 个体经济组织。

个体经济组织是指经工商部门登记注册并招用雇工的个体工商户。

(3) 国家机关。

这里的国家机关包括国家权力机关、行政机关、司法机关和军事机关等,其录用公务员和聘任制公务员,适用《中华人民共和国公务员法》(以下简称《公务员法》),不适用《劳动合同法》,国家机关招用工勤人员,需要签订劳动合同,就要适用《劳动合同法》。

(4) 事业组织。

事业单位适用《劳动合同法》,可以分为三种情况:

一种是具有管理公共事务职能的组织,如证券监督管理委员会、保险监督管理委员会、银行业监督管理委员会等,其录用工作人员是参照《公务员法》进行管理,不适用《劳动合同法》。

一种是实行用人单位化管理的事业单位,这类事业单位与职工签订的是劳动合同,适用《劳动合同法》的规定。

还有一种事业单位,如医院、学校、科研机构等,有的劳动者与单位签订的是劳动合同,就要按照《劳动合同法》的规定执行;有的劳动者与单位签订的是聘用合同,就要按照《劳动合同法》第九十六条的规定,即法律、行政法规和国务院规定另有规定的,就按照法律、行政法规和国务院的规定执行;法律、行政法规和国务院没有特别规定的,也要按照《劳动合同法》执行。

(5) 社会团体。

按照《社会团体登记管理条例》的规定,社会团体是指中国公民自愿组成,为实现会员共同意愿,按照其章程开展活动的非营利性社会组织。社会团体的情况也比较复杂，有的社会团体如党派团体，除工勤人员外，其工作人员是公务员，按照《公务员法》管理；有的社会团体如工会、共产主义青年团、妇女联合会、工商界联合会等人民团体和群众团体，文学艺术联合会、足球协会等文化艺术体育团体，法学会、医学会等学术研究团体，各种行业协会等社会经济团体，这些社会团体虽然在《公务员法》中没有明确规定参照，但实践中对列入国家编制序列的社会团体，除工勤人员外，其工作人员是比照《公务员法》进行管理的。除此以外的多数社会团体，如果作为用人单位与劳动者订立的是劳动合同，就按照《劳动合同法》进行调整。

（6）其他组织。

2008年9月18日，《中华人民共和国劳动合同法实施条例》（以下简称《劳动合同法实施条例》）施行。新法颁布后，明确了"依法成立的会计师事务所、律师事务所等合伙组织和基金会，属于《劳动合同法》规定的用人单位"。作为《劳动合同法》规定的用人单位主体的组织，有两个最基本的特征：一是合法成立，二是有一定的组织机构和财产。其他组织形式比较复杂，有的采取合伙制，有的采取合作制，不属于《劳动合同法实施条例》列举的任何一种组织形式，但它们招用助手、工勤人员等，也要签订劳动合同。因此，也需要适用《劳动合同法实施条例》。

二、非法用工单位的违法成本

1. 非法用工单位的含义

依据《工伤保险条例》第六十六条及《非法用工单位伤亡人员一次性赔偿办法》第二条规定，所谓的"非法用工单位"，是指无营业执照或者未经依法登记、备案的单位，被依法吊销营业执照或者撤销登记、备案的单位以及使用童工违法用工的单位等。

2. 非法用工的法律责任

《劳动合同法》和《非法用工单位伤亡人员一次性赔偿办法》等法律法规加重

了非法用工的法律责任。

（1）行政法律责任。

《劳动保障监察条例》第三十三条规定，"对无营业执照或者已被依法吊销营业执照，有劳动用工行为的，由劳动保障行政部门依本条例实施劳动监察，并及时通报工商行政管理部门予以查处取缔"。

（2）赔偿责任。

对于劳动者已经付出劳动的，要依据《劳动合同法》及相关法律法规的规定给予劳动报酬、经济补偿金、赔偿金；给劳动者造成损害的，应当承担赔偿责任。这些给付或赔偿责任由非法用工单位或实际出资人承担。

（3）非法用工单位发生工伤时的责任。

非法用工单位发生工伤事故的，由于没有办理工伤保险，工伤保险基金支付的部分全部由单位承担，同时为了加大对非法用工的打击，法律规定了远比合法用工重得多的工伤赔偿责任。

根据《非法用工单位伤亡人员一次性赔偿办法》第三条、第四条规定，劳动能力鉴定费用由伤亡职工或童工所在单位支付。在劳动能力鉴定之前进行治疗期间的生活费，按照统筹地区上年度职工月平均工资标准确定，医疗费、护理费、住院期间的伙食补助费以及所需的交通费等费用按照《工伤保险条例》规定的标准和范围确定，并全部由伤残职工或童工所在单位支付。

非法用工一次性工伤赔偿金的标准远高于合法用工的赔偿金，具体来说，一级伤残的为赔偿基数的16倍，二级伤残的为赔偿基数的14倍，三级伤残的为赔偿基数的12倍，四级伤残的为赔偿基数的10倍，五级伤残的为赔偿基数的8倍，六级伤残的为赔偿基数的6倍，七级伤残的为赔偿基数的4倍，八级伤残的为赔偿基数的3倍，九级伤残的为赔偿基数的2倍，十级伤残的为赔偿基数的1倍。

上述赔偿基数，是指单位所在工伤保险统筹地区上年度职工年平均工资。受到事故伤害或者患职业病造成死亡的，按照上一年度全国城镇居民人均可支配收入的20倍支付一次性赔偿金，并按照上一年度全国城镇居民人均可支配收入的10倍一次性支付丧葬补助等其他赔偿金。

三、专业提示

1. 如何确定企业承包经营时的劳动合同主体，谁来承担承包经营者违法责任

关于企业承包经营后的劳动合同主体问题，劳动部《关于贯彻执行〈中华人民共和国劳动法〉若干问题的意见》第十五条规定，"租赁经营（生产）、承包经营（生产）的企业，所有权并没有发生改变，法人名称未变，在与职工订立劳动合同时，该企业仍为用人单位一方。依据租赁合同或承包合同，租赁人、承包人如果作为该企业的法定代表人或者该法定代表人的授权委托人时，可代表该企业（用人单位）与劳动者订立劳动合同"。

根据《劳动合同法》相关规定，个人承包经营期间，因个人承包经营者违反法律规定而对劳动者造成损害的，个人承包经营者应对其违反法律的行为承担责任，对劳动者的损害承担赔偿责任。同时针对个人承包经营者侵害劳动者权益，却没有足够的能力对劳动者进行赔偿，或者个人承包经营者逃避承担赔偿责任，劳动者很难得到赔偿的现象，《劳动合同法》为有效保护劳动者的合法权益，明确规定对于个人承包经营期间，个人承包经营者招用劳动者违反法律规定给劳动者造成损害的，应当由发包的组织与个人承包经营者承担连带赔偿责任。

因此，个人承包经营者招用劳动者违反《劳动合同法》规定给劳动者造成损害的，即使是由于个人承包经营者的违法行为造成的，发包组织仍应承担连带赔偿责任。当然，个人承包经营者也不能拒绝承担赔偿责任。个人承包经营者招用劳动者时违反《劳动合同法》规定对劳动者造成损害的，劳动者既可以要求个人承包经营者全额或者部分赔偿，也可要求发包的组织全额或者部分赔偿。在诉讼中，劳动者既可以单独起诉发包组织或个人承包经营者，也可将发包组织和个人承包经营者列为共同被告。

此外，根据劳动部《关于企业内部个人承包中保险待遇问题的复函》规定，承包只是企业的经营管理方式之一，并不能改变职工的身份，也不能改变职工与用人单位之间的劳动合同关系。劳动部办公厅《关于对企业在租赁过程中发生伤亡事故如何划分事故单位的复函》中明确规定，"企业在租赁、承包过程中，如果承租方或承包方无经营证照,仅为个人(或合伙)与出租方或发包方签订租赁(或承包)合同,若发生伤亡事故应认定出租方或发包方为事故单位"。劳动和社会保障部《关于确立劳动关系有关事项的通知》明确规定,"建筑施工、矿山企业等用人单位将工程(业务)或经营权发包给不具备用工主体资格的组织或自然人,对该组织或自然人招用的劳动者,由具备用工主体资格的发包方承担用工主体责任"。

2. 是否可以将非法用工单位列为被告

非法用工单位具备诉讼主体资格,可以作为诉讼当事人参与诉讼,法律依据见《最高人民法院关于审理劳动争议案件适用法律若干问题的解释(三)》,其中第四条规定,"劳动者与未办理营业执照、营业执照被吊销或者营业期限届满仍继续经营的用人单位发生争议的,应当将用人单位或者其出资人列为当事人"。该法第五条规定,"未办理营业执照、营业执照被吊销或者营业期限届满仍继续经营的用人单位,以挂靠等方式借用他人营业执照经营的,应当将用人单位和营业执照出借方列为当事人"。

3. 外国企业常驻代表机构是否具备用人单位主体资格和诉讼主体资格

关于外国企业常驻代表机构是否具备用人单位主体资格和诉讼主体资格,详细分析如下:

(1)外国企业常驻代表机构的法律地位和性质。

①外国企业常驻代表机构的法律地位。

2011年3月1日起施行的《外国企业常驻代表机构登记管理条例》第二条规定,"外国企业常驻代表机构(以下简称代表机构),是指外国企业依照本条例规定,在中国境内设立的从事与该外国企业业务有关的非营利性活动的办事机构。代表机构不具有法人资格"。

②外国企业常驻代表机构的业务活动范围。

外国企业设立的常驻代表机构与国内企业异地设立的办事处相似。根据《外国企业常驻代表机构登记管理条例》第十三条规定,"代表机构不得从事营利性活动。中国缔结或者参加的国际条约、协定另有规定的,从其规定,但是中国声明保留的条款除外"。

《外国企业常驻代表机构登记管理条例》第十四条还规定,"代表机构可以从事与外国企业业务有关的下列活动:(一)与外国企业产品或者服务有关的市场调查、展示、宣传活动;(二)与外国企业产品销售、服务提供、境内采购、境内投资有关的联络活动。法律、行政法规或者国务院规定代表机构从事前款规定的业务活动须经批准的,应当取得批准"。

(2)劳动者与外国企业常驻代表机构之间属于劳动关系还是雇佣关系。

依据国务院《关于管理外国企业常驻代表机构的暂行规定》第十一条规定,"常驻代表机构租用房屋、聘请工作人员,应当委托当地外事服务单位或者中国政府指定的其它单位办理"。

外国企业常驻代表机构雇佣员工应当委托外事服务单位招聘。以这种方式招聘的员工,外事服务单位、劳动者和代表处分属劳务派遣的用人单位、劳动者和用工单位。另外,有的外国企业常驻代表机构招聘员工没有委托外事服务单位直接招聘,对于以这种方式形成的关系,有些地方的司法实践认为其应该为雇佣关系。例如《广东省高级人民法院、广东省劳动争议仲裁委员会关于适用〈劳动争议调解仲裁法〉、〈劳动合同法〉若干问题的指导意见》第十九条规定,"外国企业常驻代表机构、港澳台地区企业未通过涉外就业服务单位直接招用中国雇员的,应认定有关用工关系为雇佣关系"。

(3)外国企业常驻中国大陆代表机构的劳动仲裁和诉讼法律地位。

①劳动仲裁法律地位。

外国企业常驻中国大陆代表机构是否属于劳动仲裁纠纷当事人?《中华人民共和国劳动争议调解仲裁法》(以下简称《劳动争议调解仲裁法》)第二十二条第二款明确规定,"劳务派遣单位或者用工单位与劳动者发生劳动争议的,劳务派遣单位和用工单位为共同当事人"。也就是说劳务派遣单位(用人单位)与外国企业常驻中国大陆代表机构(用工单位)是劳动争议案件的当然当事人。

②关于外国企业常驻中国大陆代表机构诉讼主体资格。

《中华人民共和国民事诉讼法》(以下简称《民事诉讼法》)第三条规定,"人民法院受理公民之间、法人之间、其他组织之间以及他们相互之间因财产关系和人身关系提起的民事诉讼，适用本法的规定"。

根据《最高人民法院关于适用〈中华人民共和国民事诉讼法〉若干问题的意见》第四十条规定，《民事诉讼法》第四十九条规定的其他组织是指合法成立、有一定的组织机构和财产，但又不具备法人资格的组织，包括符合本条规定条件的其他组织。

以上规定充分说明，外国企业常驻中国大陆代表机构具备参与诉讼的主体资格。

4. 公司筹建期间是否具备用人单位主体资格？在此期间，和劳动者签订的劳动合同是否有效？在此期间，如何保护劳动者的权益

根据《中华人民共和国公司法》（以下简称《公司法》）和《中华人民共和国企业法人登记管理条例》的规定，申请企业法人开业登记的单位，经登记主管机关核准登记注册，领取《企业法人营业执照》后，企业即告成立。企业法人凭据《企业法人营业执照》可以刻制公章、开立银行账户、签订合同，进行经营活动。可见，筹备期间的公司因不具备法人资格，自然也就不具有《劳动合同法》上的用工主体资格。

根据《中华人民共和国民法通则》（以下简称《民法通则》）第五十八条规定，没有民事行为能力的人（包括法人）实施的民事行为无效。而筹建期间单位与劳动者之间签订劳动合同本身就是一种无效的法律行为，因为筹建期间单位没有注册成立，所签订的劳动合同也无效。单位筹建期间确实需要员工的，因为不具备用人单位资格，无法办理社保登记，员工在此期间因工作发生伤亡的，发起人或公司应承担非法用工或工伤的赔偿责任。因此，筹建期间的公司最好给员工购买商业保险，以规避可能存在的法律风险。

四、法律依据

《中华人民共和国劳动合同法》（自2008年1月1日起施行，中华人民共和国主席令第六十五号）

第九十三条 对不具备合法经营资格的用人单位的违法犯罪行为，依法追究法律责任；劳动者已经付出劳动的，该单位或者其出资人应当依照本法有关规定向劳动者

支付劳动报酬、经济补偿、赔偿金；给劳动者造成损害的，应当承担赔偿责任。

第九十四条 个人承包经营违反本法规定招用劳动者，给劳动者造成损害的，发包的组织与个人承包经营者承担连带赔偿责任。

《非法用工单位伤亡人员一次性赔偿办法》（自2011年1月1日起施行，中华人民共和国人力资源和社会保障部令第9号）

第二条 本办法所称非法用工单位伤亡人员，是指无营业执照或者未经依法登记、备案的单位以及被依法吊销营业执照或者撤销登记、备案的单位受到事故伤害或者患职业病的职工，或者用人单位使用童工造成的伤残、死亡童工。

前款所列单位必须按照本办法的规定向伤残职工或者死亡职工的近亲属、伤残童工或者死亡童工的近亲属给予一次性赔偿。

第三条 一次性赔偿包括受到事故伤害或者患职业病的职工或童工在治疗期间的费用和一次性赔偿金。一次性赔偿金数额应当在受到事故伤害或者患职业病的职工或童工死亡或者经劳动能力鉴定后确定。

劳动能力鉴定按照属地原则由单位所在地设区的市级劳动能力鉴定委员会办理。劳动能力鉴定费用由伤亡职工或童工所在单位支付。

第四条 职工或童工受到事故伤害或者患职业病，在劳动能力鉴定之前进行治疗期间的生活费按照统筹地区上年度职工月平均工资标准确定，医疗费、护理费、住院期间的伙食补助费以及所需的交通费等费用按照《工伤保险条例》规定的标准和范围确定，并全部由伤残职工或童工所在单位支付。

第五条 一次性赔偿金按照以下标准支付：

一级伤残的为赔偿基数的16倍，二级伤残的为赔偿基数的14倍，三级伤残的为赔偿基数的12倍，四级伤残的为赔偿基数的10倍，五级伤残的为赔偿基数的8倍，六级伤残的为赔偿基数的6倍，七级伤残的为赔偿基数的4倍，八级伤残的为赔偿基数的3倍，九级伤残的为赔偿基数的2倍，十级伤残的为赔偿基数的1倍。

前款所称赔偿基数，是指单位所在工伤保险统筹地区上年度职工年平均工资。

第六条 受到事故伤害或者患职业病造成死亡的，按照上一年度全国城镇居民人均可支配收入的20倍支付一次性赔偿金，并按照上一年度全国城镇居民人均可支配收入的10倍一次性支付丧葬补助等其他赔偿金。

《广东省高级人民法院、广东省劳动争议仲裁委员会关于适用<劳动争议调解仲裁法>、<劳动合同法>若干问题的指导意见》（粤高法发〔2008〕13号）

第十九条 外国企业常驻代表机构、港澳台地区企业未通过涉外就业服务单位直接招用中国雇员的，应认定有关用工关系为雇佣关系。

第三节 劳动者主体资格

劳动者主体资格法律风险管理比较简单，只需要掌握劳动者适格主体范围即可，以防止不具备劳动者主体资格的人与用人单位签订劳动合同。在这里最大的法律风险是录用与其他用人单位尚有劳动关系的劳动者，因为用人单位一旦录用了该劳动者并给其他用人单位造成损失的，则用人单位与该劳动者对其他用人单位的损失承担连带责任，其中用人单位自身需要承担的赔偿责任为其他用人单位损失的70%。

一、法律解读

1. 我国劳动法上规定的劳动者应当符合的条件

法律上规定的劳动者是一种法律主体，是法律赋予其劳动权利义务的自然人。由于各种法律的理念和立法宗旨不同，不同法律中规定的劳动者的含义也不尽相同。综合劳动法学者和法律规定意见，劳动者具有以下含义：

（1）劳动者与用人单位建立了劳动关系；

（2）劳动者遵守用人单位的各项规章和劳动纪律，并在用人单位管理、安排下从事劳动；

（3）劳动者是以劳动收入为主要生活来源；

(4) 劳动者依法享受劳动法所规定的各项权利，承担各项义务。

根据上述分析，可以发现我国法律上的劳动者须符合以下条件：

(1) 形式要件。

①年龄条件。我国《劳动法》第十五条第一款规定，"禁止用人单位招用未满十六周岁的未成年人"。《劳动法》第五十八条第二款还规定，"未成年工是指年满十六周岁未满十八周岁的劳动者"。也就是说，已满十六周岁未满十八周岁的未成年人，虽然还没有被允许从事大众化的劳动，但是对于特殊的情况，在劳动合同约定的权利义务关系不违背有关法律、法规前提下，其也可以成为劳动者。在劳动力市场上，高等院校的学生是完全符合我国《劳动法》规定的年龄条件，具有与用人单位建立劳动关系的可能性。另外，对于返聘人员是否属于劳动者现在仍有争议，质疑者最大的理由是返聘人员不符合《劳动法》规定的年龄条件。事实上，返聘人员是否是劳动者应该具体问题具体分析，可以结合他们所从事的具体劳动来界定。

②体力条件。体力条件是劳动者完成劳动任务的基本要求，主要指健康条件。它包括对两个方面的考察：

一是劳动关系建立前的体力条件，主要是指疾病的限制。残疾人只能从事与其残疾状况相适应的职业，劳动法律规范对女职工、未成年工禁忌劳动范围做了相应规定。

二是建立劳动关系后要确定是否丧失健康条件。劳动关系存续期间劳动者可能会因工或因病完全或部分丧失劳动能力，导致劳动法律关系的变更或解除。

③智力条件。劳动法所确定的智力条件和民法是不同的，民法的智力条件只是精神健康与否，而劳动法的智力条件除此之外，还包括文化条件和职业技术等方面。在科技进步的影响下，社会分工日益细化，社会要求人们所从事的劳动更加专业化，比如用人单位的高级管理人员必须具备经营管理用人单位的知识和技能。对于特殊行业的劳动者而言，其还应该具备相应的执业资格。

④行为自由条件，即自然人是否具有人身自由。前三个条件主要是从自然人是否具备劳动能力的角度来衡量的。而行为自由条件则主要是从劳动者是否有权支配使用劳动能力的角度来衡量的，具体表现在两个方面：

一是支配自由，即劳动者能够自由提供劳动力并且在劳动力市场上与用人单位进行交换。

二是使用自由，即在劳动关系存续期间，依据劳动法律规范和劳动合同的规定，用人单位可以自由役使劳动者的劳动力以完成生产经营任务。

我们之所以对农民工是不是劳动法上的劳动者有争议，其根本原因是原本农民工被束缚在土地上，他们不能自由支配自身的劳动力。但是随着农业技术的发展和不断推进的农业生产机械化，农民脱离了土地的束缚，大量地进入了劳动力市场。因此，现在的农民工具备了自由支配劳动力的可能性。

（2）实质要件。

①人身上的从属性。这里的人身从属性主要是指在劳动关系存续期间，劳动者的人格被用人单位所吸收，劳动者的人身自由受到用人单位工作制度的制约。简单地说，人身从属性就是劳动者人格的非独立性和人身自由的制约性。

我们可以根据以下因素判断人身的从属性：用人单位的工作规则，如工作日、工作时间的起止等；安排和指示，即在劳动关系存续期间，用人单位享有安排和指示劳动者劳动的权力，劳动者则负有遵从的义务；监督、检查，即劳动者有义务接受用人单位的监督、检查，以确定是否遵守工作规则或用人单位的安排和指示；用人单位可以根据依法制定的内部规章惩戒违反劳动纪律的劳动者。

②经济上的从属性。这里所讲的经济从属性是指劳动者劳动权的实现越来越依靠用人单位，其所提供的劳动不再具有独立性和自主性。具体地说，在社会主义市场经济条件下，用人单位提供原料、工具和劳动场所等生产资料，而劳动者提供劳动力，两者有机结合才能实现社会的生产；而在这个过程中劳动者实现了劳动权，但他的劳动不再具有独立性，而是用人单位业务经营的一部分。

我们可以根据以下因素来判断经济从属性：生产组织体系属于用人单位所有，即用人单位基于经营权的行使对生产所必备的组织、结构、设备，其享有充分支配、管理权；生产工具属于用人单位所有，即生产工具由用人单位提供，通常由劳动者使用；生产材料由用人单位提供，即用人单位不但提供生产组织与工具，而且提供生产所需的材料。用人单位对生产材料始终拥有所有权，即使劳动者运用其劳动力作用于生产材料，也并不影响劳动成果的所有权归属。

③劳动专属性。劳动关系是在用人单位有偿使用劳动力,从而实现其经营目标的过程中产生的,所以劳动者的劳动只能在劳动关系中得到体现,即劳动者从事的劳动是用人单位业务的组成部分。劳动的专属性还表现在劳动者的劳动具有不可替代性,劳动者须亲自提供劳务,原则上不得由他人代服劳务。换句话说,劳动者必须亲自实施劳动行为,履行劳动合同所约定的义务。

④劳动报酬的性质。虽然用人单位对劳动者的劳动报酬具有相当程度的自主权,但是劳动报酬是在订立劳动合同过程中协商确定的,并随着社会经济条件的发展而根据一定的比例有所变动。同时,劳动报酬的支付方式是持续和定期的,用人单位一般根据一定的周期而支付。劳动报酬是劳动者通过提供劳动力而获取的,与其提供的劳动力具有一定的"对价性"。

⑤风险责任的负担。实现劳动权的过程所产生的风险和责任由用人单位承担,劳动者并不承担因劳动而产生的风险和责任。此外,用人单位还要承担劳动者在从事与其劳动相关事务时可能遭受损害的风险责任,即用人单位应该承担为劳动者办理各种社会保险的义务。

2. 我国劳动法上规定的劳动者的范围

根据劳动法律法规规定,《劳动合同法》适用的劳动者包括:

(1) 与企业、民办非企业单位、个体经济组织形成劳动关系的劳动者。

《劳动合同法》第七条规定,"用人单位自用工之日起即与劳动者建立劳动关系。用人单位应当建立职工名册备查"。这里的劳动者包括依劳动合同确立劳动关系的人员和未订立劳动合同,但应当依法订立劳动合同,事实上已经成为用人单位成员,并为其提供有偿劳动的人员。

(2) 除公务员和参照公务员管理的工作人员外,与国家机关、事业单位、社会团体建立劳动关系的劳动者。

上述用人单位和劳动者在劳动合同的订立、履行、变更、解除和终止时都受劳动法律法规的调整。这类劳动者不仅包括已通过劳动合同与国家机关、事业组织、社会团体建立劳动关系的人员,也包括按规定应当实行劳动合同制度和应当签订劳动合同而未签订劳动合同的工勤人员和非在编人员。

（3）与实行用人单位化管理的事业单位建立劳动关系的劳动者。

事业单位实行用人单位化管理后，其所有工作人员，不管原来是干部身份、技术人员身份，还是工人身份、临时工，统称为用人单位的职工，都应当按照规定依法订立劳动合同，以劳动合同明确双方的权利和义务。

（4）与用人单位形成劳动关系的农业户口劳动者。

在计划经济时期，农业户口的劳动者不能到国营、集体等用人单位就业，即使去工作也是所谓的"临时工"、"季节工"，其工资、福利待遇与所谓"正式工"不同。《劳动法》颁布后，在法律上取消了"临时工"的概念，此类劳动者与非农业户口居民一样，都是用人单位的职工，都应享受同等社会保险、工资、福利待遇。因此，此类人员也属于《劳动合同法》的适用范围。

3．外国人在中国就业是否属于《劳动合同法》调整

根据《外国人在中国就业管理规定》规定，外国人指依照《中华人民共和国国籍法》规定不具有中国国籍的人员；外国人在中国就业，指没有取得定居权的外国人在中国境内依法从事社会劳动并获取劳动报酬的行为；用人单位聘用外国人须为该外国人申请就业许可，经获准并取得《中华人民共和国外国人就业许可证书》后方可聘用。

根据《劳动部办公厅关于贯彻实施〈外国人在中国就业管理规定〉有关问题的通知》规定，在中国工作的外国人，若其劳动合同是和中国境内的用人单位（驻地法人）直接签订的，无论其在中国就业的时间长短，一律视为在中国就业；若其劳动合同是和境外法人签订，劳动报酬来源于境外，在中国境内工作三个月以上的（不包括执行技术转让协议的外籍工程技术人员和专业人员），视为在中国就业，应按《外国人在中国就业管理规定》到劳动行政部门的发证机关办理就业许可手续，并办理职业签证、就业证和居留证。所以，在中国境内依法办理了就业许可的外国人也适用《劳动合同法》。

4．台湾、香港、澳门（以下简称"台、港、澳"）人员在内地就业是否属于《劳动合同法》调整

台、港、澳人员在内地就业的，其权利义务是否属《劳动合同法》调整，关键看该台、港、澳人员是否取得劳动行政部门颁发的就业证，未取得就业证在内地就业的，实践中一般视为非法就业，其合法权益难以得到法律保护。

根据《台湾香港澳门居民在内地就业管理规定》的有关规定，"台、港、澳人员在内地就业实行就业许可制度。用人单位拟聘雇或者接受被派遣台、港、澳人员的，应当为其申请办理《台港澳人员就业证》（以下简称就业证）；……经许可并取得就业证的台、港、澳人员在内地就业受法律保护"、"用人单位与聘雇的台、港、澳人员应当签订劳动合同，并按照《社会保险费征缴暂行条例》的规定缴纳社会保险费"、"用人单位与聘雇的台、港、澳人员之间发生劳动争议，依照国家有关劳动争议处理的规定处理"。因此，取得就业证在内地就业的台、港、澳人员也受《劳动合同法》保护。

5. 离退休人员再次被聘用的，用人单位是否应当与其签订劳动合同

劳动部《关于实行劳动合同制度若干问题的通知》规定，"已享受养老保险待遇的离退休人员被再次聘用时，用人单位应与其签订书面协议，明确聘用期内的工作内容、报酬、医疗、劳保待遇等权利和义务"。

《劳动部办公厅对〈关于实行劳动合同制度若干问题的请示〉的复函》指出，"关于离退休人员的再次聘用问题。各地应采取适当的调控措施，优先解决适龄劳动者的就业和再就业问题。对被再次聘用的已享受养老保险待遇的离退休人员，根据劳动部《关于实行劳动合同制度若干问题的通知》（劳部发〔1996〕354号）第13条的规定，其聘用协议可以明确工作内容、报酬、医疗、劳动保护待遇等权利、义务。离退休人员与用人单位应当按照聘用协议的约定履行义务，聘用协议约定提前解除书面协议的，应当按照双方约定办理，未约定的，应当协商解决。离退休人员聘用协议的解除不能依据《劳动法》第二十八条执行"。

《最高人民法院关于审理劳动争议案件适用法律若干问题的解释（三）》第七条规定，"用人单位与其招用的已经依法享受养老保险待遇或领取退休金的人员发生用工争议，向人民法院提起诉讼的，人民法院应当按劳务关系处理"。

根据上述规定，已享受养老保险待遇的离退休人员被再次聘用的，与用人单位建立的不是劳动关系，双方不订立劳动合同，而是订立聘用协议，双方关系为劳务

合同关系。

6. 企业停薪留职人员、未达到法定退休年龄的内退人员、下岗待岗人员以及企业经营性停产放长假人员、实习人员是否需要签订劳动合同

《最高人民法院关于审理劳动争议案件适用法律若干问题的解释（三）》第八条规定，"企业停薪留职人员、未达到法定退休年龄的内退人员、下岗待岗人员以及企业经营性停产放长假人员，因与新的用人单位发生用工争议，依法向人民法院提起诉讼的，人民法院应当按劳动关系处理"。由此可见，企业与其招用的内退人员之间是劳动关系，招用这些人员时应与其签订劳动合同。

还有实习人员，我们通常所说的"实习"是一个很广泛的概念，并不是严格的法律意义上的实习。现根据《劳动法》及其配套规定总结提炼，实习基本可以分为以下两种情况：

一是实习人员与单位建立劳动关系，根据法律法规的要求在单位通过实践进行一定的专业训练。如《专利代理条例》中规定，"初次从事专利代理工作的人员，实习满一年后，专利代理机构方可发给《专利代理人工作证》"。在这种实习中，实习人员必须与单位建立劳动关系，目的在于增强从事这些专业工作的熟练度，以便将来能够较为独立地从事这样的职业。类似这样的情况还有律师、医师等。

二是实习人员出于教学需要在单位进行社会实践，如大学生的毕业实习。这种实习的特点是用人单位与实习人员不建立劳动关系，或者因为实习人员与其他机构有关系的缘故无法建立劳动关系。以大学生的毕业实习为例，实习的大学生与学校有着高等教育的关系，大学生的档案等个人履历文件也放在学校，单位根本无法与实习大学生建立劳动关系。而且这种实习的目的也缺乏第一种情况的专业性，大学生可以从事与未来工作不相同的实习内容。所以这种实习本身的目的在于接触社会，实践自己在书本上学到的理论知识，而不是专业训练，其根本目的在于教学。在一些法律法规中也有这样的说明，如《铁路高等院校学生实习管理细则（试行）》中指出，"本细则所称实习是指教学计划规定的认识实习、生产实习、毕业实习、临床实习（医科院校）、教学实习（师范院校）、社会调查等实践性教学环节"。对这些实习人员，劳动部1995年《关于贯彻执行〈劳动法〉若干问题的意见》中明确提出,"在校生利用业余时间勤工俭学,不视为就业,未建立劳动关系,可以不签订劳动合同"。因此,在校学生不受《劳动法》的调整和保护。

二、法律风险管控

1. 使用童工的法律风险及其管控

一般来说,年满18周岁才是完全民事行为能力人,但是我国法律还规定,年满16周岁以自己的劳动作为主要生活来源的,视为完全民事行为能力人。因此,童工是指未满16周岁的劳动者。禁止使用童工是国际社会的普遍做法,我国也明确禁止使用童工。《劳动法》第九十四条和《禁止使用童工规定》都有规定,单位擅自使用童工属于违法行为。因此,用人单位在与劳动者签订劳动合同时,应查验劳动者是否年满16周岁,否则可能会因使用童工而被罚。根据劳动法律法规规定,用人单位使用童工的,须承担以下法律责任:

第一,用人单位使用童工的,由劳动保障部门按照每使用一名童工每月处5000元罚款的标准给予处罚;在使用有毒物品的作业场所使用童工的,按照国务院制定的《使用有毒物品场所劳动保护条例》规定的罚款幅度,或者按照每使用一名童工每月处5000元罚款的标准,从重处罚。劳动保障行政部门并应当责令用人单位限期将童工送回原居住地交其父母或者其他监护人,所需交通、食宿费用全部由用人单位承担。

第二,用人单位使用童工经劳动保障行政部门责令改正之日起,逾期仍不将童工送交其父母或者其他监护人的,从责令限期改正之日起,由劳动保障行政部门按照每使用一名童工每月处一万元罚款的标准处罚,并由工商行政部门吊销其营业执照或者由民政部门撤销民办非用人单位单位登记;用人单位是国家机关、事业单位的,由有关单位依法对直接负责的主管人员和其他直接责任人员给予降级或者撤职的行政处分或者纪律处分。

第三,童工患病或者受伤的,用人单位应当负责送到医疗机构治疗,并负担治疗期间的全部医疗和生活费用。

第四，童工伤残或者死亡的，用人单位由工商行政部门吊销营业执照或者由民政部门撤销民办非用人单位登记；用人单位是国家机关、事业单位的，由有关单位依法对直接负责的主管人员和其他直接责任人员给予降级或者撤职的行政处分或者纪律处分；用人单位还应当一次性地对伤残的童工、死亡童工的直系亲属给予赔偿，赔偿金额按照《工伤保险条例》的有关规定计算。

第五，拐骗童工，强迫童工劳动，使用童工从事高空、井下、放射性、高温、有毒、易燃易爆以及国家规定的第四级体力劳动强度的劳动，使用不满14周岁的童工，或者造成童工死亡或者严重伤残的，依照《中华人民共和国刑法》（以下简称《刑法》）关于拐卖儿童罪、强迫劳动罪或者其他罪的规定，依法追究刑事责任。

在实践中，劳动者虚报年龄应聘的情形确实存在。用人单位在招用劳动者时，必须要求劳动者提供身份证原件与复印件，对人证的一致性进行核对，核对无误后在身份证复印件上签署"与原件一致"并让劳动者签名确认。

2．使用未成年工的法律风险及其管控

《劳动法》第五十八条规定，"国家对女职工和未成年工实行特殊劳动保护。未成年工是指年满十六周岁未满十八周岁的劳动者"。由于未成年工处于特殊的生长发育年龄，身体还处于成长发育时期，同时也正是学习文化接受知识的黄金年龄，没有从事某些工作所需的体力和心理素质，因此，对未成年工首先要保护其安全和健康，其次才是尽劳动义务。

实践中，非法使用未成年工的情形包括：安排未成年工从事国家法律法规规定的不得从事的工作；不履行未成年工健康检查制度；未在劳动行政部门登记备案。

非法使用未成年工的法律责任如下：

《劳动法》第九十五条规定，"用人单位违反本法对女职工和未成年工的保护规定，侵害其合法权益的，由劳动行政部门责令改正，处以罚款；对女职工或者未成年工造成损害的，应当承担赔偿责任"。

根据《违反〈中华人民共和国劳动法〉行政处罚办法》第十二条规定，用人单位安排未成年工从事矿山井下、有毒有害、国家规定的第四级体力劳动强度的劳动和其他禁忌从事的劳动的，应当责令改正，并按每侵害一名未成年工罚款3000元以下的标准处罚。

《违反〈中华人民共和国劳动法〉行政处罚办法》第十五条规定,"用人单位未按规定对未成年工定期进行健康检查的,应责令限期改正;逾期不改正的,按每侵害一名未成年工罚款三千元以下的标准处罚"。

为了避免上述法律风险,用人单位在管理操作实务中需要注意以下事项:

第一,做好用工登记制度。依据《未成年工特殊保护规定》第九条规定,用人单位招收使用未成年工除符合一般用工要求外,还要向所在地的县级以上劳动行政部门办理登记。劳动行政部门根据《未成年工健康检查表》、《未成年工登记表》核发《未成年工登记证》。未成年工须持《未成年工登记证》上岗。

第二,依法保障劳动权益。主要依据《中华人民共和国未成年人保护法》(以下简称《未成年人保护法》)、《未成年工特殊保护规定》。未成年工在工种、劳动时间、劳动强度、保护措施和享受社会保险和福利等方面,用人单位须执行国家有关规定;未成年工上岗前,用人单位应对其进行相关的职业安全卫生教育、培训;体检发现未成年工不适宜从事原工作的,用人单位应为未成年工调换适宜的工作岗位;未成年工身体健康受到损害的,用人单位应当为其治疗。用人单位不仅要对未成年工健康检查事宜进行全面的安排,而且应承担所涉及的所有费用支出。未成年工在规定的健康检查期间应算做工作时间,用人单位不得克扣工资。

第三,部分用工情况除外。未满16周岁的少年、儿童,参加家庭劳动、学校组织的勤工俭学和省、自治区、直辖市人民政府允许从事的无损于身心健康的、力所能及的辅助性劳动,不属于童工范畴。文艺、体育和特种工艺单位,确需招用未满16周岁的文艺工作者、运动员和艺徒时,须报经县级以上劳动行政部门批准。文艺工作者、运动员、艺徒概念的界定,由国务院劳动行政部门会同国务院文化、体育主管部门做出具体规定。

3. 录用兼职者的法律风险及其管控

根据《关于确立劳动关系有关事项的通知》的规定,劳动关系的建立须符合以下条件:(1)用人单位和劳动者符合法律、法规规定的主体资格;(2)用人单位依法制定的各项劳动规章制度适用于劳动者,劳动者受用人单位的劳动管理,从事用人单位安排的有报酬的劳动;(3)劳动者提供的劳动是用人单位业务的组成部分。可见，用人单位与劳动者双方的关系较为紧密，不像一般的民事关系那么松散。在劳动关系存续期间，劳动者遵守用人单位的规章制度，接受用人单位的用工管理，依据劳动合同从事用人单位安排的工作，该工作内容是用人单位生产经营活动的组成部分；用人单位对劳动者实行用工管理，劳动者是用人单位的管理对象，双方形成劳动隶属关系、人身依附关系，基于这些劳动关系，劳动者对外不是一个独立的法律主体。反之，如果用人单位仅仅想与拟聘请的兼职人员建立合作关系，例如很多用人单位与兼职者签订一个兼职销售合同，约定兼职者无工资，仅以销售额按一定比例提成作为报酬，而且兼职者不受公司的支配与管理，此时，与该兼职者建立的实际上是一种民事合作关系，用人单位就应当注意不要与之签订劳动合同。因为法律对劳动者的保护力度更大，《劳动法》对劳动者的休息权、获得报酬权、劳动条件、劳动保护及职业危害诸多方面做了保护性规定。

4．使用女职工的法律风险及其管控

（1）法律关于女职工的保护规定。

①用人单位不得因女职工怀孕、生育、哺乳降低其工资、予以辞退、与其解除劳动或者聘用合同。

②女职工在孕期不能适应原劳动的，用人单位应当根据医疗机构的证明，予以减轻劳动量或者安排其他能够适应的劳动。

对怀孕7个月以上的女职工，用人单位不得延长劳动时间或者安排夜班劳动，并应当在劳动时间内安排一定的休息时间。

怀孕女职工在劳动时间内进行产前检查，所需时间计入劳动时间。

③女职工生育享受98天产假，其中产前可以休假15天；难产的，增加产假15天；生育多胞胎的，每多生育1个婴儿，增加产假15天。

女职工怀孕未满4个月流产的，享受15天产假；怀孕满4个月流产的，享受42天产假。

④女职工产假期间的生育津贴，对已经参加生育保险的，按照用人单位上年度职工月平均工资的标准由生育保险基金支付；对未参加生育保险的，按照女职工产假前工资的标准由用人单位支付。

女职工生育或者流产的医疗费用，按照生育保险规定的项目和标准，对已经参加生育保险的，由生育保险基金支付；对未参加生育保险的，由用人单位支付。

⑤对哺乳未满1周岁婴儿的女职工，用人单位不得延长劳动时间或者安排夜班劳动。

用人单位应当在每天的劳动时间内为哺乳期女职工安排1小时哺乳时间；女职工生育多胞胎的，每多哺乳1个婴儿，每天增加1小时哺乳时间。

⑥女职工比较多的用人单位应当根据女职工的需要，建立女职工卫生室、孕妇休息室、哺乳室等设施，妥善解决女职工在生理卫生、哺乳方面的困难。

⑦在劳动场所，用人单位应当预防和制止对女职工的性骚扰。

⑧不得安排女职工禁忌从事的劳动。

（2）法律责任。

①用人单位违反《女职工劳动保护特别规定》第六条第二款、第七条、第九条第一款规定的，由县级以上人民政府人力资源社会保障行政部门责令限期改正，按照受侵害女职工每人1000元以上5000元以下的标准计算，处以罚款。

用人单位违反《女职工劳动保护特别规定》附录（《女职工禁忌从事的劳动范围》）第一条、第二条规定的，由县级以上人民政府安全生产监督管理部门责令限期改正，按照受侵害女职工每人1000元以上5000元以下的标准计算，处以罚款。用人单位违反本规定附录第三条、第四条规定的，由县级以上人民政府安全生产监督管理部门责令限期治理，处5万元以上30万元以下的罚款；情节严重的，责令停止有关作业，或者提请有关人民政府按照国务院规定的权限责令关闭。

②用人单位违反《女职工劳动保护特别规定》，侵害女职工合法权益的，女职工可以依法投诉、举报、申诉，依法向劳动人事争议调解仲裁机构申请调解仲裁，对仲裁裁决不服的，依法向人民法院提起诉讼。

③非法解雇"三期"（孕期、产期、哺乳期）女职工的，女职工可以要求撤销解除劳动合同的决定，继续履行原劳动合同或者要求用人单位支付非法解除劳动合同的赔偿金和至"三期"期满之日的劳动报酬。

（3）风险管控。

在女职工劳动管理实践中，用人单位尤其应做到恪守法律、法规规定。依据相关规定，用人单位在管理女职工时，应特别注意以下事项：

①注意女职工禁忌从事的劳动，合理安排女职工岗位。主要依据有：《劳动法》第五十九条、《女职工禁忌从事的劳动范围》和《体力劳动强度分级》。

②注意女职工"四期"特殊劳动保护，妥善安排"四期"劳动。主要依据有：《妇女权益保障法》第二十六条、《女职工劳动保护特别规定》第五条至第十一条。

③留意和掌握女职工解除或终止劳动合同的法定例外情况。主要依据有：《劳动合同法》第三十九条、第四十一条和第四十四条。

三、案例分析

案例一：退休人员再就业受伤算工伤吗

李某是某厂职工，2011年2月办理了退休手续，并开始享受基本养老保险待遇。2011年4月，李某到A公司务工，还签订了为期1年的劳动合同。2011年9月李某在工作中受伤，遂提出工伤认定申请。但当地人力资源和社会保障局认为，退休人员在务工中发生的伤害事故，不属于工伤或不视同工伤。李某不服，提起诉讼。

问题：

（1）当地人力资源和社会保障局的认定是否合法？

（2）退休人员再就业受伤是否属于工伤？能享受工伤保险待遇吗？

（3）对于退休人员，如何更好地保障他们和单位的利益？

评析：

我国《工伤保险条例》虽然没有明确将退休人员明确排除在外，但在工伤认定环节，该条例第十八条明确规定，申请工伤认定时必须提交"与用人单位存在劳动关系（包括事实劳动关系）的证明材料"，据此规定可知，认定工伤的前提必须是双方存在劳动关系。而《劳动合同法》则明确规定，"劳动者达到法定退休年龄的，劳动合同终止"。

另外，根据《最高人民法院关于审理劳动争议案件适用法律若干问题的解释

（三）》第七条规定，"用人单位与其招用的已经依法享受养老保险待遇或领取退休金的人员发生用工争议，向人民法院提起诉讼的，人民法院应当按劳务关系处理"。因此，如果已经达到退休年龄并已经享受养老保险待遇或领取退休金，在工作中受伤的，不属于工伤事故，各地基本上也是如此规定和操作的，比如《北京市高级人民法院关于审理工伤认定行政案件若干问题的意见（试行）》第六条规定，"童工、离退休人员在工作中遭受事故伤害，不属于工伤认定的范围，其合法权益的保护应通过其他途径进行解决"。又如《深圳市中级人民法院关于审理工伤保险待遇纠纷案件相关法律适用问题的指导意见（试行）》第五条规定，"受雇人因履行雇佣合同遭受伤害的，不属于工伤事故，但雇主应承担人身损害赔偿责任。受雇人存在故意或重大过失的，适用《民法通则》第一百三十一条的规定"。

本案中，李某已经达到退休年龄并已经享受养老保险待遇，虽然因工受伤，但因为缺乏劳动关系这一前提，社保部门当然不能给出工伤或视同工伤的认定结论，也就不能像普通劳动者那样享受社会保险待遇。根据上述最高人民法院的规定，我国在司法实践中，对于像李某这样的工作伤害案件，一般作为雇工人身伤害纠纷处理，即由人民法院直接按照普通人身伤害案件进行赔偿判决。《最高人民法院关于审理人身损害赔偿案件适用法律若干问题的解释》第十一条也规定，"雇员在从事雇佣活动中遭受人身损害，雇主应当承担赔偿责任"。因此，发生了退休人员工作损害事故后，不要进行工伤认定。

退休人员再就业是当前存在的普遍现象。退休人员有丰富的经验、技能以及资源优势，接受单位雇佣时也不需要为其购买社会保险，对于雇佣双方都是很合算的。在目前法律硬性规定不许延迟退休的现实下，退休人员在工作中受伤的，只能按照雇工人身案件处理。现行的法律规定在保护离退休老同志合法权益的问题上，依然有待商榷。面对汹汹来袭的老龄化潮水，或许应当对此适时地做出修改，就像现在一些地方为了让职工达到领取养老保险待遇的年限，允许职工一次性缴足养老保险费或一直交满15年为止一样，也可以让单位为退休再就业的职工继续缴纳工伤保险并且认定此种情形下双方之间为劳动关系。但是，在法律没有修改之前，为了双方特别是用人单位的利益,建议用人单位可以为退休再工作员工办理相关的商业保险,以免发生意外时陷入沉重的赔偿负担。

案例二: 实习生可以不缴纳社会保险吗

S公司与李小姐于2008年10月6日建立劳动关系,并签订了一式一份正式劳动合同。S公司以李小姐2009年6月才正式毕业为由,未及时为李小姐申报购买社会保险,随后也一直没有给李小姐申报购买。从2009年7月15日起,李小姐再没有到S公司上班。

2009年7月31日,李小姐向当地劳动争议仲裁委员会申请仲裁,仲裁请求包括:

S公司为李小姐补缴2008年10月6日至2009年7月15日的社会保险;

S公司向李小姐支付相当于1个月工资的经济补偿。

S公司则辩称:S公司与李小姐之间不存在劳动关系,是实习关系,S公司与李小姐签订劳动合同,完全是为了消除李小姐对毕业后就业的后顾之忧。因此,S公司不需要为李小姐购买社会保险;S公司与李小姐签订的劳动合同补充条款规定,实习生毕业后留在S公司工作的,应及时提交毕业证复印件,才能建立正式劳动关系购买社会保险,但李小姐从未提交过毕业证复印件;李小姐自2009年7月15日起一直未到S公司上班,既没有请假,也没有提交辞职信,连续旷工多日,依照该公司制度已经构成自动离职;李小姐从未以S公司未为李小姐缴纳社会保险为由提出辞职。

庭上,李小姐确认仅仅签有一式一份劳动合同,不确认合同中的补充条款,且从未收到签订后的劳动合同,确认此前没有书面辞职。

问题:

(1) 实习期是不是也应该签订劳动合同?如果不签会有怎样的法律后果?本案中,公司是签订的一式一份正式劳动合同会有怎样的法律后果?

(2) S公司没有为李小姐缴纳社会保险是否违法?其理由能成立吗?

(3) 此案中,李小姐的经济补偿请求能否得到仲裁庭的支持?

（4）基于此案，用人单位应如何依法管理实习关系？如果在实习期间发生意外伤害，该如何维权？

评析：

（1）实习期到底该不该签订劳动合同？

"劳动者"是一个含义非常广泛的概念，凡是具有劳动能力，以从事劳动获取合法收入作为生活资料来源的公民都可称为"劳动者"。不同的学科对于劳动者这一概念具有不同的界定。社会学意义上的劳动者，是指在劳动生产领域或劳动服务领域从事劳动、获得一定职业角色的社会人。按照这一定义，凡是参与实际的社会生产过程的人，都可以称之为劳动者。因此，不仅工人、农民、各类知识分子是劳动者，从事国家和社会管理的各级官员、企业的经营者、管理者也可以说都是劳动者。因为他们所从事的工作，均是社会生产劳动过程的一个具体构成部分。然而劳动法意义上的劳动者，不同于社会学意义上的劳动者，劳动法意义上的劳动者是从劳动法调整对象的角度来讲的。根据本章第三节"劳动者主体资格"中的相关论述，李小姐属于出于教学需要在单位进行社会实践的人员，在实习期间，用人单位和该类实习人员之间不是劳动关系，用人单位无须与该类实习生签订劳动合同，理由很简单，该类实习生并非劳动法意义上的劳动者。在实习期间，该类实习生与用人单位之间构成的是一种民事上的雇佣关系。在这里双方签订的所谓"正式劳动合同"并非我们日常所说的"劳动合同"，本案中的劳动合同也只能认定为一种民事雇佣合同。因为劳动合同的签约主体必须是用人单位与劳动者，而该案中，在签署这份"正式劳动合同"时，李小姐还是一位在校大学生，并非劳动法意义上的劳动者，不具有签订劳动合同的主体资格。

（2）S公司没有为李小姐缴纳社会保险是否违法？

本案中，在李小姐毕业之前，由于其学生身份，她和S公司之间仅仅是一种民事上的雇佣关系，S公司不能为其办理用工手续，也无法为其交纳社会保险。但是在李小姐毕业之后，双方已经从一种民事上的雇佣关系转化为劳动关系，根据法律规定，劳动关系建立后，S公司就应该立即为劳动者缴纳社会保险。不过，在用人单位用工实践中，会有很多不缴纳社会保险的情况出现，有些是由于用人单位的恶意为之，有些是由于企业的操作失误或是由于劳动者拖延、拒绝提供某些材料以及拒绝缴纳社会保险费而导致用人单位未能及时缴纳。

本案中，李小姐六月份毕业，S公司七月份就应当为其缴纳社保，虽然李小姐已跟S公司约定毕业后留在S公司工作，也应及时提交毕业证复印件，才能缴纳社会保险。在实务操作中，李小姐只是未能提供毕业证复印件，一般并不会导致用人单位无法为其办理缴纳社会保险。因此，S公司的行为应当属于违法。当然，是否需要补缴，还要结合各地缴纳社会保险的具体操作，不可一概而论。

（3）有关李小姐的经济补偿请求。

在本案中，S公司是否需要支付解除劳动合同经济补偿，需要具体情况具体分析。如果李小姐在提起劳动仲裁时声称因为S公司没有为其缴纳社会保险才不得不解除双方之间的劳动合同，根据《劳动合同法》第二十八条和第四十六条规定，S公司须支付李小姐解除劳动合同经济补偿；如果不是因为S公司为其缴纳社会保险才不得不解除双方之间的劳动合同，而是出于其他个人原因，则S公司无须支付。

（4）如何依法管理实习关系。

关于依法管理实习关系，本章第三节"劳动者主体资格"中已做了一定的说明。出于教学需要在单位进行社会实践的实习人员，在实习期间，由于实习生的学生身份，用人单位无法为其缴纳社会保险，但是用人单位仍然需要承担一定意义上的雇主责任，在使用实习生期间也会存在一定法律风险，例如实习期间实习生发生意外伤害等。因此，建议用人单位可以为实习生购买商业保险，以化解因实习生实习期间发生人身伤害产生的法律风险。

第四节　招聘启事

招聘启事是用人单位面向社会公开招聘有关人员时使用的一种应用文书。招聘启事正文内容并没有统一的规定，但是根据《就业服务与就业管理规定》，招聘启事必须列出招聘的专业（或岗位）、录用条件、数量和待遇等内容。招聘启事撰写的质量，不但会影响招聘的效果和招聘单位的形象，而且会包含一些潜在的法律风险。

在一般人眼里，招聘中不存在什么法律风险，只有在签订合同时或者劳动用工管理中才存在法律风险。其实不然，任何事情都是有前因后果的，劳动合同签订后产生的劳动争议，相当一部分是由于招聘时埋下的"祸根"所致。因此，预防劳动争议，就要将关口前移，从防范招聘时的风险做起。

一、设计范例（以某律师事务所招聘律师助理为例）

招聘启事

广东××律师事务所成立于1998年，主营民事、刑事、商事非诉讼和诉讼法律业务，现因事务所业务发展，诚聘律师助理。

（一）招聘人数：2人。

（二）工作职责：

1．律师实务性工作：

（1）为律师安排客户的咨询预约，并协助接待客户；

（2）协助律师办理与客户的签约、收费等相关手续；

（3）为律师制作工作安排备忘录，并记载工作日志；

（4）为律师整理、收发案件材料，并准备工作用资料；

（5）协助律师制作、收发法律文书，并准备工作用文件；

（6）协助律师进行调查、取证，会见犯罪嫌疑人并制作笔录；

（7）协助律师保持与客户、办案单位、相关人员之间的工作联系；

（8）协助律师进行庭前、庭审、庭后工作，并制作庭审笔录；

（9）协助律师回访原有客户、拜访潜在客户，进行业务拓展。

2．日常事务性工作：

（1）维护、管理××律师事务网，更新网站内容、解答论坛咨询；

（2）管理××律师事务网在线客服，在线解答网络客户即时咨询；

（3）管理律师在其他网站的注册信息，更新内容并解答咨询；

（4）进行网络营销的宣传，收集并整理潜在客户与潜在业务信息；

（5）其他日常办公室文员工作。

（三）录用条件：

1．基本条件：

（1）法律（法学）专科及以上学历；

（2）熟悉民事、刑事和行政诉讼程序、法律文书写作；

（3）通过国家司法考试，取得法律职业资格证书；

（4）服从律师的工作安排，有协作精神和团队意识。

2．予以优先考虑的因素：

（1）有独立工作能力及独立工作经验；

（2）有网页制作、网站管理、营销经验；

（3）职业形象良好、职业礼仪规范、职业着装标准。

（四）工作条件和薪酬待遇：

1．条件和环境：

（1）隔断式办公区、台式电脑、液晶彩显、宽带网络；

（2）周一至周五每天工作七小时，上午8：00～11：00，下午14：00～18：00；

（3）非常优秀的律师同仁，友好和谐的工作氛围。

2．待遇和薪酬：

（1）2000～3000元，年终视情况予以奖励；

（2）加班工资：按《劳动法》计算。

（五）其他说明：

1．有意应聘者请写信至×××@lawyer.com，并按如下表格以附件形式提交简历；

2．简历信息应当真实、有效、完整、全面，如有其他有效信息，可另行增加相应内容；

3．好高骛远者、桀骜不驯者、个性强烈者、投机取巧者请勿投递简历；

4．本招聘启事将于2009年8月30日12：00失效，请应聘者届时查收面试通知；

5．本招聘启事的法律性质属于要约邀请，发布后广东××律师事务所仍有权修改。

二、设计解读

1．法律性质

招聘启事是要约还是要约邀请？根据《中华人民共和国合同法》（以下简称《合同法》）的规定，所谓要约是指一方发出的愿意与另一方订立合同的意思表示。要约邀请是指一方发出的希望对方向其发出要约的意思表示。两者的主要分别在于以下几个方面：

（1）效力不同。要约对要约人具有约束力，即要约送达，要约人就不得撤回，如果当事人想要撤销要约，就要符合法定的条件。而要约邀请对要约人没有在撤回上的限制，当事人可以任意撤回。由于受要约邀请人没有承诺权，因此，要约邀请不存在撤销的问题。但要约邀请也可能构成缔约责任以及《中华人民共和国反不正当竞争法》（以下简称《反不正当竞争法》）和《中华人民共和国广告法》（以下简称《广告法》）上的责任。

（2）要约以订立合同为直接目的，受要约人承诺送达，合同订立即告成立。要约邀请，则不是以订立合同为直接目的，它只是唤起别人向自己做出要约表示或使自己能向别人发出要约。

（3）要约必须包含能使合同得以成立的必要条款，或者说，要约必须能够决定合同的内容。如对一个买卖合同要约来说，通常需要标的、数量、价金三个条款。而要约邀请不要求包含使合同得以成立的必要条款。要约邀请一般只是笼统地宣传自己的业务能力、产品质量、服务态度等。

（4）要约一般是针对特定的对象进行。而要约邀请的对象则一般是不特定的大众对象。这是就一般情况而言，不宜以对象的不同作为划分要约与要约邀请的基本标准。要约可以针对不特定的多数人，这并不妨碍某特定人的承诺与要约的结合而成立合同；要约邀请亦不妨针对特定的当事人，特定的当事人可以根据要约邀请的内容提出自己的要约。

（5）要约一般是针对特定相对人的，故要约多采取一般信息传达方式，即口头方式和书面方式。要约邀请一般是针对不特定多数人的，故往往借助电视、广播、报刊等媒介传播。

要约与要约邀请最根本的区别是：受要约人有承诺权，受要约邀请人没有承诺权。这是效力上的区别。

根据上述对要约和要约邀请的分析，要准确地确定招聘启事的法律性质，关键是看其内容，招聘启事正文内容并没有统一的规定，但是根据人力资源招聘实践和理论，招聘启事应当属于要约邀请，因为它不是以订立劳动合同为直接目的，应聘者看到用人单位的招聘启事，认为自己符合条件的，需要向用人单位提出应聘申请，用人单位发出《录用通知书》后，劳动者同意上班的，劳动合同才成立。

2．招聘启事的内容

根据《就业服务与就业管理规定》第十一条第二款的规定，招用人员简章（即招聘启事）应当包括以下内容：

用人单位基本情况；

（1）招用人数；

（2）工作内容；

（3）招录条件；

（4）劳动报酬；

（5）福利待遇；

（6）社会保险；

（7）法律、法规规定的其他内容。

3．招聘启事不得包含的内容

根据《就业服务与就业管理规定》第二十条的规定，用人单位发布的招用人员简章或招聘广告，不得包含歧视性内容。

根据《中华人民共和国就业促进法》（以下简称《就业促进法》）和《就业服务与就业管理规定》的相关规定，这些歧视性内容具体为：

（1）劳动者的民族；

（2）劳动者的种族；

（3）劳动者的性别；

（4）劳动者的宗教信仰；

（5）劳动者的户籍；

（6）其他歧视性内容。

三、法律风险提示

很多人力资源管理者认为，招聘广告只是招聘人员的一种宣传手段而已，不会存在法律风险。其实，风险可能会在这不经意间产生，如果招聘广告撰写得不好，就有可能暗藏"杀机"。因为，在试用期内，用人单位享有一项权力：如果发现劳动者不符合录用条件，可以随时解除劳动合同。但这项权力的行使是有条件的，即用人单位要证明劳动者不符合录用条件。具体到不符合哪一条录用条件，举证责任在于单位。而最有力的证据之一就是招聘广告。所以，在招聘广告中，用人单位一定要明确自己的招聘条件，还要注意将此广告在人才市场或劳动行政部门存档备查，并保留刊登的原件。这样，一旦在试用期解雇员工而产生纠纷时，就可使用人单位处于主动地位，防止出现举证不能而败诉的风险。

1. 用人单位招用人员不得有哪些行为

根据《就业服务与就业管理规定》第十四条规定，用人单位招用人员不得有下列行为：

（1）提供虚假招聘信息，发布虚假招聘广告；

（2）扣押被录用人员的居民身份证和其他证件；

（3）以担保或者其他名义向劳动者收取财物；

（4）招用未满16周岁的未成年人以及国家法律、行政法规规定不得招用的其他人员；

（5）招用无合法身份证件的人员；

（6）以招用人员为名牟取不正当利益或进行其他违法活动。

2. 用人单位招用人员时需注意的事项

根据《就业服务与就业管理规范》的相关规定，用人单位在招用人员时，应当注意以下事项：

（1）不得以诋毁其他用人单位信誉、商业贿赂等不正当手段招聘人员；

（2）除《就业服务与就业管理规定》规定的不适合妇女从事的工种或者岗位外，不得以性别为由拒绝录用妇女或者提高对妇女的录用标准，不得在劳动合同中规定限制女职工结婚、生育的内容；

（3）应当依法对少数民族劳动者给予适当照顾；

（4）不得歧视残疾人；

（5）不得以是传染病病原携带者为由拒绝录用，但是，经医学鉴定传染病病原携带者在治愈前或者排除传染嫌疑前，不得从事法律、行政法规和国务院卫生行政部门规定禁止从事的易使传染病扩散的工作。

用人单位招用人员，除国家法律、行政法规和国务院卫生行政部门规定禁止乙肝病原携带者从事的工作外，不得强行将乙肝病毒血清学指标作为体检标准。

3. 如何招用外国人

根据《外国人在中国就业管理规定》的规定，用人单位聘用外国人须为该外国人申请就业许可，经获准并取得《中华人民共和国外国人就业许可证书》后方可聘用。禁止个体经济组织和公民个人聘用外国人。用人单位聘用外国人从事的岗位应是有特殊需要，国内暂缺适当人选，且不违反国家有关规定的岗位。用人单位不得聘用外国人从事营业性文艺演出，但经文化部批准持《临时营业演出许可证》进行营业性文艺演出的外国人除外。对私自雇佣外国人的单位和个人，在终止其雇佣行为的同时，可处以5000元以上、50000元以下的罚款，并责令其承担遣送私自雇佣外国人的全部费用。因此，雇佣外国人的，应注意我国法律对于外国人就业的相关规定，避免相应的法律风险。

根据相关规定，对于用人单位要聘用外国人，应符合以下条件：

（1）年满18周岁，身体健康；

（2）具有从事其工作所必需的专业技能和相应的工作经历；

（3）无犯罪记录；

（4）有确定的聘用单位；

（5）持有有效护照或能代替护照的其他国际旅行证件（以下简称代替护照的证件）。

除此之外，还须依法办理以下相关手续：

（1）办理三个证件，分别是就业许可证、就业证和居留证；

（2）用人单位聘用外国人就业每满一年，应在期满前30日到劳动行政部门发证机关办理《就业证》年检，逾期未办理的，《就业证》自动失效；

（3）外国人被批准延长在中国就业期限或变更就业区域、单位后，应在10日内到当地公安机关办理居留证件延期或变更手续。

4．用人单位招聘不得歧视劳动者

（1）就业歧视的表现形式。

用人单位在招聘劳动者的过程中，常因歧视性的录用条件拒录劳动者而产生纠纷被告上法庭。歧视性的内容包括：身高歧视、性别歧视、地域歧视、身份歧视、疾病歧视、相貌歧视、属相歧视等。歧视的方式表现为：一是招聘广告中明确带有歧视内容；二是招聘广告中虽然没有具体写明歧视性内容，但在招聘过程中明确告知劳动者不符合歧视性的录用条件。

对于用人单位的就业歧视，一方面，因为涉诉牵扯过多精力，容易影响用人单位的生产经营；另一方面，媒体的广泛报道也会影响用人单位的社会形象评价。

（2）就业歧视的法律责任。

《宪法》第三十三条规定，"中华人民共和国公民在法律面前一律平等"。这条规定说明了公民在就业时拥有平等权。用人单位在招聘时如果带有歧视性条件，劳动者可以用人单位侵犯其平等就业权为由提起诉讼。

2008年1月1日起施行的《就业促进法》对反就业歧视规定更为具体明确，该法

第三章"公平就业"专门规定了用人单位招聘劳动者时不得进行就业歧视。《就业促进法》第二十六条对反就业歧视还进行了总括性的规定，"用人单位招用人员、职业中介机构从事职业中介活动，应当向劳动者提供平等的就业机会和公平的就业条件，不得实施就业歧视"。另外，《就业促进法》第二十七至三十一条还分别对性别歧视、民族歧视、残疾歧视、疾病歧视、身份歧视进行了规定。

《就业促进法》第六十二条规定，"违反本法规定，实施就业歧视的，劳动者可以向人民法院提起诉讼"。《就业促进法》第六十八条规定，"违反本法规定，侵害劳动者合法权益，造成财产损失或者其他损害的，依法承担民事责任；构成犯罪的，依法追究刑事责任"。而行政责任主要由劳动行政部门或其他主管部门对具有违法行为的用人单位进行监督、处罚。

（3）防范措施。

①用人单位的招聘广告中不得带有歧视性字眼；

②用人单位面试后拒录劳动者，不要当面（或电话）明确告知劳动者被拒录的原因是其不符合用人单位带有歧视性内容的招聘条件；

③用人单位也不要因为歧视性条件解聘劳动者。

如果劳动者的某些缺陷并不影响其在用人单位的正常工作，用人单位完全不必将其拒之门外。一方面，为了自身的长远发展，用人单位应该不拘一格录用人才，不能因为劳动者有某方面缺陷而拒绝录用，这对用人单位而言也是一个巨大损失；另一方面，用人单位要勇于承担社会责任，聘用此类劳动者既缓解了具有某些缺陷的社会弱势群体的就业难问题，也为构建和谐社会贡献自己的一份应尽力量，树立了用人单位的良好社会形象。

四、案例分析

案例一：招聘启事中应当明确录用条件

某公司招聘李先生为中国某大区的营销总监，并与其签订了为期3年的合同，约定试用期为4个月。3个月后，该公司单方面提出解除合同，理由是李先生没有达到公司的季度营销目标。为此，李先生向劳动仲裁委员会提出了申诉，仲裁的结果是该公司败诉。原因是该公司在招聘广告中并没有列明录用条件，而且劳动合同签订后，该公司没有明确具体的职务说明书，也没书面告知李先生该职务的工作内容以及岗位要求。因此，当其被质询时，该公司无法出具当初双方认可的职务要求，既然没有约定要求，又怎么能证明其不符合录用条件呢？败诉当然也是在预料之中的。

评析：

在试用期中提出解聘，是许多公司在解聘员工中经常使用的杀手锏，很多公司管理人员认为，试用期间，公司并没有承诺员工什么，想让你离开就可以让你离开。其实并不然。在我国的《劳动法》以及地方的法规中，对试用期解聘都做了明确的限定："在试用期被证明不符合录用条件的"。其中最容易被忽视的关键点就在于"被证明"以及"录用条件"，而这正是容易被劳动者抓住把柄的软肋。

在本案中，如果该公司在招聘广告中明确了录用的条件，或者在招聘广告中先笼统说明录用的条件，然后在劳动合同或《入职登记表》上具体列明录用条件，败诉的就不是公司了。

招聘广告中除了用人单位的自我介绍外，最主要的内容是录用条件的设计，也就是我们通常所说的职位要求或职位描述。在招聘广告中涉及录用条件的设计，录用条件缺失或设计存在缺陷，很可能在将来的纠纷中导致用人单位处于被动地位，出现举证不能的败诉风险。

根据《劳动合同法》第三十九条第一项规定，在试用期间劳动者被证明不符合录用条件的，用人单位可以即时解除劳动合同。劳动者不符合录用条件的举证责任在用人单位，对用人单位最有利的证据之一就是招聘广告。在实践中，经常有用人单位的录用条件欠缺或不够明确，或者根本没有保留录用条件，结果因试用期解除合同而与劳动者发生争议，被判决支付本不应支付的违法解除合同的赔偿金。

为了防止用人单位支出不必要的解除劳动合同成本，用人单位应在录用条件设计上应做好以下几方面工作：

第一，对录用条件进行清楚、明确的描述。录用的条件一定要具体、明确，切忌笼统和抽象的描述，能量化的条件尽可能量化。

第二，录用条件要进行公示。从法律角度来讲，公示就是用人单位证明前来应聘人员知道本岗位录用条件的证据。用人单位可以保留在人才市场所贴的招聘海报，或用适当的方式保存在网络上发布的招聘广告。最好能在入职前通过让员工签字的方式确认其明确单位的录用条件。这样可以比较好地防范举证不能的法律风险。

五、法律依据

《就业服务与就业管理规定》（2008年1月1日起施行，中华人民共和国劳动和社会保障部令第28号）

第十一条　用人单位委托公共就业服务机构或职业中介机构招用人员，或者参加招聘洽谈会时，应当提供招用人员简章，并出示营业执照（副本）或者有关部门批准其设立的文件、经办人的身份证件和受用人单位委托的证明。

招用人员简章应当包括用人单位基本情况、招用人数、工作内容、招录条件、劳动报酬、福利待遇、社会保险等内容，以及法律、法规规定的其他内容。

第十二条　用人单位招用人员时，应当依法如实告知劳动者有关工作内容、工作条件、工作地点、职业危害、安全生产状况、劳动报酬以及劳动者要求了解的其他情况。

用人单位应当根据劳动者的要求，及时向其反馈是否录用的情况。

第十三条　用人单位应当对劳动者的个人资料予以保密。公开劳动者的个人资料信息和使用劳动者的技术、智力成果，须经劳动者本人书面同意。

第十四条　用人单位招用人员不得有下列行为：

（一）提供虚假招聘信息，发布虚假招聘广告；

(二)扣押被录用人员的居民身份证和其他证件;

(三)以担保或者其他名义向劳动者收取财物;

(四)招用未满16周岁的未成年人以及国家法律、行政法规规定不得招用的其他人员;

(五)招用无合法身份证件的人员;

(六)以招用人员为名牟取不正当利益或进行其他违法活动。

第十五条 用人单位不得以诋毁其他用人单位信誉、商业贿赂等不正当手段招聘人员。

第十六条 用人单位在招用人员时,除国家规定的不适合妇女从事的工种或者岗位外,不得以性别为由拒绝录用妇女或者提高对妇女的录用标准。

用人单位录用女职工,不得在劳动合同中规定限制女职工结婚、生育的内容。

第十七条 用人单位招用人员,应当依法对少数民族劳动者给予适当照顾。

第十八条 用人单位招用人员,不得歧视残疾人。

第十九条 用人单位招用人员,不得以是传染病病原携带者为由拒绝录用。但是,经医学鉴定传染病病原携带者在治愈前或者排除传染嫌疑前,不得从事法律、行政法规和国务院卫生行政部门规定禁止从事的易使传染病扩散的工作。

用人单位招用人员,除国家法律、行政法规和国务院卫生行政部门规定禁止乙肝病原携带者从事的工作外,不得强行将乙肝病毒血清学指标作为体检标准。

第二十条 用人单位发布的招用人员简章或招聘广告,不得包含歧视性内容。

《中华人民共和国传染病防治法》(自2004年12月1日起施行,中华人民共和国主席令第十七号)

第十六条 国家和社会应当关心、帮助传染病病人、病原携带者和疑似传染病病人,使其得到及时救治。任何单位和个人不得歧视传染病病人、病原携带者和疑似传染病病人。

传染病病人、病原携带者和疑似传染病病人，在治愈前或者在排除传染病嫌疑前，不得从事法律、行政法规和国务院卫生行政部门规定禁止从事的易使该传染病扩散的工作。

《卫生部办公厅关于进一步规范乙肝项目检测的通知》（卫办政法发〔2011〕14号）

二、各级各类医疗机构在就业体检中，无论受检者是否自愿，一律不得提供乙肝项目检测服务。

对非就业体检，受检者本人主动要求进行乙肝项目检测的，医疗机构除应当妥善保存好受检者签署的知情同意书外，还应当制发独立于常规体检报告的乙肝项目检测结果报告。

三、各级各类医疗机构出具的就业体检报告或者其他体检报告，无论体检费用是由受检者本人承担还是由受检者所在单位承担的，一律由受检者本人或受检者指定的人员领取。

四、体检报告应当完全密封，并在显著位置注明本体检报告仅限受检者本人拆阅。

五、地方各级卫生行政部门对收到的违规开展乙肝项目检测的投诉、举报等，要调查核实。凡查证属实、违反规定的，一律要予以通报批评，并依法依规严肃处理；情节严重的，对医疗机构主要负责人和直接责任人予以行政处分。

人力资源和社会保障部、教育部、卫生部《关于进一步规范入学和就业体检项目维护乙肝表面抗原携带者入学和就业权利的通知》（人社部发〔2010〕12号）

二、进一步维护乙肝表面抗原携带者入学、就业权利，保护乙肝表面抗原携带者隐私权

……除卫生部核准并予以公布的特殊职业外，健康体检非因受检者要求不得检测乙肝项目，用人单位不得以劳动者携带乙肝表面抗原为由予以拒绝招（聘）用或辞退、解聘。有关检测乙肝项目的检测体检报告应密封，由受检者自行拆阅；任何单位和个人不得擅自拆阅他人的体检报告。

第五节 应聘登记

一、应聘登记表设计范例

应聘登记表

应聘岗位：　　　　　　　　　　　　　　　　　应聘时间：　　年　月　日

一、个人简况								
姓名		曾用名		性别		民族		
出生日期		出生地		籍贯				
户口所在地		身份证号码						贴相片处
身份证地址								
政治面貌		婚姻状况		第一学历				
职称		职称类别		最高学历		授予时间		
从事专业		工作年限		参加工作时间		入职前连续工龄		
健康状况		血型		身高		体重		
专业特长				兴趣爱好				
通讯手机		通讯电话		紧急联系人姓名		紧急联系人电话		
联系地址				E-mail地址		社保电脑号		
紧急联系人通讯地址								
二、教育或培训经历（从高到低）								
起止时间	学校		专业或培训项目		学历或学位	学习方式		学制（年）

(续)

三、工作经历（由近到远）					
起止时间	工作单位及部门	职务	离职原因	证明人

四、奖惩情况（包括党内）			
奖惩名称	奖惩时间	奖惩原因	奖惩批准单位

有无违法犯罪记录	□ 无　　□ 有			

五、家庭情况					
家庭成员姓名	与本人关系	政治面貌	出生日期	工作单位及职务	联系电话	学历

六、证件信息		
证件名称	证件有效期起止时间	证件发放单位（部门）

声明

　　以上提供的资料均属实，公司或单位可以就此展开调查，本人如提供虚假资料、虚假证明或虚假经历，造成的后果与公司或单位无关，本人将接受被公司或单位无条件解聘。

　　本表中登记的本人和紧急联系人通讯地址、手机、E-mail和电话为公司与本人联系的法定联系方式，任何一项发生变动，本人将在变动之日起三日内书面通知单位，否则导致单位的法律文件无法送达的，本人同意视为送达并承担相应的法律责任。

填表人签字：_____　　____年____月____日

二、设计解读

　　一般情况下，《应聘登记表》是劳动者看到用人单位招聘启事之后，认为自己符合用人单位的录用条件而向用人单位提出的应聘请求，根据《合同法》关于要约的定义，《应聘登记表》符合要约的要件，其法律性质是要约。

三、专业提示

如实填写《应聘登记表》是劳动者履行告知义务的重要途径，也是用人单位固定劳动者主体资格、能力、工作经历等信息的重要手段，是判断该劳动者是否符合工作岗位要求的重要依据和劳动者是否履行如实告知义务的关键证据。所以，用人单位应当充分利用这一途径。

四、案例分析

案例一：虚构工作经历的劳动合同是否有效

某公司招聘了一名销售主管王某，在双方协商洽谈过程中，王某向公司提交了以往在多个用人单位从事过销售主管的书面说明，于是双方当即协商签订了劳动合同。合同约定：用人单位聘用王某为销售主管，试用期3个月；王某全权负责公司销售业务，并对销售部人员的聘用享有决定权。

劳动合同签订后，王某开始上班工作。2个月后，公司发现王某的销售业绩平平，即要求王某制订销售计划，加大销售力度。王某则提出增加销售人员的要求，并决定录用了一名以前工作单位的同事。又2个月后，公司发现王某的销售业绩仍无起色，遂对王某的工作经历产生怀疑。于是，公司派人对王某提供的以往工作经历进行调查，发现王某所说的在多个用人单位从事过销售主管纯属虚构。为了避免王某继续工作可能产生的问题，公司当即做出了解除合同的决定。王某认为自己取得的业绩与往日工作经历并无关系，公司解除合同无凭无据，于是向劳动仲裁委申请仲裁。

问题：

（1）王某虚构工作经历，双方签订的劳动合同是否有效？

（2）公司与王某解除合同，需要支付补偿吗？

（3）人力资源管理者在日常工作中如何避免"虚构工作经历"的情况发生？

评析：

（1）王某虚构工作经历，双方签订的劳动合同是否有效？

《最高人民法院关于贯彻执行〈中华人民共和国民法通则〉若干问题的意见（试行）》第六十八条规定，"一方当事人故意告知对方虚假情况，或者故意隐瞒真实情况，诱使对方当事人作出错误意思表示的，可以认定为欺诈行为"。

本案中，王某为了达到与公司签订劳动合同的目的，向公司虚构其以往在多个用人单位从事过销售主管，公司正是基于该书面说明才与其签订了劳动合同。王某的这种做法显然属欺诈行为。

《劳动合同法》第二十六条规定，"下列劳动合同无效或者部分无效：（一）以欺诈、胁迫的手段或者乘人之危，使对方在违背真实意思的情况下订立或者变更劳动合同的"。所以，王某与公司签订的劳动合同因王某的欺诈行为而无效。无效的劳动合同，从订立的时候起，就没有法律约束力。当然，根据《劳动合同法》规定，对劳动合同的无效或者部分无效有争议的，由劳动争议仲裁机构或者人民法院确认。也就是说，无效劳动合同只能由劳动争议仲裁委员会或者人民法院确认，不能由王某和公司来确认。

（2）公司与王某解除劳动合同，需要支付补偿吗？

《劳动合同法》第三十九条规定，"劳动者有下列情形之一的，用人单位可以解除劳动合同：……（五）因本法第二十六条第一款第一项规定的情形致使劳动合同无效的"。案件中，因王某的欺诈行为导致双方签订的劳动合同无效，用人单位可以据此解除劳动合同。此种情形下解除劳动合同，不属于《劳动合同法》第四十六条规定的需要支付经济补偿金的情形，因此，公司不需要支付补偿。

（3）人力资源管理者在日常工作中如何避免"虚构工作经历"情况发生？

①设置好《入职登记表》作为证据，表格中列明员工的以往工作经历，要求员工如实填写，不得欺骗。公司应将《入职登记表》以及员工的简历等作为劳动合同的附件，妥善管理和保存，一旦发现员工有欺诈行为，就可以作为证据予以处理，即使员工不服气也没有关系，因为这些附件就是最直接有效的证据。

②要求员工对以往工作经历提供证明人以及联系方式，通过对这些人的调查询问，以查明信息是否真实。

③可以向员工之前的工作单位调查，了解员工工作表现的真实情况。

④对关键岗位、重要人员的审查，可以委托专业的调查机构进行调查。

⑤在劳动合同中约定：员工提供从业经历须真实，员工充分了解该信息的真实性是双方订立劳动合同的前提条件，如有弄虚作假或隐瞒的情况，属于严重违反公司规章制度，同意公司有权解除劳动合同或对劳动合同做无效认定处理，公司因此遭受的损失，员工有对此赔偿的义务。

第六节　录用前审查

一、审查事项

根据《劳动合同法》第八条规定，"用人单位有权了解劳动者与劳动合同直接相关的基本情况，劳动者应当如实说明"。这是保证用人单位用人知情权的必要，目的是防止发生劳动者欺诈等法律风险的发生。另外，用人单位招聘员工是需要成本的，招聘成本除包括招聘广告或人才市场摊位费、招聘人员工资、误餐、交通费等直接费用外，还包括失败成本，如受聘人员不合格的试用工资、重新招人的各项费用等。此外，如果人力资源管理者在招聘时疏忽，可能会给公司带来"杀身之祸"——赔偿该员工原工作单位的损失。因此，做好招聘工作，提高招聘成功率，可以大幅度减少人力资源管理成本并减少各种法律风险。要做好招聘工作，审查环节十分重要。根据人力资源管理实践，用人单位在招聘管理阶段应当做好以下审查工作：

1. 查验劳动者年龄

根据《禁止使用童工规定》相关规定，禁止任何单位或者个人为不满16周岁的未成年人介绍就业。否则，由劳动保障行政部门按照每使用一名童工每月处5000元罚款的标准给予处罚；在使用有毒物品的作业场所使用童工的，按照《使用有毒物品作业场所劳动保护条例》规定的罚款幅度，或者按照每使用一名童工每月处5000

元罚款的标准，从重处罚。劳动保障行政部门并应当责令用人单位限期将童工送回原居住地交其父母或者其他监护人，所需交通和食宿费用全部由用人单位承担。用人单位经劳动保障行政部门依照前款规定责令限期改正，逾期仍不将童工送交其父母或者其他监护人的，从责令限期改正之日起，由劳动保障行政部门按照每使用一名童工每月处10000元罚款的标准处罚，并由工商行政管理部门吊销其营业执照或者由民政部门撤销民办非用人企业单位登记；用人单位是国家机关、事业单位的，由有关单位依法对直接负责的主管人员和其他直接责任人员给予降级或者撤职的行政处分或者纪律处分。可见，用人单位使用童工的法律责任是相当严重的。所以，用人单位对此切不能掉以轻心！

在实践中，劳动者虚报年龄应聘的情形确实存在。用人单位在招用劳动者时，必须要求劳动者提供身份证原件与复印件，对人证的一致性进行核对，核对无误后在身份证复印件上签署"与原件一致"并让劳动者签名确认。

2. 查验劳动者的学历、资格及工作经历

劳动者的学历、资格及工作经历很大程度上反映了劳动者的能力，是用人单位判断其能否胜任应聘工作岗位的重要材料，是用人单位招聘管理人员高度关注的事项。在现今职业诚信体系尚未建立的情况下，劳动者提供虚假的学历、资质证明或工作经历的情况也经常发生，所以，用人单位审查劳动者的学历、资质证明和工作经历的真实性非常必要。

根据《劳动合同法》第二十六条规定，劳动者以欺诈手段使对方在违背真实意思的情况下订立的劳动合同无效或者部分无效。因此给用人单位造成损失的，用人单位有权追究该劳动者赔偿责任。同时，用人单位如果把劳动者提供虚假学历、资质证明及工作经历界定为严重违反单位规章制度，则劳动者即使侥幸应聘成功，事后用人单位可以随时以此为由解除劳动合同，并不需要支付解除劳动合同的经济补偿。对劳动者学历、资质证明及工作经历审查的方式是让劳动者提供学历、资质证明原件和复印件，然后通过中国高等教育学生信息网以及中华人民共和国人力资源和社会保障部（以下简称"人力资源和社会保障部"）等劳动保障部门建立的职业资格鉴定网进行核实，核对无误后在身份证复印件上签署"与原件一致"并让劳动者签名确认。

3. 查验劳动者与其他用人单位是否拥有劳动关系

在商业竞争日趋激烈的今天，优秀的员工越来越成为用人单位维持生存、保持竞争优势的关键所在。这些员工在其他单位任职期间所获知的劳动技能、客户资源甚至商业、技术秘密都成为一种重要的资源，因此，通过猎头挖人成为一些用人单位提升竞争力的一种捷径。

我国《劳动法》和《劳动合同法》并未明文禁止劳动者的兼职行为，因此，劳动者在与一家用人单位订立劳动合同的同时，有利用下班时间兼职的权利，如未损害用人单位的利益，原则上并未违反法律规定。但是《劳动合同法》第九十一条规定，"用人单位招用与其他用人单位尚未解除或者终止劳动合同的劳动者，给其他用人单位造成损失的，应当承担连带赔偿责任"。此处的连带赔偿责任，根据《违反〈劳动法〉有关劳动合同规定的赔偿办法》第六条规定，其份额应不低于对原用人单位造成经济损失总额的70%。其向原用人单位赔偿的损失包括对生产、经营和工作造成的直接经济损失和因获取商业秘密给原用人单位造成的经济损失。

所以，为避免不必要的法律风险，用人单位最好不要招用兼职劳动者。用人单位招用劳动者时必须查验终止、解除劳动合同的证明以及其他能够证明该劳动者与原用人单位不存在劳动关系的凭证，方可与该劳动者建立劳动关系。查验的方法就是要求劳动者提供与原用人单位解除或终止劳动关系的证明，应届大中专毕业生提供报到证，已经办理失业证的还可以提供失业证等。

4. 查验竞业限制情况

根据《劳动合同法》等相关法律法规的规定，对负有保密义务的劳动者，用人单位可以在劳动合同或者保密协议中与劳动者约定竞业限制条款，劳动者违反竞业限制的，用人单位可以要求劳动者承担违约责任，如果因此给原单位造成损失的，原用人单位可以将员工与新用人单位一起告上法庭，新用人单位将因此受到牵连。所以，用人单位在招用劳动者时还应当查验劳动者是否与原用人单位存在竞业限制，审查方式就是要求劳动者书面陈述是否存在其他用人单位要求其履行竞业限制义务的约定。否则，即使没有因此给原单位造成损失而承担赔偿责任，该劳动者也可能因原用人单位的竞业限制权而不得不离开现在的用人单位，这样一来，用人单位将白白浪费招聘、培训等成本。

5. 查验劳动者的身体健康状况

用人单位查验劳动者的身体健康状况主要是防止录用具有潜在疾病、残疾、职业病的劳动者。如果用人单位录用了这样的劳动者，由于劳动者在患病期间有权享有医疗期，在医疗期间，除非劳动者存在《劳动合同法》第三十九条的情形，用人单位不能解除劳动合同，否则将构成非法解除劳动合同，面临支付非法解除劳动合同赔偿金的法律责任。即使在医疗期满后，该劳动者不能胜任原工作岗位的，用人单位也不能随意解除劳动合同，而应当为其调整工作岗位，或者对其进行培训，只有在此之后，该劳动者仍然不胜任新工作岗位或原工作岗位的，用人单位才能依法解除劳动合同，但是，用人单位仍然需要支付解除劳动合同经济补偿。在医疗期间，用人单位须支付劳动者病假工资和医疗补助费。如果是职业病，用人单位还须承担一次性就业补助金。

查验劳动者身体健康状况的方法是要求劳动者提供县级以上医院的健康证明。不过在此需要提醒用人单位的是，用人单位对劳动者身体健康状况的查验并不是无限制的，必须在法律法规规定的范围内查验。根据《就业促进法》第三十条的规定，除非该工作岗位从事的是易使传染病扩散的工作，用人单位招用人员，不得以是传染病病原携带者为由拒绝录用。例如用人单位就不得以劳动者是乙肝病毒携带者为由拒绝录用，卫生部、地方卫生部门和劳动保障行政部门对此也做出了明确的禁止性规定，并严禁用人单位和医疗机构进行乙肝血清学检查。

6. 从事特殊岗位的员工须查验相关岗位的资格证明

根据《劳动法》和《职业教育法》的有关规定，对从事技术复杂，通用性广，涉及国家财产、人民生命安全和消费者利益的职业（工种）的劳动者，必须经过培训，并取得相应职业资格证书后，方可就业上岗。

二、案例分析

案例一：劳动者借用身份证或假冒他人身份入职，能否享受工伤待遇

2010年11月，王某进入A公司工作。2010年11月3日，王某因自己的身份证丢

失，借用亲戚的身份证与A公司正式签订了书面劳动合同。2010年12月5日上午8时30分，王某在上班途中被一辆大货车撞伤，导致右上肢截肢。事故发生后，王某认为，根据《工伤保险条例》规定，职工在上班途中受到机动车事故伤害的依法属于工伤，故向劳动部门申请工伤认定，在工伤认定中，A公司以其厂里并无"王某"而只有王某的亲戚，公司与王某并无劳动关系为由拒绝负担工伤保险待遇。

问题：

（1）劳动者因借用身份证或假冒身份证签订的劳动合同是否有效？双方是否存在劳动关系？

（2）以上案例，劳动者能否进行工伤认定并享受工伤保险待遇？

（3）作为人力资源管理者，应当如何避免此类情况的发生？

评析：

（1）劳动者因借用身份证或假冒身份证签订的劳动合同是否有效？双方是否存在劳动关系？

由于王某用他人的身份证与A公司签订劳动合同，构成了欺诈，对双方之间的劳动合同应当做否定性评价，即根据《劳动合同法》第二十六条规定，双方签订的劳动合同应当被认定为无效。但是劳动合同的无效，不能否定双方存在事实劳动关系。根据《劳动和社会保障部关于确立劳动关系有关事项的通知》规定，只要同时具备以下三种情形的，双方劳动关系即成立：

①用人单位和劳动者符合法律、法规规定的主体资格；

②用人单位依法制定的各项劳动规章制度适用于劳动者，劳动者受用人单位的劳动管理，从事用人单位安排的有报酬的劳动；

③劳动者提供的劳动是用人单位业务的组成部分。

在本案中，王某与A公司之间显然同时具备了上述三个条件，因此，双方存在劳动关系。

（2）以上案例，劳动者能否进行工伤认定并享受工伤保险待遇？

根据前面的分析，本案中王某与A公司之间的存在劳动关系。因此，王某依据《劳动法》应当享受的权益应当得到保护。根据《工伤保险条例》规定，王某所受伤害应当认定为工伤，王某可以享受相关的工伤待遇。但是，王某作为完全民事行为能力人，借用亲戚的身份证与A公司签订了书面劳动合同，导致用人单位没有为其办理工伤保险，过错主要在王某。在司法实践中，一般认定在此种情形下，应当由工伤保险基金承担的部分，由王某承担主要责任，用人单位承担次要责任。

《深圳市中级人民法院关于审理工伤保险待遇纠纷案件相关法律适用问题的指导意见（试行）》第三条规定，"用人单位以劳动者假冒身份证明为其投保而遭受社会保险损失的，对法律法规规定由工伤保险基金负担的工伤保险待遇部分，如冒用人发生工伤时已满16周岁，由冒用人承担主要责任，用人单位承担次要责任；如冒用人发生工伤时不满16周岁，由用人单位承担主要责任，由冒用人承担次要责任。对法律法规规定由用人单位负担的工伤保险待遇部分，劳动者无须进行分担，仍由用人单位全额支付"。

（3）作为人力资源管理者，应当如何避免此类情况的发生？

身份证是每一位公民身份的合法证明，与我们的日常生活息息相关。作为一个法律符号和社交凭证，身份证具有特定的含义和法律效力，在社会生活中发挥着不可替代的重要作用，每位公民求职应聘、贷款买房、结婚登记、搭乘飞机均需要身份证作为凭证。实践中也不乏一些人借用他人身份证找工作而引起的劳动争议。对于用人单位而言，应当防范求职者的这种欺诈行为，需要严把招聘关，在员工入职时认真核查相关的人事材料，做到人证一致、证证一致，并对劳动者提供虚假信息给用人单位造成的损失赔偿进行约定。对于一些重要岗位，如果有必要的还应当做相应的背景调查，防范此类事件的发生。

第七节　履行告知义务

根据《劳动合同法》第八条规定，用人单位招用劳动者时，应当如实告知劳动者工作内容、工作条件、工作地点、职业危害、安全生产状况、劳动报酬,以及劳动者要求了解的其他情况。

用人单位告知虚假情况的,将导致劳动合同无效或部分无效,劳动者可以依法要求用人单位赔偿应聘成本等损失。要注意的是,用人单位是主动告知,劳动者是如实说明,两者义务不同,也就是说不管劳动者有没有提出,用人单位都应当按法律规定的内容进行告知;而劳动者则是被动的告知,即根据用人单位的提示做出如实说明即可,而且劳动者如实说明的是与劳动合同直接相关的基本情况,与劳动合同无关的情况,劳动者有权拒绝回答。而用人单位则没有拒绝告知的权利,一些用人单位在回答劳动者应聘提出的一些问题时,只是简单地对劳动者说"如果你被聘用的话,这些情况自然就知道了",这种做法容易引发争议。

《劳动法》规定了因欺诈订立的劳动合同无效,但并没有明确规定劳动关系双方分别负有哪些告知义务,享有哪些知情权。《劳动合同法》不但明确了双方的告知义务,更对由于欺诈导致劳动合同无效这一情况,制定了更有利于保护无过错一方的合法权益的新规定。这些规定集中体现在《劳动合同法》第八条、第二十六条、第二十七条、第二十八条、第三十八条第一款第五项、第三十九条第五项、第四十六条第一项和第八十六条中。

《劳动合同法》第八条明确规定了用人单位在招用劳动者时应当如实告知劳动者的七种情况,即工作内容、工作条件、工作地点、职业危害、安全生产状况、劳动报酬、劳动者要求了解的其他情况。《劳动合同法》原文使用的是"应当如实告知",亦即如实告知上述七种情况是用人单位在招聘时的法定义务。可以理解为,当用人单位未如实告知上述情况时,劳动者可以隐瞒法定告知情况导致本人在不知情的情况下订立劳动合同为由,提出劳动合同因欺诈而无效。而对于劳动者的告知义务,《劳动合同法》第八条只是规定用人单位有权了解劳动者与劳动合同直接相关的基本情况,劳动者应当如实说明,并未明确应当如实告知的具体内容。

《劳动合同法》的一系列新规定,对于用人单位订立劳动合同提出了新的要求。为了避免因欺诈导致劳动合同无效的情况发生,除了务必要在订立劳动合同时如实告知劳动者上文提到的七种情况外,还要留有能够证明履行了如实告知义务的证据。而由于《劳动合同法》并未明确规定劳动者应告知的内容，也给用人单位提出了一个新的课题，即"如何要求劳动者告知哪些内容，并留有足够的证据证明当时告知的情况"。上述工作做得不到位，将可能出现劳动者解除劳动合同，用人单位还要支付劳动者经济补偿的情况；可能因劳动者欺诈导致订立的劳动合同无法被认定为无效，以致无法与劳动者解除劳动合同的情况。这些新的规定对用人单位设计招工程序及配套文件表格提出了更高的要求。

很多用人单位的规章制度中没有关于招聘录用程序的规定，或者只有一些象征意义的原则性规定。这样的规定在《劳动合同法》生效后，很难在实际的管理当中产生有益的作用。结合订立劳动合同时间的分析，以及本节关于如实告知的相关情况，用人单位应当认真考虑和制订本单位的员工录用程序，设计好录用过程中的相关表格和文书，并且严格执行每一步骤。

按照时间的顺序，用人单位在招聘录用程序方面可以从以下几个方面考虑：

第一，由于《劳动合同法》没有规定劳动者应当告知用人单位的具体内容，这就要求用人单位根据自己的需要，认真设计应聘者的求职简历要求和《入职登记表》，将用人单位认为有必要了解的情况明示出来。求职简历和《入职登记表》应当归入员工个人档案，妥善保管。

第二，《职位说明书》、《拟聘任通知书》或者offer letter中，需包含以下内容：工作内容、工作条件、工作地点、职业危害、安全生产状况、劳动报酬以及劳动者要求了解的其他情况。当然，职业危害、安全生产状况等内容，也可以统一制作安全生产方面的说明书，发放给拟聘用的劳动者，不过要做好签收记录。例如在《入职登记表》中要求劳动者声明，公司已经将工作内容、工作条件、工作地点、职业危害、安全生产状况、劳动报酬及其他情况告知自己，并由员工本人签名确认。

如果能在劳动合同中载明，也可以将上述内容约定在劳动合同中，以达到如实告知的目的。

其实，上述内容加上组织结构关系图、工作标准（目标）、绩效考核方法等相关内容，就可以构成一个完整的《职位说明书》。在劳动者入职前将这些内容发放给劳动者，不但可以起到如实告知相关情况的作用，还可以成为将来确认劳动者是否符合录用条件、是否胜任工作、是否有失职行为的重要依据，也是人力资源管理的一项基本工作。

第三，在如实告知上述内容后实际用工前，与劳动者协商签订劳动合同，而不要实际用工后再订立劳动合同。

第四，要求劳动者在订立劳动合同前或用工一段时间后（一般为试用期内），提供能够证明简历或《入职登记表》内容属实的证书或文件，如身份证明、解除劳动合同证明、社会保险和人事档案关系、学历证书、体检证明等。

第五，一旦发现有与事实不符的情况，用人单位可以考虑按照"试用期不符合录用条件解除，因弄虚作假而严重违纪"或者"按照欺诈导致合同无效"解除。具体选择解除的方式和依据，要根据实际情况而定。

第八节 录用通知书

经过招聘、面试、审查之后，用人单位对于合适的人选，就需要向拟录用的劳动者发送《录用通知书》，通知劳动者来单位签订劳动合同。需要指出的是，《录用通知书》已不再暗含法律风险，而是本身就具有法律效力，一旦发出就产生相应的约束力，如果操作不当就会给公司带来不必要的麻烦。

一、设计范例

录用通知书

_____女士/先生：

您好，恭喜您，经过本公司的面试和体检，本公司现正式通知您，您已被正式录用为本公司的员工，现将劳动合同基本内容和报到相关事宜告知如下：

报到时间：_____
报到地点：_____
报到手续：_____
报到需提供的材料：_____
报到注意事项：_____
工作岗位：_____
工作地点：_____
劳动报酬：_____
合同期限：_____
其他事项：_____

此致

敬礼！

用人单位（盖章）：

年　月　日

二、设计解读

1. 法律性质

《录用通知书》是用人单位发给拟录用应聘者的通知，意在告知应聘者已被录用的情况。《录用通知书》实际上是用人单位向决定录用的员工单方发出的愿意与其建立劳动关系的一种意思表示。从《合同法》的基本原理考查，录用通知属于要约，是用人单位向应聘人员发出的关于建立劳动关系的一种要约。根据《合同法》的一般原理，一份合同的成立要经过要约和承诺两个程序。所谓"要约"，是指希望和他人订立合同的意思表示，所谓"承诺"，是指受要约人做出的同意要约以成立合同的意思表示，它应当由受要约人以通知的方式向要约人做出。承诺通知到达要约人时生效，合同成立，对双方均产生约束力。

《合同法》第十三条规定，"当事人订立合同，采取要约、承诺方式"。

《合同法》第十四条规定，"要约是希望和他人订立合同的意思表示，该意思表示应当符合下列规定：（一）内容具体确定；（二）表明经受要约人承诺，要约人即受该意思表示约束"。

《合同法》第十六条规定，"要约到达受要约人时生效"。按照这样的一般原理，当用人单位向决定录用的候选人发出录用通知（也即要约）而候选人表示接受该录用通知（也即承诺）后，用人单位与该员工之间即存在着一种合同关系，这种合同关系的具体内容通过录用通知来体现。换言之，录用通知从一个用人单位单方发出的要约变成了用人单位和候选人双方达成合意的一纸合同。

《劳动合同法》第七条规定，"用人单位自用工之日起即与劳动者建立劳动关系。用人单位应当建立职工名册备查"。也就是说《劳动合同法》从实际用工之日起开始对劳资双方进行调整，而劳动者表示接受录用，但在实际用工之前，双方之间并非受《劳动合同法》的调整，而是受《合同法》的规范。因此，此合同在法律上应当界定为普通的民事合同而非劳动合同。

2．录用通知书是否可以撤销

要约既可以撤回也可以撤销，《合同法》第十七条规定，"要约可以撤回。撤回要约的通知应当在要约到达受要约人之前或者与要约同时到达受要约人"。《合同法》第十八条规定，"要约可以撤销。撤销要约的通知应当在受要约人发出承诺通知之前到达受要约人"。

承诺通知既可能是口头通知（包括打电话），也可能是书面通知（包括信件和电子邮件等）。但是有些情形下，要约是不得撤销的，《合同法》第十九条规定，"有下列情形之一的，要约不得撤销：（一）要约人确定了承诺期限或者以其他形式明示要约不可撤销；（二）受要约人有理由认为要约是不可撤销的，并已经为履行合同作了准备工作"。

对于用人单位不该撤销却单方面撤销了要约的行为，法律上应当界定为预期违约（违约行为发生于合同履行期届至之前）。尽管用人单位违约，但是追究用人单位的违约责任不能通过强制用人单位和劳动者履行的方式，而只能追究财产上的损失。由于劳动者已经对用人单位形成了一种合理信赖，则用人单位应该对该信赖利益损失承担赔偿责任。

3．防范措施

（1）用人单位要慎重发送《录用通知书》。在发送《录用通知书》之前，应当完成录用前的所有审查手续，例如身份证、学历证、上岗证的审核，工作经历的背景调查、体检等，确定其符合录用条件才能发送。一旦发送，也要讲究诚信，与劳动者及时签订劳动合同。如果要撤回或撤销《录用通知书》，一定要符合法律的规定条件。

（2）一旦不符合撤回或撤销的条件，而用人单位又想违约不再录用劳动者，这时用人单位最好与劳动者协商解决纠纷，不要闹上法庭。

4．《录用通知书》的内容

我国相关法律并没有对录用通知书应当包括的内容做出规定，但是根据其是用人单位向劳动者发出的欲与其签订劳动合同的意思表示，一般应当包括以下内容：

（1）报到时间；

（2）报到地点；

（3）报到手续；

（4）报到需提供的材料；

（5）报到注意事项；

（6）工作岗位；

（7）工作地点；

（8）劳动报酬；

（9）合同期限；

（10）其他事项；

（11）用人单位的名称、盖章和通知时间。

三、专业提示

1. 《录用通知书》和劳动合同的关系

《录用通知书》虽然在内容上与劳动合同有相似之处，但不能等同于劳动合同。有些用人单位把两者混同，以为向劳动者发出《录用通知书》，应聘者报到后，就可以直接让该劳动者上岗，这种做法是有法律风险的。

《录用通知书》是用人单位的要约，而劳动合同才是规范用人单位和劳动者之间权利义务的正式法律文书，因为《录用通知书》一般不包括《劳动合同法》所规定的劳动合同必须包括的内容，在人力资源管理实务中，用人单位一般也不会要求劳动者在《录用通知书》上确认同意通知书上的内容并收回保存，所以《录用通知书》不能代替劳动合同。《劳动合同法》也强化了不签订书面劳动合同的法律责任，即用人单位在双方建立劳动关系之日起超过三十天未与劳动者签订书面劳动合同的，劳动者有权要求支付双倍工资，超过1年时间没有签订书面劳动合同的，视为双方已签订无固定期限劳动合同。

2. 发出《录用通知书》后又反悔，用人单位是否应当承担责任

在实践中，用人单位发出《录用通知书》后又单方面反悔，致使劳动者权利受损的现象并非少见，不少用人单位认为《录用通知书》没有法律约束力，反悔也不会有法律责任，这样的想法显然是错误的。

根据上述分析，《录用通知书》是用人单位向劳动者发出的欲与其签订劳动合同的意思表示，其法律性质是要约。根据《合同法》的规定，合同一般经过要约和承诺两个阶段就成立了。所以，只要劳动者同意《录用通知书》的内容，答应到用人单位上班的，用人单位和劳动者之间的劳动合同关系就已经成立，尽管这时还没有签订书面劳动合同（劳动合同关系并不一定要通过签订书面劳动合同的形式来建立，《劳动合同法》要求签订书面劳动合同只是为了保护劳动者）。因此，如果因为用人单位单方面反悔导致劳动者损失的，劳动者可以要求用人单位就其损失承担赔偿责任。

四、案例分析

案例一：用人单位违法撤销《录用通知书》遭劳动者索赔

茅先生大学毕业后应聘到一家大型国有用人单位，用人单位给了他5万元的购房补贴，双方约定了5年服务期，并且约定在服务期内如果茅先生解除劳动合同，应支付相应的违约金。2年以后，茅先生发现国企的工作环境并不利于自己的发展，便去悄悄应聘某外企的工作职位，经过笔试、面试、体检后，该外企对茅先生比较满意，很快就发了录用通知，其中还注明了工作岗位、工资报酬、工作地点、报到日期等。拿到录用通知后，茅先生立即用电子邮件通知该外企的人力资源经理，表示将在规定的日期内前去报到。随后他辞去了在国企的工作，并向该国企支付了违约金。然而，就在他准备前去这家外企公司报到时，该外企由于找到了更好的人选，便告知茅先生，公司没有正式录用茅先生，双方也尚未签订劳动合同，公司此前发出的录用通知无效，茅先生也不必来公司报到了。茅先生接到信后，大为吃惊，将该外企告到法院，要求法院判令该外企与其签订劳动合同，否则要承担违约责任，并赔偿其经济损失6万元。法院受理该案件后，经调解，双方同意签订劳动合同。

评析：

本案争议的焦点是录用通知的效力问题。根据《合同法》第十四条规定，要约是希望和他人订立合同的"意思表示"，要约应当符合下列规定：（1）内容具体确定；（2）表明经受要约人承诺，要约人即受该"意思表示"约束。

内容具体明确，也就是当事人不需进一步协商，受要约人单纯的接受就可以成立合同。要约人即受该"意思表示"约束，表明要约人受合同的约束。要约人把成立合同的最终权利交给了对方。虽然《劳动法》和《劳动合同法》等劳动法律法规没有对录用通知的法律性质进行相应的规定，但是根据上述分析，录用通知完全符合"要约"的要件，其法律性质是要约。要约经过受要约人的承诺即产生合同约束力。

本案中，该外企向茅先生发出了录用通知，注明了工作岗位、工资报酬、工作地点、报到日期等，录用茅先生的意思是很明确的，显然属于要约。尽管录用通知并不等同于劳动合同，但是该外企向茅先生发出了录用通知，就是愿意同茅先生建立劳动关系的意思表示，茅先生可以选择接受或不接受，而一旦茅先生承诺同意按录用通知与公司建立劳动关系，劳动合同关系即成立，双方必须按照约定履行义务，否则将面临承担违约责任的后果。当然，录用通知并不能替代劳动合同，用人单位还应依法与劳动者订立劳动合同。

那么，要约可以撤销吗？

根据《合同法》第十九条规定，撤销要约的通知应当在受要约人发出承诺通知之前到达受要约人，且有下列情形之一的，要约不得撤销：（1）要约人确定了承诺期限或者以其他形式明示要约不可撤销；（2）受要约人有理由认为要约是不可撤销的，并已经为履行合同做了准备工作。而本案中，录用通知已送到了茅先生的手中，茅先生也已经同意，并且还辞去了原来的工作，这说明茅先生不仅发出了承诺，而且还为履行承诺做出了一系列的准备工作。在这种情况下，该外企如果单方面撤销，就要付出法律的代价。本案经调解，双方同意签订劳动合同，是个双赢的结果。否则，公司就要承担缔约过失责任。

案例二：单位通知录用后又反悔，该怎样

2006年11月，某航空公司发布招聘广告。12名准空姐根据招聘广告于2006年12月至2007年2月参加并通过了初试、复试和体检，并被确认录用。2007年2月至6月间，12名准空姐应该航空公司的要求办理了相关政审手续，并将政审材料和其他所需的材料寄给了该航空公司。但是由于缺乏法律知识，均没有发出同意受聘的通知。其后，12名准空姐多次询问该航空公司，公司均称正在办理手续，要求12名准空姐在家耐心等待。直到2008年2月8日，该外国航空公司告知12名准空姐，航空公司放弃聘用12名准空姐，同时要求她们在其拟好的内容为"我自愿放弃航空公司的聘用，自愿放弃向航空公司索赔的权利"的"放弃书"上签字，而且声称如果12名准空姐签署了"放弃书",每人便可拿到11000元人民币的"礼物",否则便无法获得该"礼物"。因"放弃书"明显有失公平,12名准空姐毅然拒绝签署。2008年3月,12名准空姐将航空公司告上法庭,要求被告继续聘用,并连带赔偿经济损失42900～93200元不等。

庭审中,航空公司认为,航空公司与12名准空姐之间尚未形成合同关系,因此航空公司对8名准空姐也不承担任何合同义务。

问题:

(1) 该外国航空公司是否必须同12名准空姐建立劳动关系?理由是什么?

(2) 若未形成劳动关系,航空公司是否需要承担12名准空姐因进行招聘活动而带来的损失?理由是什么?

评析:

招聘者与应聘者在合同的订立过程之中,均享有订约自由。但是,磋商过程中双方应遵从诚实信用原则。如果在订约过程中,招聘单位以其行为导致应聘者形成合理信赖,应聘者依据该合理信赖从事相应行为导致损失的,招聘单位应对该损失承担损害赔偿责任,该责任在合同法称为缔约过失责任。所谓缔约过失责任是指在合同订立过程中,一方因违背其依据的诚实信用原则所产生的义务,而导致另一方的信赖利益的损失,并应承担损害赔偿责任。

本案中,航空公司已经对12名准空姐进行初试、复试、体检并确认予以录用,这12名准空姐因此有依据合理信赖该航空公司会聘用她们,并因此支付了时间成本、交通费、住宿费等应聘成本,但是该航空公司在这12名准空姐同意受聘之前,表示不予继续聘用,根据订约自由的原则,该航空公司有权不予继续聘用。但是对该12名准空姐因此导致的时间成本、交通费、住宿费等应聘成本损失,应当予以赔偿。法院可以综合考虑招聘单位的过错、12名准空姐原单位的工资水平、停止工作的时间、因停止工作而未再进行相应劳动以及其在该阶段仍可能获得其他收益等因素,判决航空公司对该12名准空姐予以赔偿。

HUMAN RESOURCE MANAGEMENT

第三章

入职管理
法律风险管控

第一节　入职登记表

一、《入职登记表》设计范例

入职登记表

一、入职情况					
入职日期	年　月　日	入职单位			贴相片处
所在部门		岗位或职务		任职日期	
二、个人简况					
姓名		曾用名		性别		民族	
出生日期		出生地		籍贯			
户口所在地		身份证号码					
身份证地址							
政治面貌		婚姻状况		第一学历			
职称		职称类别		最高学历		授予时间	
从事专业		工作年限		参加工作时间		入职前连续工龄	
健康状况		血型		身高		体重	
专业特长				兴趣爱好			
通讯手机		通讯电话		紧急联系人姓名		紧急联系人电话	
联系地址				E-mail地址		社保电脑号	
紧急联系人通讯地址							
三、教育或培训经历（从高到低）					
起止时间	学校	专业或培训项目	学历或学位	学习方式	学制（年）
四、工作经历（由近到远）					
起止时间	工作单位及部门	职务	离职原因	证明人	

(续)

五、奖惩情况			
奖惩名称	奖惩时间	奖惩原因	奖惩批准单位
有无违法犯罪记录	□ 无　□ 有		

六、家庭情况					
家庭成员姓名	与本人关系	政治面貌	出生日期	工作单位及职务	联系电话	学历

七、证件信息		
证件名称	证件有效期起止时间	证件发放单位（部门）

八、岗位、工资和劳动合同期限				
岗位		工资	试用期：	转正后：
劳动合同期限	年　　月　　日至　　年　　月　　日			
劳动合同签收声明	本人已于　　年　　月　　日签收书面劳动（或聘用）合同、补充协议、保密协议等　　份，劳动合同内容与上述内容一致。 签收人：　　　年　　月　　日			

九、《员工手册》等规章制度签收声明

　　本人已经阅读《员工手册》等规章制度，并已准确理解其含义，本人认可并接受《员工手册》的管理，认真履行公司对岗位人员所规定的责任和义务，同意公司今后有权依据法律法规对《员工手册》所涉及的全部管理制度和其他所有规章制度依据法定程序进行修改完善、增减的权利，并遵守修订或新制定的规章制度。

签收人：　　　年　　月　　日

十、其他声明

　　以上提供的资料均属实，公司或单位可以就此展开调查，本人明白如提供虚假资料、虚假证明或虚假经历，造成的后果与公司或单位无关，本人将接受被公司或单位无条件解聘。

　　本表中登记的本人和紧急联系人通讯地址、手机、E-mail和电话为公司与本人的联系的法定联系方式，任何一项发生变动，本人将在变动之日起三日内书面通知单位，因为未能及时通知而导致单位的法律文件无法送达的，本人同意视为该法律文件送达并承担相应的法律责任。

填表人签字：　　　年　　月　　日

二、设计解读

在与劳动者签订劳动合同后,用人单位应当为劳动者办理入职手续。入职手续包括员工入职登记、办理报到和工资卡等。根据《劳动合同法》第十条第三款的规定,用人单位与劳动者在用工前订立劳动合同的,劳动关系自用工之日起建立。可见,在现在的法律规定下,劳动合同签订时间和劳动关系建立时间不是同一概念,后者一旦建立,就表示劳动者已经向用人单位提供劳动,相应地,用人单位就必须支付其劳动报酬。

办理入职手续不但有利于确定劳动关系建立时间,还具有重大的现实意义。人力资源管理实践中,在双方发生纠纷时,往往会出现用人单位无法送达处罚通知、解除劳动合同通知等法律文件的情形,导致劳动者事后以用人单位没有送达处罚通知、解除劳动合同通知为由,主张用人单位非法解除劳动合同从而要求非法解除劳动合同赔偿金,或者不承认双方劳动合同已经解除,要求返回用人单位上班的情形。在此情形下,用人单位往往因为无法举证而非常被动。实际上,这些可以通过科学设计《入职登记表》来避免。

《入职登记表》内容设计应当全面、严谨,例如必须要求填写该劳动者和紧急联系人的通讯地址、电子邮箱、手机号码等信息,并注明发生变动的,必须在三日之内告知单位,否则,导致单位的法律文件无法送达本人的,视为已送达。如果在《入职登记表》中注明了劳动者的工作岗位、薪酬和劳动合同期限,只要经过劳动者的签名确认,即使书面劳动合同不幸遗失,在司法实践中,也会被认定为双方已经签订了书面劳动合同,从而免去用人单位承担支付双倍工资的法律责任。另外,《入职登记表》还可以补强劳动者信息披露的不足。所以,用人单位应当充分利用好《入职登记表》,《入职登记表》的设计应当完整、科学。

三、专业提示

1. 《劳动合同签收备案表》能否确认为签订过劳动合同

司法实践中,表格上劳动合同期限明确的,如无相反证据,应认可签订了劳动合同，可见设计《劳动合同签收备案表》的重要性。

2. 《入职登记表》能否确认为双方签订过劳动合同

在一些地方的司法实践中，签订劳动合同需要如工作岗位、工资、劳动合同期限等清楚可认，否则将不被认定为已签订劳动合同，可见科学设计《入职登记表》的重要性。

当然，有些地方不认可这样的做法。但是不管怎么样，《入职登记表》不能代替劳动合同。因为《入职登记表》只是劳动者在向用人单位求职，用人单位同意录用后在其进公司时所使用的登记表，属于员工档案的一部分。《入职登记表》是劳动者单方登记的，用人单位未在该登记表上签字盖章，且只有一份，其内容也不具备劳动合同中必须约定的内容，双方权利、义务约定不明确。劳动合同的订立、形式、内容等方面都必须具备法律规定的程序及要件，《入职登记表》与劳动合同并非同一概念，不能将其视为劳动合同。但是如果在《入职登记表》中设定一栏，注明劳动者已经签收劳动合同，并且《入职登记表》中工作岗位、工资、劳动合同期限等内容清楚明确，可以作为用人单位和劳动者已经签订书面劳动合同的证据。

第二节 制作职工名册

根据《劳动合同法》第七条、《劳动合同法实施条例》第八条和第三十三条规定，用人单位自用工之日起即与劳动者建立劳动关系。用人单位应当建立职工名册备查。职工名册内容应当包括劳动者的姓名、性别、公民身份证号码、户籍地址及现住址、联系方式、用工形式、用工起始时间、劳动合同期限等内容。否则，将面临被劳动行政部门责令限期改正，逾期不改正的，将被劳动行政部门处以2000元以上20000元以下的罚款。

第三节　签订劳动合同通知书

一、《签订劳动合同通知书》设计范例

签订劳动合同通知书

_____女士/先生：

根据《劳动合同法》和《劳动合同法实施条例》的规定，用人单位与劳动者建立劳动关系，应当订立书面劳动合同。现本单位决定与你订立书面劳动合同，请你在收到本通知后，于____年____月____日之前到____部门，按照《劳动合同法》有关规定与本单位订立书面劳动合同，逾期不签订的，视为拒绝与本单位签订书面劳动合同，本单位将与你终止劳动关系并不予支付经济补偿。

特此通知。

单位（盖章）：　　　　　　　　　　　　（劳动者）签收：

年　　月　　日　　　　　　　　　　　年　　月　　日

（此通知书一式两份，甲，乙双方各执一份）

二、专业提示

《签订劳动合同通知书》必须送达员工本人，并让其签名确认收到。

第四节 签订劳动合同

一、签订劳动合同的时间

《劳动合同法》第十条第二款规定,"已建立劳动关系,未同时订立书面劳动合同的,应当自用工之日起一个月内订立书面劳动合同"。

虽然法律给了用人单位一个月的宽限期,但还是建议用人单位在双方建立劳动关系的同时尽快签订劳动合同。因为许多地方规定,终止事实劳动关系的,应当提前30天通知劳动者,而事实劳动关系持续时间超过一个月后,劳动者就可以主张双倍工资。另外,应当让劳动者先行在劳动合同上签名,这样可以有效防止劳动合同的流失或者劳动者单方面修改劳动合同的发生。

二、如何选择劳动合同期限

在《劳动合同法》模式下,劳动合同期限选择是否科学、合理,对于用人单位影响很大。比如签订无固定期限的劳动合同,如果没有法定条件的出现,用人单位无法单方面解除劳动合同,而劳动者则可以提前30天解除劳动合同。再如,如果用人单位与所有员工都选择一年一签劳动合同,那么连续两次签订劳动合同后,再次续签劳动合同的,劳动者提出签订无固定期限劳动合同的,用人单位就必须签订无固定期限的劳动合同。此时,用人单位将面临要么签订无固定期限劳动合同而丧失部分用工自主权,要么不得不终止双方之间的劳动合同,支付终止劳动合同经济补偿和重新招聘培训员工的两难境地。因此,如何合理选择劳动合同的期限,是保护用人单位的利益不容忽视的问题。

1. 劳动合同期限的种类及适用范围

（1）固定期限的劳动合同，是指用人单位与劳动者约定合同终止时间的劳动合同。具体是指劳动合同双方当事人在劳动合同中明确规定了合同效力的起始和终止的时间。

（2）无固定期限的劳动合同，是指用人单位与劳动者约定无确定终止时间的劳动合同。

（3）以完成一定的工作为期限的劳动合同，在实践中，有下列情形之一的，用人单位与劳动者可以签订以完成一定工作任务为期限的劳动合同：①以完成单项工作任务为期限的劳动合同；②以项目承包方式完成承包任务的劳动合同；③因季节原因临时用工的劳动合同；④其他双方约定的以完成一定工作任务为期限的劳动合同。

2. 选择确定劳动合同期限的原则

在《劳动合同法》实施前，常见的情形是，用人单位与所有员工都是一年一签劳动合同的。这种做法，在先前的法律模式下无疑是一种明智的选择，因为先前的法律规定，劳动合同终止不需要支付经济补偿金，而解除劳动合同是需要支付经济补偿金的。如果签订较长期限的劳动合同，用人单位不想继续聘用该劳动者，就必须解除劳动合同，从而需要支付一笔经济补偿金，用工成本将增加。但是，在《劳动合同法》实施后，这种做法的优势将不复存在，因为《劳动合同法》规定，合同期限届满终止不再续签的，同样需要支付经济补偿金。更为重要的是，如果用人单位与劳动者连续签订两次固定期限劳动合同后，劳动者提出签订无固定期限的劳动合同，用人单位必须与劳动者签订无固定期限的劳动合同。由此可见，如果用人单位在劳动合同期限选择上仍固守惯例，对用人单位不但无利而且有害。

那么在劳动合同期限选择上，用人单位应如何操作？

（1）根据岗位确定。

不同的岗位，应签订不同期限的劳动合同。具体来说，企业应根据有利于生产经营的原则，结合岗位的特点以及劳动者的年龄、性别、身体状况、专业技术等因素，合理确定劳动合同的期限。

对于保密性强、技术复杂、需要保持人员稳定的，可以选择签订无固定期限劳动合同或者中长期劳动合同，以减少频繁更换关键岗位的关键人员带来的损失。

有下列情形之一的，可以选择签订以完成一定工作任务为期限的劳动合同：

①以完成单项工作任务为期限的劳动合同；

②以项目承包方式完成承包任务的劳动合同；

③因季节原因临时用工的劳动合同；

④其他双方约定的以完成一定工作任务为期限的劳动合同。

（2）根据工作性质确定。

根据不同的工作性质，选择签订不同期限的劳动合同，同时约定相应的试用期。

①中高级管理人员和中高级技术人员是企业长期稳定发展的重要保证，而且他们的经验也是一种宝贵的资源。在与他们签订劳动合同时，可以先连续签订2次中长期劳动合同，再签订无固定期限劳动合同。

②基层人员大多数是刚毕业不久或工作不久的员工，他们需要熟悉企业的情况并积累工作经验。对于这部分工作人员，可以按照两种情况区别对待：

第一种是技术人员。由于技术人员需要考察的时间周期较长，第一次可以签订长期合同（三至五年），约定不超过六个月的试用期。设定这段时间便于对他们的工作能力进行考察，也利于接受考察的技术人员进行岗位轮换，以熟悉不同岗位的工作内容，同时避免由于工作的变换不能再次约定试用期的风险。第二次签订劳动合同时应视具体情况而定，合适的可以续签五年的劳动合同，五年后再签无固定期限的劳动合同。

第二种是管理人员。由于管理人员需要考察的时间周期较短，可以采取第一次签订短期合同，约定不超过两个月的试用期，这段时间可以了解他们的工作能力和工作态度。第二次签订劳动合同则应视具体情况而定，合适的可以考虑续签五年的劳动合同，再签无固定期限的合同。

（3）注意事项。

在选择确定劳动合同期限时，最好形成成长期、中期、短期并用的复式格局模式，既保持劳动力的相对稳定，同时也促进劳动力的流动。切忌劳动合同期限一刀切，避免出现因劳动合同同一天到期，大量人员同时离职的现象。

3. 选择确定劳动合同期限应考虑的因素

（1）劳动者的年龄因素。用人单位初次实行劳动合同制度或者国有用人单位改制重新订立劳动合同时，劳动者在该用人单位连续工作满十年且距法定退休年龄不足十年的，用人单位须与其签订无固定期限劳动合同。

（2）劳动者的专业技术因素。如果劳动者掌握用人单位所需要的专业技术，则可签订无固定期限劳动合同或中、长期固定期限劳动合同。

（3）劳动者的性别因素。

（4）劳动者的身体因素。

三、专业提示

1. 用人单位与新进劳动者在固定期限劳动合同中应当约定多长期限才是最佳

对于新进劳动者而言，用人单位在选择固定期限劳动合同时，必须考虑劳动合同期限、试用期及无固定期限劳动合同条件三者之间的关系。依据《劳动合同法》的规定，用人单位对新进员工约定的劳动期限越长越好，至少不能低于三年。这样，用人单位就对新进劳动者拥有了六个月的试用期，有助于用人单位更经济、更合理地对新进劳动者考察。另外，新进劳动者的劳动合同期限直接约定为十年，那么该劳动合同到期后，就构成了"劳动者在该用人单位连续工作满十年"这一无固定期限劳动合同成就的另一条件。所以，用人单位与新进劳动者签订固定期限劳动合同的最佳期限控制原则是以最低三年、最长不超过九年为最佳。如果与劳动者签订一个较长期限的固定期限劳动合同，那么就要在劳动合同或规章制度中细化设计对员工的工作岗位及工作地点的变更条款，以免劳动合同僵化，不利于保障用人单位一定的用工自主权。

2. 用人单位与老员工签订劳动合同，即劳动合同续签，应该如何设计劳动合同期限

如果用人单位与劳动者已经完毕的前一劳动合同是在2008年1月1日以前签订的，则用人单位在续签时主要需要考虑"劳动者连续工作满十年"问题。在这种情况下，用人单位与劳动者续签劳动合同的合同期限，加上前面已经履行完毕的所有连续劳动关系存续期间不高于十年即可；如果这样的劳动合同期限确实很长，则用人单位可结合"连续两次订立固定期限劳动合同"条件，按照新进员工劳动合同期限选择方式，确定一个较为合适的劳动合同期限。

如果用人单位与劳动者已经履行完毕的前一劳动合同是在2008年1月1日之后签订的，则用人单位需要同时考虑"劳动者连续工作十年"和"连续订立固定期限劳动合同"。但在这种情况下，由于用人单位只剩下与劳动者再订立一次固定期限劳动合同的机会，故用人单位仅需要考虑"连续工作十年"之条件即可。

3. 用人单位在设计固定期限劳动合同时，除了考虑其是否成就无固定期限劳动合同条件外，还需要特别注意单独试用劳动合同的成本

依据《劳动合同法》规定，试用期协议就是一个固定期限劳动合同，具体的劳动合同期限为试用期。由于试用期的约定期限都比较短，所以，用人单位要特别注意这种独立的试用期协议所带来的负面影响，即签一次试用期协议相当于签一次固定期限劳动合同，连续签订两次固定期限劳动合同很快就会到期，从而使法定的无固定期限劳动合同条件提前出现。因此，用人单位不能与劳动者签订独立的试用期协议。

4. 用人单位能否在服务年限未满而劳动合同期限届满时终止劳动合同

"劳动合同期限"与"服务年限"是两个不同的法律概念。劳动合同期限是一种约定双方权利义务内容的期限，而服务年限是一种约定单向权利义务内容的期限。具体来说，劳动合同是用人单位和劳动者确立劳动关系，明确双方劳动权利义务的书面协议。其中的劳动合同期限既是应由双方约定合同的必备条款之一，也是合同本身被双方忠实履行的期限，具有双向互动性。服务年限作为自行约定的劳动合同的非必备条款，目的在于限定劳动者应当为用人单位付出劳动、履行劳动义务的期限。其出发角度与劳动合同期限相比具有单向性，即在此期限内用人单位有权要求劳动者为其工作，而劳动者非因取得用人单位同意或法定情形出现，不得予以拒绝。"劳动合同期限"与"服务年限"的区别在其他劳动政策文件中也有表述，见劳动部办公厅《关于试用期内解除劳动合同处理依据问题的复函》等。

因此，当用人单位与劳动者订立的劳动合同期限已届满，双方约定的服务年限尚未届满，用人单位以做出终止劳动合同决定的形式明确表示不行使要求劳动者在剩余服务年限内继续为本单位工作的权利，并无不当。而劳动者主张单方强制性地为该单位提供服务则缺乏法律依据。

相反，如果此时用人单位需要劳动者继续为本单位服务，而劳动者拒绝与该单位续订劳动合同并要求离开的，不能强制劳动者签订劳动合同，更不允许强迫劳动者劳动，不过劳动者应当为此承担原先商定的违约责任。简单地说，若暂不考虑可能出现的法定情形，则像"劳动合同期限"这样的双向性劳动权利无法单方行使。而像"服务年限"这样的单向性劳动权利则可以单方行使。

2008年1月1日实施的《劳动合同法》第二十二条规定，"用人单位为劳动者提供专项培训费用，对其进行专业技术培训的，可以与该劳动者订立协议，约定服务期。劳动者违反服务期约定的，应当按照约定向用人单位支付违约金。违约金的数额不得超过用人单位提供的培训费用。用人单位要求劳动者支付的违约金不得超过服务期尚未履行部分所应分摊的培训费用。用人单位与劳动者约定服务期的，不影响按照正常的工资调整机制提高劳动者在服务期期间的劳动报酬"。

从法理上看，《劳动合同法》还是延续了《关于试用期内解除劳动合同处理依据问题的复函》的精神：服务期的约定是在劳动合同中单方面约定给予用人单位一个权利，即有权要求劳动者履行服务期约定的义务，否则，劳动者须向用人单位承担支付约定违约金的责任。当然，用人单位也可以放弃此项权利。劳动者在服务期约定中有履行服务期约定的义务，而并无权利要求用人单位必须与其在整个服务期保持劳动关系。所以，如果在2008年1月1日之后发生此类案件，处理结果应该与此前是一样的。

第五节　固定期限劳动合同

一、劳动合同期限与岗位期限

　　《劳动合同法》试图加强劳动关系的长期性、稳定性，但从用人单位的角度考虑，又希望保持用工的灵活性。这是一个矛盾。很多用人单位抱怨无固定期限劳动合同制度，希望劳动合同期限越短越好。但是在《劳动合同法》用工模式下，该签无固定期限劳动合同而不签会引发赔偿责任，劳动合同期限过短也会有各种不利之处。那么，有没有将用工的灵活性与劳动合同期限的长期性结合起来的方法？我们在这里提供一种实用的做法：将劳动合同期限与岗位期限分开。

　　我们首先要转变一个观念，劳动合同期限不等于岗位期限。劳动合同期限为八年，不意味着岗位聘用期限必须是八年；劳动合同期限为无固定期限，不意味着岗位聘用期限也是无固定期限。比如，在劳动合同期限为八年的情况下，我们可以约定，岗位聘用期限为两年。

　　那么，在岗位聘用期限届满，而劳动合同期限未满时，我们应该怎么办？必须有配套的岗位聘用制度。实务中用的比较多的是岗位竞聘制度，如劳动合同做以下约定：

　　"本劳动合同期限为固定期限劳动合同，自＿＿＿＿年＿＿＿＿月＿＿＿＿日至＿＿＿年＿＿＿月＿＿＿日。

　　"乙方岗位（工种）为＿＿＿＿＿＿＿＿＿＿，该岗位的聘用期限为＿＿＿年，聘用期限届满之后，乙方可根据甲方公布的岗位竞聘办法竞聘上岗，竞聘上岗后另行签订岗位聘用协议。"

　　有的用人单位会单独在劳动合同之外签订岗位聘用合同。

　　与签订岗位聘用合同相比，制定与之配套的岗位竞聘制度也很重要。这是单位规章制度的一种，需要依照规章制度的合法制订程序制订通过。在内容上，岗位竞聘制度应当包括以下内容：

（1）设定竞聘的岗位范围；（2）设定岗位素质要求和任职条件；（3）设计竞聘评估内容，选择评估的方法和工具；（4）设计竞聘实施流程。

二、用人单位与被聘用的外国人签订劳动合同是否有期限限制

用人单位与被聘用的外国人签订的劳动合同有期限限制。根据《外国人在中国就业管理规定》第十八条和第十九条规定，用人单位与被聘用的外国人签订的劳动合同期限最长不得超过五年，劳动合同期限届满即行终止。如果劳动合同期满后需要续订，应由用人单位在原劳动合同期满前三十日内，向劳动保障行政部门提出延长聘用时间的申请，经劳动保障行政部门批准后办理就业证延期手续，但是续签的劳动合同最长期限仍然是五年。

根据《劳动合同法》的规定，劳动合同的期限分为固定期限、无固定期限和以完成一定工作任务为期限的劳动合同。用人单位聘用外国人可以签订五年以下有固定期限的劳动合同，不能签订无固定期限的劳动合同。用人单位聘用外国人以完成一定工作任务为目的的，必须要考虑到完成工作的最长时限不能超过五年。

三、法律依据

《中华人民共和国劳动合同法》（自2008年1月1日起施行，中华人民共和国主席令第二十八号）

第十三条 固定期限劳动合同，是指用人单位与劳动者约定合同终止时间的劳动合同。

用人单位与劳动者协商一致，可以订立固定期限劳动合同。

《外国人在中国就业管理规定》（中华人民共和国劳动部、公安部、外交部、

外经贸部发布,劳部发〔1996〕29号)

第十八条 用人单位与被聘用的外国人应依法订立劳动合同。劳动合同的期限最长不得超过五年。劳动合同期限届满即行终止,但按本规定第十九条的规定履行审批手续后可以续订。

第六节　无固定期限劳动合同

无固定期限劳动合同,是指没有确定终止时间的劳动合同。提及无固定期限劳动合同,许多用人单位都心生恐惧。其实,只要用人单位设定好终止无固定期限劳动合同的条件,就可以尽量避免因此而产生的法律风险。当然,不能将法律规定的解除劳动合同的条件约定为终止条件,否则此类条件无效。事实上,对于工作保密性强、技术复杂、生产工作需要长期保持人员稳定的岗位,用人单位使用无固定期限劳动合同,更有利于维护自己的生产经营和管理。

一、法律解读

1. 如何理解用人单位应当签订无固定期限劳动合同的情形

根据《劳动合同法》,下列情况出现时,用人单位应当与劳动者签订无固定期限劳动合同:

(1)劳动者在用人单位连续工作满十年(注意,此工作年限包括《劳动合同法》实施之前的工作年限),劳动者提出或同意续订、订立劳动合同的,除劳动者提出订立固定期限劳动合同外,应当订立无固定期限劳动合同。

(2)用人单位初次实行劳动合同制度或者国有用人单位改制重新签订劳动合同时,劳动者在该用人单位连续工作满十年且距法定退休年龄在十年以内的。

怎么区别以上两种情形呢？这是令很多人力资源管理者疑惑的问题。

这里的"用人单位初次实行劳动合同制度"，绝非是说用人单位原来都不签订劳动合同，现在才开始签订劳动合同，而主要是指"事业单位初次实行劳动合同制度，或者事业单位转制为企业等用人单位后初次与劳动者签订劳动合同"。也就是说，在此之前，该单位实行的都是"铁饭碗"。国企改制重新签订劳动合同的情况与之类似，这里的"类似"指的是国企改制打破"铁饭碗"，要求重新签订有期限的劳动合同。劳动合同制度是为了加强用工的灵活化，因此此种情形下签订无固定期限劳动合同的条件更加严格。事业单位初次实行劳动合同制度，或事业单位转制为企业等用人单位后初次与劳动者签订劳动合同，或国企改制重新签订劳动合同的，签订无固定期限除了连续工作满十年之外，还需要另一个条件——距法定退休年龄在十年以内。也就是说，在这种情况下，即使在一个用人单位连续工作满十年，也不能要求必须签订无固定期限劳动合同。

简单地说，如果是属于"用人单位初次实行劳动合同制度或者国有用人单位改制重新签订劳动合同"的情况，那么只有"劳动者在该用人单位连续工作满十年且距法定退休年龄在十年以内的"，用人单位才必须签订无固定期限劳动合同，否则法律不要求用人单位必须签订无固定期限劳动合同。只有在不是属于"用人单位初次实行劳动合同制度或者国有用人单位改制重新签订劳动合同"的情况下，才可以适用《劳动合同法》第十四条规定的其他情形，确定是否属于用人单位必须签订无固定期限劳动合同的情形。

（3）连续订立两次固定期限劳动合同，且劳动者没有过失性解除劳动合同情形和医疗期满解除劳动合同、不能胜任解除劳动合同的情形，续订劳动合同时，劳动者提出或者同意续订、订立劳动合同的，除劳动者提出订立固定期限劳动合同外，应当订立无固定期限劳动合同。

此种情形包括四个条件：第一，连续订立两次固定期限劳动合同，该次数从《劳动合同法》施行后开始计算。如果施行前已经多次签订固定期限合同的，签订次数不计入"两次"内。如果连续签订两次甚至更多次以完成一定工作任务为期限的劳动合同，也不必签订无固定期限劳动合同；第二，劳动者没有《劳动合同法》第三十九条过失性解除劳动合同情形和第四十条医疗期满解除劳动合同、不能胜任解除劳动合同情形；第三，续订劳动合同的；第四，劳动者没有明示提出订立固定期限劳动合同。

应如何理解"劳动者提出或者同意续订、订立劳动合同的"，应当订立无固定期限劳动合同？是不是符合其他条件时，只要劳动者提出要续签劳动合同，用人单位就必须同意，还是说用人单位可以不同意续签，只有在用人单位同意续签，而且符合其他条件时，才必须签订无固定期限劳动合同。

目前司法界对此争议很大。一种看法认为，法条的文义很清楚，"劳动者提出续订、订立的"，用人单位就必须订立无固定期限劳动合同。否则，既不符合法条文义，也不符合立法机关强化劳动关系的长期性、稳定性的本意。

另一种看法则认为，续订也好，订立也好，与通常订立合同行为的本质一样，应该是一种双方自愿的合意。不能说是一方提出来签订，另一方就必须签订，这不符合情理，也不符合法理。对此，现在还没有统一的规定和司法实践，例如在深圳，就理解为自2008年1月1日起，用人单位和劳动者已经连续订立两次固定期限劳动合同，第二次固定期限劳动合同期满后，用人单位可以选择支付经济补偿金终止劳动合同，也可以选择续订劳动合同，用人单位选择续订劳动合同的，而且劳动者没有提出订立固定期限劳动合同，就必须签订无固定期限劳动合同。在人力资源管理实践中，为了避免事后承担举证不能的不利法律后果，用人单位可以要求劳动者签署"要求签订固定期限劳动合同声明"来固定劳动者的意思表示。当然，有的地方司法实践中认为，在此情形下，只要劳动者在第三次签订的固定期限劳动合同上签名就视为其提出签订固定期限劳动合同，这种认定，显然有利用用人单位强势地位之嫌。因此，为了避免事后承担举证不能的不利法律后果，稳妥起见，用人单位应当固定好劳动者提出签订固定期限劳动合同的书面证据，具体方法见本节"法律风险"中的陈述。

2. 怎样理解"连续工作满十年的"

对于"连续工作满十年的"，有下列四点需要注意：

（1）《劳动合同法实施条例》第九条明确规定，"劳动合同法第十四条第二款规定的连续工作满十年的起始时间，应当自用人单位用工之日起计算，包括劳动合同法施行前的工作年限"。

（2）某些情况下，虽然劳动者改变了用人单位，工龄仍应连续计算。《劳动合同法实施条例》第十条规定，"劳动者非因本人原因从原用人单位被安排到新用人单位工作的，劳动者在原用人单位的工作年限合并计算为新用人单位的工作年限。原用人单位已经向劳动者支付经济补偿的，新用人单位在依法解除、终止劳动合同计算支付经济补偿的工作年限时，不再计算劳动者在原用人单位的工作年限"。换言之，非因劳动者原因换了新用人单位的，就算原用人单位已支付经济补偿金，劳动者的工作年限仍应连续计算，连续工作满十年符合签订无固定期限劳动合同的条件时，仍应签订无固定期限劳动合同。

（3）军队退伍、复员、转业军人的军龄，计算为接收安置单位的连续工龄。《中华人民共和国兵役法》、《军队转业干部安置暂行办法》、《关于退伍义务兵安置工作随用人单位改革实行劳动合同制度的意见》等文件均对此做出了规定。即这些情况下的连续工作年限应该加上军龄。

（4）地方规定。例如《深圳市中级人民法院关于审理劳动争议案件若干问题的指导意见（试行）》第一百零七条和《广东省高级人民法院、广东省劳动争议仲裁委员会关于适用〈劳动争议调解仲裁法〉、〈劳动合同法〉若干问题的指导意见》第二十二条都规定，"用人单位恶意规避《劳动合同法》第十四条的下列行为，应认定为无效行为，劳动者的工作年限和订立固定期限劳动合同的次数仍应连续计算：（一）为使劳动者"工龄归零"，迫使劳动者辞职后重新与其签订劳动合同的；（二）通过设立关联企业，在与劳动者签订合同时交替变换用人单位名称的；（三）通过非法劳务派遣的；（四）其他明显违反诚信和公平原则的规避行为。但《劳动合同法》实施前，用人单位已按国家和省有关主辅分离辅业改制、劣势企业关闭退出和富余人员安置等规定，办理了劳动合同手续并依法支付了经济补偿金的，工作年限不连续计算"。

二、专业提示

在实践中需要注意两点：一是如果依法应当订立无固定期限劳动合同而劳动者提出仅愿意签订固定期限劳动合同的，用人单位应当保留劳动者只愿意签订固定期限劳动合同意思表示的书面证据；二是劳动者已经连续两次订立固定期限劳动合同，但劳动者有《劳动合同法》第三十九条和第四十条第一项、第二项规定情形的，如果用人单位并没有依据该情形与劳动者解除劳动合同，愿意与劳动者续签劳动合同的，则用人单位在与该劳动者签订劳动合同前应当对劳动者具有《劳动合同法》第三十九条和第四十条第一项、第二项规定情形做出书面规定。这两个细节的处理，目的是防止劳动合同签订后，劳动者提出"用人单位未依法与其签订无固定期限劳动合同，要求主张签订并履行无固定期限劳动合同"，使用人单位陷入被动。

三、如何管理无固定期限劳动合同

无固定期限劳动合同对用人单位有利也有弊，利在用人单位可持续长久地使用劳动者的劳动价值以创造利润，弊在削弱了用人单位的管理权利和灵活性，使用人单位丧失利用合同终止调整劳动用工策略的手段。面对无固定期限劳动合同的强制签订制度带来的风险，用人单位应当建立无固定期限劳动合同的评估机制和管理制度，最大限度地维护自身利益。

首先，建立续签无固定期限劳动合同的评估机制。

该评估机制主要评估两方面：一是相关工作岗位使用无固定期限劳动合同的必要性；二是评估和劳动者签订无固定期限劳动合同对本单位的价值。对那些需要持续稳定的工作经验和工作技能的工作岗位，比如关键的技术性岗位等替代性很弱的岗位，可以优先选择签订无固定期限劳动合同，以确保能够持续使用劳动者的劳动价值；对那些替代性很强的工作岗位，经常更换劳动者对工作影响不大的岗位，可以优先选择第一次合同到期终止后不再续签合同。对于为公司创造价值的核心员工，应当优先选择与其订立无固定期限劳动合同，并配套使用相应的留人机制；对于非核心员工,则可以选择其他方式灵活用工,比如劳务派遣、以完成一定任务为期限的劳动合同等,或者终止劳动合同不再续签,以规避无固定期限劳动合同。

对新进员工的劳动合同期限应当合理并做特别约定,建议适当约定三年期的劳动合同,这样可利用较长的试用期,全面考察新进员工的工作能力和表现是否符合本单位的需要,避免第一次短期合同后续签合同带来过早到期须签订无固定期限合同条件的问题。或者用人单位可使用短期的一次劳务派遣,充分考察后再决定签订长期的固定期限劳动合同,以最大限度地延缓订立无固定期限劳动合同。

其次,建立无固定期限劳动合同的管理制度。

用人单位应当使用特别设计的无固定期限劳动合同文本,其中应当搭配管理无固定期限的其他条款,比如灵活的工作内容、劳动报酬等条款。同时完善绩效考核制度与薪酬管理制度,以激发劳动者的工作效能,为将来解除劳动合同做好预先的准备,避免因签订无固定期限劳动合同产生的员工工作效率下降与员工价值增长停滞的问题。

四、法律风险

在符合签订无固定期限劳动合同的条件而未签订时,存在以下法律风险:

第一,《劳动合同法》大力推行无固定期限劳动合同,对不依法签订无固定期限劳动合同的行为规定了严厉的法律责任。根据《劳动合同法》第八十二条的规定,在符合签订无固定期限劳动合同的条件下,用人单位没有签订无固定期限劳动合同的,需要向劳动者支付双倍工资,起算时间为应当订立无固定期限劳动合同之日。

人力资源管理者也许会问:如果双方符合签订无固定期限劳动合同的条件,但是实际上签订的是固定期限劳动合同,用人单位能不能以劳动者自愿在固定期限劳动合同上签字而主张是劳动者提出订立固定期限劳动合同呢?

根据前文的论述,虽然有的地方司法实践中认为,在此情形下可以认定为是劳动者提出订立固定期限劳动合同,但是这种认定显然有利用用人单位的强势地位之嫌，从而可能被认定为明显失去公平而被劳动争议仲裁委员会或法院撤销。因此，为了稳妥起见，为了避免事后承担举证不能的不利法律风险，用人单位应当固定好劳动者提出签订固定期限劳动合同的书面证据为好，人力资源管理者的正确做法应该是：其一，如果劳动者要求签订无固定期限劳动合同，则用人单位应当签订无固定期限劳动合同，以免造成赔偿双倍工资的法律风险。其二，如果此时劳动者并不希望签订无固定期限劳动合同，或者持无所谓的态度，而用人单位希望签订固定期限劳动合同，则应当保留相关证据。比如在劳动合同条款中或者通过其他书面形式（如面谈记录）明确，"经乙方（劳动者）提出，双方协商一致劳动合同期限采取下列形式……"。实际上，人力资源管理者最好在标准劳动合同范本的劳动合同期限条款中，加上"经＿＿＿提出，劳动合同期限采取以下方式……"的填空性条款。

第二，劳动者可以要求劳动争议仲裁委员会和法院将劳动合同期限变更为无固定期限。即使未变更，司法机关也可以直接视为双方之间存在无固定期限劳动合同关系，例如2001年的《最高人民法院关于审理劳动争议案件适用法律若干问题的解释》第十六条规定，"根据《劳动法》第二十条之规定，用人单位应当与劳动者签订无固定期限劳动合同而未签订的，人民法院可以视为双方之间存在无固定期限劳动合同关系，并以原劳动合同确定双方的权利义务关系"。但是有的地方，例如深圳的司法实践中，认为双方在签订固定期限劳动合同时，对劳动合同中包括合同期限在内的内容均协商一致，在没有受胁迫或存在欺诈等情况下，任何一方单方提出变更劳动合同期限的，均不应支持。在这种情形下，劳动者须等到此份固定期限劳动合同期满之后，才能要求将其变更为无固定期限劳动合同。见《深圳市中级人民法院关于审理劳动争议案件若干问题的指导意见（试行）》第七十二条，"在履行固定期限劳动合同期间，一方当事人未经另一方当事人同意，单方要求将原劳动合同变更为无固定期限劳动合同的，不予支持"。

第三，如果用人单位以合同到期为由终止劳动关系，则可能构成违法解除或终止劳动合同，因为此时"人民法院可以视为双方之间存在无固定期限劳动合同关系"。在构成违法终止的情况下，劳动者可以选择撤销原终止决定，要求补发工资，也可以选择要求用人单位按照解除劳动合同经济补偿金两倍的标准支付赔偿金。此时劳动者的工作年限一般较长，如果按照双倍经济补偿金的标准赔偿，金额将不会是小数目。

五、案例分析

案例一：合同未到期、工作满十年能否要求改签无固定期合同

张小姐于2000年1月1日进入深圳某公司，双方签订最后一份合同的时间是在2007年6月1日，这也是张小姐签订的第三份固定期限劳动合同，合同期限为2007年6月1日至2010年12月31日。2010年3月1日，张小姐向公司提出请求：因本人在公司已工作满十年，根据《劳动合同法》的规定，已经具备签订无固定期限劳动合同的条件，请求公司将双方签订劳动合同变更为无固定期限劳动合同。

问题：

张小姐的请求能否获得支持？

评析：

无固定期限劳动合同，是指用人单位与劳动者约定无确定终止时间的劳动合同，只要没有解除劳动合同，就必须一直履行下去，直至劳动者达到法定退休年龄时或符合其他法定终止条件才自动终止。由于缺乏对无固定期限劳动合同制度的正确认识，不少人认为无固定期限劳动合同是"铁饭碗"、"终身制"，认为无固定期限劳动合同一经签订就不能解除。用人单位更是将无固定期限劳动合同视为"洪水猛兽"、"终生包袱"，想方设法逃避签订无固定期限劳动合同的法律义务。

《劳动合同法》第十四条除规定无固定期限劳动合同的双方协商自愿订立制度外，还规定了强制签订制度，即劳动者符合法定情形的，只要劳动者提出或者同意续订、订立劳动合同的，除劳动者提出订立固定期限劳动合同外，用人单位就应当与劳动者订立无固定期限劳动合同。所谓强制签订，只要劳动者有单方订立或续订的意思表示，用人单位就有义务续订立无固定期限劳动合同。

《劳动合同法》第十四条规定的一个法定情形为，"劳动者在该用人单位连续工作满十年的"。也就是说，劳动者在同一用人单位连续工作满十年以上，劳动关系没有中断中止，十年工龄连续计算。根据《劳动合同法实施条例》第九条的规定，连续工作满十年的起始时间应当自用人单位用工之日起计算，包括《劳动合同法》施行前的工作年限。

本案中，张小姐于2000年1月1日进入该公司，直至2010年3月1日一直在该公司工作，在同一用人单位的连续工龄已经满十年以上，乍看来，符合订立无固定期限劳动合同的条件。但张小姐的最后一份劳动合同到2010年12月31日到期，她在2010年3月1日请求公司将双方签订劳动合同变更为无固定期限劳动合同，未免为时过早。

《劳动合同法》第十四条对劳动者连续工龄满十年，且劳动者最后一份合同未到期尚在履行期间时，劳动者单方提出要求订立签订无固定期限劳动合同的，法律并未明确两种合同的转换操作机制，司法实践亦不尽相同。

一种观点认为，在劳动者连续工作满十年时就应当将固定期限劳动合同变更为无固定期限劳动合同。例如2001年的《最高人民法院关于审理劳动争议案件适用法律若干问题的解释》第十六条规定，"根据《劳动法》第二十条之规定，用人单位应当与劳动者签订无固定期限劳动合同而未签订的，人民法院可以视为双方之间存在无固定期限劳动合同关系，并以原劳动合同确定双方的权利义务关系"。

另一种观点认为，应当在最后一份合同到期后续订无固定期限劳动合同。例如2009年4月深圳市中级人民法院颁布的《深圳市中级人民法院关于审理劳动争议案件若干问题的指导意见（试行）》第七十二条规定，"在履行固定期限劳动合同期间，一方当事人未经另一方当事人同意，单方要求将原劳动合同变更为无固定期限劳动合同的，不予支持"。《深圳市劳动争议仲裁、诉讼实务座谈会纪要》第十二条也规定，"符合条件的劳动者要求签订无固定期限劳动合同，双方已经签订了固定期限劳动合同的，劳动者应当在合同期满前提出；双方未签订劳动合同的，劳动者应在用人单位终止劳动关系前提出"。可见，现在深圳市的司法实践支持后者的观点。

因此，根据深圳的地方司法实践，张小姐的最后一份合同在2010年12月31日到期终止,她在2010年3月1日单方要求原劳动合同变更为无固定期限劳动合同,将得不到法院的支持。建议张小姐在2010年12月31日合同到期终止前,书面提出续订无固定期限劳动合同的意思表示,这样才能符合深圳地方司法实践的操作要求。

这种情况在实践中大量存在,多数劳动者持前一种观点,就像本案中的张小姐在最后一份合同未到期时就提出变更要求,但多数用人单位持另一种观点,应当在最后一份合同到期后续订无固定期限劳动合同。这里赞同后一种观点,劳动者应当在连续工作满十年时提出订立或续订要求,在最后一份合同到期时订立无固定期限劳动合同。

案例二:连续订立二次固定期限劳动合同是否需订立无固定期限劳动合同

吴某于2008年1月1日与公司签订了一年期限的劳动合同,自2008年1月1日至2008年12月31日止。合同到期后,公司又与吴某续签了一年期限的劳动合同。2009年12月31日,双方劳动合同到期,公司提出终止劳动合同,不再续签,吴某提出要求订立无固定期限劳动合同,双方发生劳动争议。

评析:

根据《劳动合同法》第十四条的规定,劳动者与用人单位连续订立二次固定期限劳动合同,且没有法律规定的除外情形时,劳动者提出或者同意续订、订立劳动合同的,除劳动者提出订立固定期限劳动合同外,用人单位应与劳动者订立无固定期限劳动合同。

那么,应该如何理解该条规定呢?是否可以理解为连续订立二次固定期限劳动合同,且劳动者没有《劳动合同法》第三十九条和第四十条第一项、第二项规定的情形,劳动者提出签订无固定期限劳动合同,单位必须和该员工签订无固定期限劳动合同?

对此,目前主要有南、北两派的观点。南派观点以上海为代表,主张连续订立两次固定期限劳动合同后,用人单位决定与劳动者第三次续订合同时,劳动者提出签订无固定期限劳动合同,用人单位必须签订无固定期限劳动合同。也就是说,劳动者和用人单位连续两次签订固定期限劳动合同，第二份劳动合同期满后，用人单位有权选择是否续签劳动合同，只有在决定续签劳动合同的时候，才必须和劳动者签订无固定期限劳动合同。

而以北京为代表的北派观点则认为，连续订立两次固定期限劳动合同以后，劳动者没有《劳动合同法》第三十九条和第四十条规定的情形，即劳动者没有法定解除劳动合同的情况下，第三次签订劳动合同时，用人单位没有是否续签劳动合同的选择权，劳动者只要提出续订劳动合同的，用人单位应当签订无固定期限劳动合同。

2007年6月29日全国人大常委在关于《劳动合同法》新闻发布会上对此问题进行了说明，立法机关的意见与第二种意见一致："连续订立两次固定期限劳动合同以后，劳动者没有本法第三十九条和第四十条规定的情形，这两条规定的情形就是劳动者没有违规、违纪、违法的情形，没有患病、负伤，不能胜任工作的情况下，劳动者提出要续订劳动合同的时候，用人单位应当签订无固定期限劳动合同。特别是第三项在制定过程当中，我们反复征求了意见，二审以后，这个修改意见又在相当范围的社会层面征求意见，大家都对连续两次签订固定期限劳动合同，再签订就要签订无固定期限劳动合同的规定，表示不解，或者持反对的意见。后来我们想到，为了解决劳动合同短期化的问题，要做这样的规定，并且劳动者是在没有出错的情况下，是遵纪守法、努力工作的情况下，已经连续两次签订固定期限劳动合同，已经付出了劳动，在工作期间能够胜任用人单位工作的情况下，用人单位和劳动者签无固定期限劳动合同也是合理的。"

但是，这毕竟仅仅是最高国家立法机关在新闻发布会上陈述的观点，不具有法律效力。实际上，在《劳动合同法》实施后，各地司法实践中的操作并不统一。《最高人民法院关于审理劳动争议案件适用法律若干问题的解释（四）（征求意见稿）》第四条规定，"劳动者与用人单位连续订立二次固定期限劳动合同，且劳动者没有《劳动合同法》第三十九条和第四十条第（一）项、第（二）项规定的情形，第二次固定期限劳动合同期满后，双方同意续订劳动合同，劳动者请求确认与用人单位之间形成无固定期限劳动合同关系的，应予支持"。可见最高人民法院现在倾向支持南派观点。

实践中,在第二次合同期限内,当用人单位对劳动者的工作能力和表现比较满意,想长期留用劳动者时,一些单位往往采取与劳动者协商延长劳动合同期限,或者劳动合同到期自动顺延的办法来拉长第二次劳动合同的期限,以延缓订立无固定期限劳动合同条件的成立。这种规避签订无固定期限劳动合同的做法,是视为连续的一次固定期限劳动合同期限还是视为续签一次固定期限劳动合同?这种规避做法是否违法?这些问题都是《劳动合同法》立法未及之处。一些地方司法实践根据本地的经验,做出合理的规定以指导法院的审判工作。

2008年10月6日实施的《深圳经济特区和谐劳动关系促进条例》第十八条规定,"用人单位与劳动者协商延长劳动合同期限累计超过六个月的,视为续订劳动合同"。可见,深圳对采取延长劳动合同期限以延迟签订无固定期限劳动合同的做法采取了一定的容忍手段,同时又限制用人单位采取这种不诚信手段规避签订无固定期限劳动合同。

浙江省、广东省等地规定了用人单位恶意规避《劳动合同法》第十四条的五种行为:(1)采取迫使劳动者辞职后重新签订劳动合同的方式,将劳动者工龄"清零"的;(2)采取注销原单位、设立新单位的方式,将劳动者重新招用到新用人单位,且工作地点、工作内容没有实质性变化的;(3)通过设立关联企业,在与劳动者签订合同时交替变换用人单位名称的;(4)通过非法劳务派遣的;(5)其他明显违反诚信和公平原则的规避行为。这五种行为都应认定为无效行为,而且劳动者的工作年限和订立固定期限劳动合同的次数仍应连续计算。

结合《劳动合同法》的立法精神与地方司法实践的经验,用人单位采取变更合同期限的手段规避无固定期限劳动合同,如果明显违反诚信和公平原则,应当认定无效,连续变更合同应当视为续签劳动合同。

六、法律依据

《中华人民共和国劳动合同法》(自2008年1月1日起施行,中华人民共和国主

席令第六十五号）

第十四条 无固定期限劳动合同，是指用人单位与劳动者约定无确定终止时间的劳动合同。

用人单位与劳动者协商一致，可以订立无固定期限劳动合同。有下列情形之一，劳动者提出或者同意续订、订立劳动合同的，除劳动者提出订立固定期限劳动合同外，应当订立无固定期限劳动合同：

（一）劳动者在该用人单位连续工作满十年的；

（二）用人单位初次实行劳动合同制度或者国有企业改制重新订立劳动合同时，劳动者在该用人单位连续工作满十年且距法定退休年龄不足十年的；

（三）连续订立二次固定期限劳动合同，且劳动者没有本法第三十九条和第四十条第一项、第二项规定的情形，续订劳动合同的。

用人单位自用工之日起满一年不与劳动者订立书面劳动合同的，视为用人单位与劳动者已订立无固定期限劳动合同。

《深圳经济特区和谐劳动关系促进条例》（自2008年11月1日起施行，深圳市人民代表大会常务委员会、深圳市第四届人民代表大会常务委员会第八十三号）

第十八条 续订固定期限劳动合同的，用人单位和劳动者应当在劳动合同期满前一个月协商续订劳动合同；经协商未能就续订劳动合同达成一致意见的，用人单位或者劳动者可以终止劳动关系。但依法应当订立无固定期限劳动合同的除外。

用人单位与劳动者协商延长劳动合同期限累计超过六个月的，视为续订劳动合同。

《深圳市劳动争议仲裁、诉讼实务座谈会纪要》（2010年3月9日深圳市中级人民法院审判委员会第六次会议讨论通过）

十二、符合条件的劳动者要求签订无固定期限劳动合同，双方已经签订了固定期限劳动合同的，劳动者应当在合同期满前提出；双方未签订劳动合同的，劳动者应在用人单位终止劳动关系前提出。

《深圳市中级人民法院关于审理劳动争议案件若干问题的指导意见（试行）》

（2009年4月15日起施行）

第七十二条　在履行固定期限劳动合同期间，一方当事人未经另一方当事人同意，单方要求将原劳动合同变更为无固定期限劳动合同的，不予支持。

第七节　以完成一定工作任务为期限的劳动合同

一、法律解读

以完成一定工作任务为期限的劳动合同适合的岗位：

1. 项目型的岗位

该项目的设置是为了完成某项任务，如某软件开发、某建设工程等，而该项目会在何时完成，并不十分精确。

2. 可以量化的岗位

如销售工作，某些计件的工作，则可以约定以完成多少工作任务为劳动合同的期限。

以完成一定工作任务为期限的劳动合同无论续订多少次，也不构成签订无固定期限劳动合同的条件，这是它相对于固定期限劳动合同对用人单位有利的地方；同时，以完成一定工作任务为期限的劳动合同不能约定试用期，这又是它对用人单位不利的地方。人力资源管理者应衡量其利弊，合理使用。

如果要以完成一定工作任务为期限，则劳动合同条款应注意将工作任务明确，免得将来就合同何时终止发生争议。项目的完成应该约定一个完成的标志，如客户正式签字验收；而量化的工作任务，应约定计量的标准。常见的是下面这样的格式：

"本合同为完成一定工作任务为期限的劳动合同。合同期从＿＿＿年＿＿＿月＿＿＿日起到_____完成之日止。任务完成以_____为标志。"

二、专业提示

1. 用人单位使用以完成一定工作任务为期限的劳动合同时需要注意到如何界定"完成一定工作任务"的时间

如果劳动合同中约定不明，就会发生很难与劳动者终止劳动合同的情形。在实践中，建筑业（以完成某一建设工程项目承包为期限）、技术研发业（以完成某项技术开发为期限）等均可使用以完成一定工作任务为期限的劳动合同以前以临时工方式使用的季节性、订单性、单项性用工等均可使用完成一定工作任务为期限的劳动合同。

2. 用人单位选择何种模式使用劳动者，成本最低，法律风险最小

用人单位使用一个劳动者而与劳动者建立立于不败之地的法律关系有：项目发包（指将项目发包给非个人）、劳务发包、固定期限劳动合同、以完成一定工作任务为期限的劳动合同、无固定期限劳动合同、非全日制用工劳动合同和劳务派遣等七种。

从用工责任角度讲，责任由轻及重依次为项目发包、劳务发包、劳务派遣、非全日制用工劳动合同、以完成一定工作任务为期限的劳动合同、固定期限劳动合同和无固定期限劳动合同；从用工成本角度讲，工资成本由低及高依次为项目发包、劳务发包、劳务派遣、非全日制用工劳动合同、以完成一定工作任务为期限的劳动合同、固定期限劳动合同和无固定期限劳动合同；从是否需要支付经济补偿金及支付多少经济补偿金的角度讲，支付成本由低及高依次为项目发包、劳务发包、劳务派遣、非全日制用工劳动合同、以完成一定工作任务为期限的劳动合同、固定期限劳动合同和无固定期限劳动合同。用人单位可依上述排列和用人单位的实际情况选择具体的劳动者使用模式。

三、案例分析

案例一：如何区分承揽合同关系和劳动关系

广州某酒店与水泥工张某口头约定，由张某完成酒店员工宿舍的内墙粉刷工作，工具、材料由张某提供，酒店支付张某每平方米墙面10元的报酬。张某在粉刷天花板过程中，一脚踩空从木架上摔下来，脚被弄伤。张某认为自己在酒店做事，应当认定为工伤，酒店应支付相应的工伤待遇。酒店认为双方是承揽合同关系，不具有劳动关系，不应当承担责任。

问题：

怎样区分劳动关系与承揽关系？

评析：

劳动关系是指用人单位与劳动者依法签订书面劳动合同，或者虽未签订书面劳动合同，但劳动者接受用人单位的管理，从事用人单位安排的工作，成为用人单位的一员，从用人单位领取劳动报酬和受劳动保护所产生的法律关系。承揽关系是指当事人按他方的要求完成一定工作，并将工作成果交付他方，他方接受工作成果并给付酬金的法律关系。劳动关系与承揽关系之间存在比较紧密的联系，两者之间的差别较难区分。

根据2005年劳动部发布的〔2005〕12号《关于确立劳动关系有关事项的通知》第一条规定，"一、用人单位招用劳动者未订立书面劳动合同，但同时具备下列情形的，劳动关系成立。（一）用人单位和劳动者符合法律、法规规定的主体资格；（二）用人单位依法制定的各项劳动规章制度适用于劳动者，劳动者受用人单位的劳动管理，从事用人单位安排的有报酬的劳动；（三）劳动者提供的劳动是用人单位业务的组成部分"。在本案中，首先，酒店的各项劳动规章制度没有适用于张某，张某不需按酒店的规章制度做事，只需按自己的方法进行作业；其次，酒店只是与张某约定由张某完成粉刷内墙工作，并没有管理张某的工作过程，酒店与张某之间不存在管理与被管理关系；再次，粉刷内墙完成后由酒店向张某支付每平方米

10元的报酬,并没有关于张某劳动报酬的约定;最后,酒店是经营饮食、住宿业务的,而张某从事的墙壁粉刷工作不是酒店的业务组成部分。因此,酒店与张某不存在劳动关系。

根据《合同法》第二百五十一条规定,"承揽合同是承揽人按照定作人的要求完成工作,交付工作成果,定作人给付报酬的合同"。本案中酒店与张某约定,由张某提供工具、材料,利用自己的技术和能力完成酒店员工宿舍的内墙粉刷任务,由酒店支付张某每平方米墙面10元的报酬。酒店不对张某工作过程进行管理,张某只需把完成的工作成果交给酒店即可。因此,酒店与张某之间是承揽关系,而不是劳动关系。

根据前面案例对劳动关系和承揽关系的分析可知,劳动关系和承揽关系主要区别如下:(1)在劳动关系中的劳动者应当接受用人单位的管理,遵守其制定的规章制度,而在承揽关系中的承揽人不用接受定作人的管理,只需利用自己的技术和能力完成任务;(2)在劳动关系中的用人单位根据劳动者的工作内容、过程、结果支付其劳动报酬,而在承揽关系中的定作人只根据承揽的工作成果支付承揽人报酬;(3)在劳动关系中的劳动者工作内容属于用人单位所经营的业务范围,而在承揽关系中的承揽人完成的任务一般不属于定作人所经营的业务范围;(4)在劳动关系中的劳动者因工作发生人身伤害由用人单位或者社保机构承担,而在承揽关系中的承揽人因工作发生人身伤害则由自己承担。

四、法律依据

《中华人民共和国劳动合同法》(自2008年1月1日起施行,中华人民共和国主席令第六十五号)

第十五条 以完成一定工作任务为期限的劳动合同,是指用人单位与劳动者约定以某项工作的完成为合同期限的劳动合同。

用人单位与劳动者协商一致,可以订立以完成一定工作任务为期限的劳动合同。

第八节　试用期

一、法律解读

1. 试用期

试用期是指在劳动合同期限内，劳动关系还处于非正式状态，用人单位对劳动者是否符合录用条件进行考核，劳动者对用人单位是否符合自己要求进行了解的期限。

2. 如何理解"同一劳动者在同一用人单位只能被试用一次"

这里包含三个方面的含义：

（1）同一用人单位与同一劳动者在建立劳动合同关系时，只能约定一次试用期，以后不论双方劳动合同的内容发生怎样的变化，都不能再次约定试用期。

（2）同一用人单位对同一岗位的不同劳动者可以约定各自不同的试用期。

（3）试用期过后，用人单位不得延长或增加试用期限。根据《劳动合同法》规定，劳动合同可以约定试用期。在此期间，劳动者可以提前三天通知与用人单位解除劳动合同；而用人单位只要证明劳动者不符合录用条件，也可以单方与劳动者解除劳动合同。如果试用期结束时，用人单位认为劳动者不符合录用条件，用人单位可以依法解除劳动合同。但是如果用人单位做出延长试用期的决定，实际上是增加了一次试用期，按照《劳动合同法》第十九条的规定，用人单位与同一个劳动者只能约定一次试用期，因此用人单位延长试用期的行为是违法的、无效的。用人单位不能在试用期过后，再次延长劳动者的试用期。如果试用期内劳动者的表现符合用人单位的岗位要求，用人单位就需继续履行与其签订的劳动合同；如果劳动者不符合用人单位的录用条件，企业有证据证明其不符合的话，可以与劳动者解除劳动合同。但企业不能以调岗、劳动者能力尚待提高等理由重新约定试用期,这种做法侵害了劳动者的合法权益。

(4) 适用例外。

①劳动合同期限自然终止后,再次签订劳动合同的。当然,适用该条款也存在一定的条件,即"劳动合同期限自然终止",不适用于一方解除劳动合同后而形成的终止。即当劳动者A与用人单位B依法终止劳动合同后,再次进入用人单位处工作的情况,该种情况下仍然可以再次约定适用期。

②劳动合同合法解除后,再次签订劳动合同的。对于劳动合同自然终止的,劳动者如继续在用人单位工作,此时不得再次约定试用期。如果劳动者表示不再继续在用人单位处工作而要另谋高就或者其他目的的,一段时间后,如再次回到用人单位处,用人单位仍然有权再次约定试用期。但对某些特殊情况,如劳动者与用人单位已经明确要继续保持劳动关系,只不过劳动者要求推迟一段时间如回家探亲,只要用人单位与劳动者有继续保持劳动关系的意思表示,用人单位即不得在此段继续保持劳动关系的承诺实现时再次约定试用期。

二、专业提示

1. 试用期应当灵活设置

试用期的长短只要在法定最长期限内,用人单位可依据每位员工的具体条件,灵活使用试用期。不过在约定试用期时,还要注意地方法规的具体规定。有些地方法规对试用期有更加细化的规定,如劳动合同期限不满六个月的试用期不得超过十五天。地方法规的这种细化规定并不违反《劳动合同法》的强制性规定,用人单位应当遵守。

2. 试用期应当包含在劳动合同期内

如果仅约定试用期,则表示试用期未能包含在劳动合同期内,这种试用期就不能成立,根据法律规定这种试用期就被视为劳动合同期。由于试用期的最长期限为六个月,所以一旦这种视为合同期的试用期出现,用人单位与劳动者很容易步入无固定期限劳动合同。

3. 事实劳动关系没有试用期

既然试用期应当包含在劳动合同期限中,那么根本没有约定劳动合同期限的事实劳动关系就不适用试用期的规定。无论是用人单位的规章制度规定还是口头约定了试用期,都无效。

4. 试用期不能延长

一般在实践中,用人单位与劳动者约定试用期延期,还不如按照法律规定在劳动合同中约定最长的试用期,同时约定试用期缩短,即在劳动合同中约定或规章制度中规定一定条件下劳动者可以提前转正。

5. 实习期不同于见习期

法律对实习期没有具体的规定,但从对试用期的规定可以看出,两者有本质区别:

(1)当事人的身份不同。试用期是用人单位和劳动者在劳动合同中约定的,所以处于试用期中的自然人一方只能是劳动者。

而实习是指学生通过学校安排介绍、本人自找或由其他途径进入实习单位工作,通过完成一定任务来熟悉工作,深化巩固所学理论知识,提升实践能力,为尽快适应并参与实际工作打基础。主要是学校根据教学和技能训练的需要,由学校、实习者、实习单位三者进行约定,实习期间的自然人一方是在校学生。学生与用人单位签订的不是劳动合同,并不是严格意义上的劳动者。

(2)当事人的目的不同。实习期的目的是提高实习学生的自身素质,完成学业,并提升学生的实践能力体现了学校和学生的教学目的。

而试用期是用人单位和劳动者之间为了更好地满足单位的用人需要而约定的,是两者磨合的时期。

(3)法律依据不同。试用期由《劳动法》和《劳动合同法》规范;而实习期由《民法通则》和《合同法》规范。

(4)试用期包括在劳动合同期限内,而实习期是不用签订劳动合同的。

(5)试用期有明确的期限限制,而实习期完全由当事人约定。

（6）试用期的工资和待遇有法律明确的规定，而实习期没有，实习期工资不受最低工资标准的约束。

6. 试用期是一个约定的条款

试用期是一个约定的条款，如果双方没有事先约定，用人单位就不能以试用期为由解除劳动合同。

劳动合同双方当事人必须就试用期条款充分协商取得一致，试用期条款才能成立。合同是双方当事人意思表示一致的结果，是在互利互惠基础上充分表达各自的意见，并就合同条款取得一致后达成的协议。因此，任何一方都不得凌驾于另一方之上，不得把自己的意志强加给另一方，更不得以强迫命令、胁迫等手段签订劳动合同试用期条款。

7. 劳动者在试用期间应当享有全部的劳动权利

这些权利包括取得劳动报酬的权利、休息休假的权利、获得劳动安全卫生保护的权利、接受职业技能培训的权利、享受社会保险和福利的权利、提请劳动争议处理的权利以及法律规定的其他劳动权利。还包括依照法律规定，通过职工大会、职工代表大会或者其他形式，参与民主管理或者就保护劳动者合法权益与用人单位进行平等协商的权利。不能因为试用期的身份而加以限制，与其他劳动者区别对待。

三、违法成本

《劳动合同法》第八十三条规定，"用人单位违反本法规定与劳动者约定试用期的，由劳动行政部门责令改正；违法约定的试用期已经履行的，由用人单位以劳动者试用期满月工资为标准，按已经履行的超过法定试用期的期间向劳动者支付赔偿金"。

四、法律风险

司法实践中，大量用人单位为了避免与劳动者订立劳动合同，往往在招用劳动者时与劳动者签订一个单独的试用合同，期限一般为三个月到六个月不等，在试用期合同期满后再决定是否正式聘用该劳动者。用人单位这样做的目的往往是规避法律，在试用期廉价使用劳动力，方便解除劳动合同。《劳动合同法》规定，劳动合同仅约定试用期的，试用期不成立，该期限为劳动合同期限。约定单独的试用期合同不仅仅需承担违法约定试用期的风险，还白白"浪费"了一次固定期限合同，而连续两次订立固定期限劳动合同的，第三次签订劳动合同时劳动者提出签订无固定期限劳动合同的，须订立无固定期限劳动合同。另外，因为一般情况下，试用期工资低于转正后工资，如果没有试用期而用人单位又按照试用期支付工资，必将导致未足额支付工资，劳动者有权以用人单位没有足额支付工资为由即时通知用人单位解除劳动合同并要求支付解除劳动合同经济补偿。

五、案例分析

案例一：

（一）某员工A是大学毕业生，进入某企业试用三个月，在马上转正时，企业突改规则，要求试用员工须进行"笔试"、"答辩"合格后，方可转正。由于情况突然，A准备不及，在"答辩"环节落败，被解雇。

问题：

（1）企业这种行为是否合法？

（2）A是否有拒绝测试的权利？

（二）女员工B应聘某私立公司担任中学老师（在入职前，学校为其解决了户口问题）。2009年6月，B入职，并与学校签订了五年的劳动合同，并且劳动合同上标注合同生效日是在8月底。2009年7月，B发现自己意外怀孕，向上级要求调换工作岗位，谁知第二天被告知，学校要与她解除劳动合同。

B与学校多次协商，希望能保住工作，但是学校要求B必须在工作与孩子之间做出选择。B拒绝选择，并要求解除劳动合同关系，同时要求学校做出赔偿。学校始终无回应。2009年8月底合同已生效,单位表示不会为B提供工作。

问题:

(1) 学校能以B怀孕为借口而辞退她吗?

(2) 试用期内的女职工享受三期保护吗?

(三) C是应届毕业生,于2008年8月11日以实习技术员身份与应聘单位签订了岗位培训/试用协议。实习期三个月。一个月后,C由于自身问题决定辞职,但公司提出,培训/试用期内若要离职者,需提前三天以书面形式提出辞职申请,经公司同意后,方可离职,并承担由此支出的全部培训费用(10000~50000元)。

问题是,C在入职的这一个月中,公司并没有提供任何培训项目,也没有提供任何培训资费证明,并且有拖欠员工工资的情况,工资以欠条形式发放。

问题:

(1) C需要支付培训违约金吗?

(2) 若C在这一个月内接受了培训,需要支付赔偿金吗?

评析:

本案三个事例实际上包含了试用期的三个核心问题。一是试用期的考核、录用标准问题;二是试用期的性质,也就是试用期员工和所谓转正员工的区别问题;三是试用期的培训问题。

对于试用期的考核录用标准问题,《劳动法》、《劳动合同法》都没有具体规定,但在司法实践中,一般认为试用期的考核标准为招聘时广告所称的录用条件,也就是说,试用期考核标准应当以招聘录用时的要求为准,而不能在录用后擅自更改,否则有违《劳动合同法》第三条规定的"诚实信用"原则。案例一中,如果用人单位在招聘广告或劳动合同中没有约定录用条件,则显然是擅自变更或增加录用条件,依此来进行考核,进而认定劳动者试用期不符合录用条件,是违法的,员工也有权予以拒绝。

对于试用期员工和所谓转正员工的区别问题,由于传统思维,很多用人单位总认为试用期员工还不是单位员工,所以不用签订劳动合同,甚至不用支付劳动报酬等。但依照《劳动合同法》及《劳动法》的规定,"劳动关系从用工之日起建立"，因此，员工无论在试用期还是转正后，双方之间都是劳动关系，性质是一样的。试用期员工同样也是用人单位的员工，只是与转正后的员工相比，他们还需要一次考核，工资可以比同岗位的员工低而已，其他的应当一样，比如社保、福利等；对于孕妇的保护，使用其员工和正式员工也是一样的，也适用"三期"的相关规定。

因此，例二中，学校以女员工怀孕为由解除劳动合同是违法的，B女士可以依法维护自己的权益。同时，B女士既已入职，劳动关系即已建立，劳动合同当然生效，所谓8月份才生效的约定是无效的。当然，如果学校的岗位对母婴并无伤害，该老师要求调岗也是不对的，但这不足以成为学校解除劳动合同的理由。

对于试用期培训问题，一些用人单位对试用期员工进行岗前培训，但出于培训成本和留住员工两方面考量，规定员工接受岗前培训后，不得擅自离职，否则须赔偿培训费用。用人单位的这种想法可以理解，特别是在现在高级管理人员和技术人员供不应求的情况下。但是，根据《劳动合同法》第三十七条规定，"试用期的劳动者可以提前三日通知以解除劳动合同"，因此，在试用期内，劳动者可以无须任何理由解除劳动合同，只需提前三天通知用人单位即可。同时，《劳动合同法》还规定，只有在两种情况下，用人单位才可以要求劳动者支付违约金，一是违反竞业限制约定，二是违反服务期约定。且《劳动合同法》第二十五条进一步明确，除此两种情形下，"用人单位不得与劳动者约定由劳动者承担违约金"。因此，即使劳动者接受了岗前培训，但不属于用人单位提供专项培训费用进行的专业技术培训的，即使双方约定了劳动者赔偿培训费用的条款，也会因为违法而失效。

六、法律依据

《中华人民共和国劳动法》（自1995年1月1日起施行，中华人民共和国主席令第二十八号）

第二十一条　劳动合同可以约定试用期。试用期最长不得超过六个月。

《中华人民共和国劳动合同法》（自2008年1月1日起施行，中华人民共和国主席令第六十五号）

第十九条 劳动合同期限三个月以上不满一年的，试用期不得超过一个月；劳动合同期限一年以上不满三年的，试用期不得超过二个月；三年以上固定期限和无固定期限的劳动合同，试用期不得超过六个月。

同一用人单位与同一劳动者只能约定一次试用期。

以完成一定工作任务为期限的劳动合同或者劳动合同期限不满三个月的，不得约定试用期。

试用期包含在劳动合同期限内。劳动合同仅约定试用期的，试用期不成立，该期限为劳动合同期限。

第九节　劳动合同内容

合同的订立形式包括书面、口头和默认等方式，劳动合同的订立本来也不例外，但是从2008年1月1日起，随着《劳动合同法》的实施，根据《劳动合同法》第十条等规定，除了非全日制用工可以不采用书面劳动合同外，其他用工形式下劳动合同关系的建立必须采用书面形式，否则，用人单位将面临支付双倍工资的法律风险。那么，书面劳动合同包括哪些内容？没有包括《劳动合同法》规定的内容是否必然表示该合同不成立从而须支付两倍工资？是否必须采用劳动保障行政部门制定的劳动合同范本？劳动合同是否必须送交劳动保障行政部门备案才能生效？本节将详细讨论这些问题。

一、法定内容

劳动合同的内容包括法定内容和约定内容两种，其中法定内容是指劳动法律法规规定必须具备的内容。根据《劳动合同法》第十七条的规定，劳动合同必备内容包括：

（1）用人单位的名称、住所和法定代表人或者主要负责人；

（2）劳动者的姓名、住址和居民身份证或者其他有效身份证件号码；

（3）劳动合同期限；

（4）工作内容和工作地点；

（5）工作时间和休息休假；

（6）劳动报酬；

（7）社会保险；

（8）劳动保护、劳动条件和职业危害防护；

（9）法律、法规规定应当纳入劳动合同的其他事项。

我国《劳动法》第十九条第一款规定，"劳动合同应当以书面形式订立，并具备以下条款：（一）劳动合同期限；（二）工作内容；（三）劳动保护和劳动条件；（四）劳动报酬；（五）劳动纪律；（六）劳动合同终止的条件；（七）违反劳动合同的责任"。本条在《劳动法》的基础上，删去了劳动纪律、劳动合同终止条件、违反劳动合同的责任等内容，同时增加了工作时间、工作地点和职业危害防护等内容。

其中，第（一）项"用人单位的名称、住所和法定代表人或者主要负责人"是为了明确用人单位一方的主体资格，确定劳动合同关系中使用劳动的一方，劳动合同必须具备这一项内容。

第（二）项"劳动者的姓名、住址和居民身份证或者其他有效身份证件号码"是为了明确劳动者一方的主体资格，确定劳动合同关系中提供劳动的一方，劳动合同也必须具备这一项内容。

需要提醒人力资源管理者的是，实践中，有的人力资源管理者在招用劳动者时不注意审查核实劳动者的身份信息，有的甚至直接让劳动者自己填写，并且不去审核该劳动者填写的内容与劳动者的真实情况是否一致，导致劳动者冒用他人身份信息、身份信息不实等情况时有发生，这会给用人单位带来用工法律风险。例如未满16岁的童工为了达到被录用的目的，使用他人身份证应聘，如果用人单位没有发现，而被劳动保障行政部门发现，用人单位将面临因为使用童工而被处以罚款的风险。而且在冒用他人身份证的情况下，用人单位必然没有为该劳动者本人办理社会保险，一旦发生工伤等意外事故，本来由社会保险部门承担的保险待遇将由用人单位承担。

第（三）项"劳动合同期限"前文已有解释，此处不再罗嗦。

第（四）项"工作内容和工作地点"，工作内容简而言之是劳动者该干什么，工作内容应当明确，在这里需要提醒的是，有的用人单位没有制定科学完善的岗位说明书让劳动者签收，这时，最好在劳动合同中予以详细注明。工作地点如何约定？可否约定工作地点为"中国"或"省内"？显然有违第三条规定的公平原则，实践中在合同中约定几个工作地点应当是可行的，但前提是经过劳动者确认。关于这方面内容在本书中还将详细论述，在此不再多加说明。

第（五）项"工作时间和休息休假"应当以国家法律规定为准。

第（六）项"劳动报酬"应当明确，实践中很多用人单位以保守工资秘密为由，不写报酬的具体金额，只写支付日期或者按公司相关规定执行，这样显然侵犯了劳动者的知情权，对劳动者非常不利，有失公平。

第（七）项"社会保险"，参加社会保险是劳资双方的法定义务，合同中是否约定意义不大，警示而已。

第（八）项"劳动保护、劳动条件和职业危害防护"，劳动者从事有毒有害的工种，用人单位招聘劳动者时，就应当将这些情况告知劳动者，合同中再进行明确约定，是为了加强用人单位的责任感。

第（九）项"法律、法规规定应当纳入劳动合同的其他事项"，本项主要是针对今后新制定的法律法规，现有的应当纳入劳动合同的事项已经完全列举了。例如2010年12月20日起施行的《深圳市住房公积金管理暂行办法》第二十一条规定，"单位应当在其与职工签订的劳动合同中明确载明单位有按规定为职工缴存住房公积金的义务"。从2010年12月20日起，深圳的劳动合同中就必须增加"单位有义务为劳动者缴纳住房公积金"之类的内容。

由于劳动合同文本由用人单位提供，故根据《劳动合同法》第二十六条的规定，禁止在劳动合同中约定免除自己的法定责任、排除劳动者权利和违反法律、行政法规强制性规定的内容，否则这些条款无效。而在法律责任上，《劳动合同法》

第八十一条规定,"用人单位提供的劳动合同文本未载明本法规定的劳动合同必备条款或者用人单位未将劳动合同文本交付劳动者的,由劳动行政部门责令改正;给劳动者造成损害的,应当承担赔偿责任"。

二、约定内容

劳动合同除前述必备内容外,用人单位与劳动者可以约定试用期、培训、保守秘密、补充保险和福利待遇等其他事项。劳动合同必备内容属于法定条款,实践中用人单位操作空间不大,因此,约定条款的运用尤显重要,这是法律赋予用人单位的用工自主权,用人单位应当充分利用。本书后面的章节将逐项详细说明具体内容。但是需要注意,约定不能违法,例如劳动合同中就不能约定单位有权通过"末位淘汰"或者"竞争上岗"等形式单方解除与劳动者的劳动合同等内容。

三、专业提示

第一,劳动合同必备内容属于法定条款,实践中用人单位操作空间不大,因此,约定条款的运用尤显重要,这是法律赋予用人单位的用工自主权,用人单位应当充分利用。

第二,用人单位不能在劳动合同中约定免除自己的法定责任、排除劳动者权利和违反法律、行政法规强制性规定的内容,这些条款是无效的。

第三,用人单位可以依法制定自己的劳动合同文本,可以不采用当地劳动保障行政部门制定的劳动合同文本。

第四,劳动合同可以不送交劳动保障行政部门备案,劳动合同也不是必须备案才能生效。

第五,劳动合同不具备《劳动合同法》第十七条规定的内容未必不成立。

《劳动合同法》第十七条详细规定了劳动合同必须具备的内容,因此,有些人认为凡是不具备该条规定内容的劳动合同就不成立,视为用人单位未与劳动者签订书面劳动合同,用人单位应当按照法律规定支付劳动者两倍工资。但是,《劳动合同》第十七条之所以规定如此详细,根本目的是保护劳动者,避免用人单位利用强势地位少规定或不规定保护劳动者起码劳动权益的内容,而不等于劳动合同的成立必须包含这些内容。根据《劳动法》的理论,劳动合同的客体是劳动者的劳动,劳动合同关系是用人单位和劳动者就劳动者提供的劳动和用人单位提供的对价即劳动报酬的交易关系,因此,劳动合同的成立只要双方就工作岗位、劳动报酬达成意向表示一致即可。对此虽然还没有明确的法律规定,也没有相应的司法解释,但是在有些地方的司法实践中得到了肯定,例如在深圳司法实践中,如果经劳动者签名确认的《入职登记表》中如岗位、工资、期限等清楚可认,会认定为双方已经签订劳动合同。

第十节　工作岗位

一、设计范例

乙方同意按甲方工作需要,在_____岗位(工种)工作,完成该岗位(工种)所承担的各项内容。经双方协商一致,甲方可根据生产工作需要,对乙方的工作岗位作变更,乙方同意其工资待遇也随之变动。如果乙方被甲方聘任相应职务的,甲方可根据工作需要或乙方工作表现调整乙方的职务。

二、设计解读

工作岗位,是组织为完成某项任务而确立的,由工种、职位、职务和职能等组成。所谓"工种"是根据劳动管理的需要,按照生产劳动的性质、工艺技术的特征或者服务活动的特点而划分的工作种类。目前大多数工种是以企业的专业分工和劳动组织的基本状况为依据，从企业生产技术和劳动管理的普遍水平出发，为适应合理组织劳动分工的需要，根据工作岗位的稳定程度和工作量的饱满程度，结合技术发展和劳动组织改善等方面的因素进行划分的。例如制造业的主要工种是：电焊工、电工、钳工、车工、铸工、锅炉司炉工、汽车维修工等；职位是指工作中的位置或地位；职务是指职位规定应担任的工作；职能指的是一组知识、技能，行为与态度的组合。例如总经理是职位，其相应的职务是决策管理工作、高级管理工作及日常管理工作，而职能就是高层管理。对工作岗位中任何一个要素的变动都构成工作岗位的变动。

为了实现用人单位的用工自主权，在劳动合同中对工作岗位的约定不宜对其构成要素一一明确，例如对工种的约定应当使用类别式的约定，如管理、操作、辅助、文员和销售等类别式进行工种的约定，并对每一工种设置若干职位，这样可以最大限度地行使用人单位的单方用工管理权。同时，对所有类别的工种设置若干职务，并对职务设置等级，这样用人单位就可依据不同级别的工种和不同级别的职务，实现对劳动者最大限度的用工自主和有效的绩效考核。比如我们在劳动合同中与劳动者约定"乙方同意按甲方工作需要，在管理岗位工作，完成该岗位所承担的各项内容"，然后依制度任命乙方为行政部经理。一段时间后，开始进行岗位轮换，用人单位只需要以单方行政方式免去乙方的"行政部经理"这一职务，任命其为"生产部经理"这一新职务即可。

三、法律风险

如果用人单位依法或者依合同约定单方变更工作岗位，对用人单位而言是不会存在单方变更成本的。但是，如果用人单位违法单方变更工作岗位，一则这种变更无效，二则这种变更属于违约。这种变更构成违约的往往因为工作岗位的变更随同工资变更，那么这种变更就会使用人单位构成"对劳动者未及时足额支付工资"；如此一来，劳动者可依据《劳动合同法》的规定，单方行使劳动合同的解除权，同时用人单位需要承担经济补偿金的支付责任，还需要支付额外的赔偿金。

四、专业提示

第一，必须制定岗位说明书并尽可能量化其职责，并让员工签名确认。

第二，工作岗位不宜太具体，并应当约定可以调岗的情形。

五、劳动合同中约定调岗的条款是否合法

关于劳动合同中约定调岗的条款是否合法，实践中形成三种观点：

第一种观点认为，合同中约定调岗不合法。根据《劳动合同法》第三十五条规定，在一般情况下，用人单位调整工作岗位应当与劳动者协商一致，并且以书面形式确认。劳动合同中约定的随时调岗条款违反了协商一致原则，并突破了法定单方调岗的限制情形（不胜任工作岗位和劳动者患病或者非因工负伤，在规定的医疗期满后不能从事原工作），因此约定无效。

第二种观点认为，合同中约定调岗合法。劳动合同约定"公司可根据需要对员工岗位进行调整"，应当理解为双方真实的意思表示，应允许当事人之间自由协商。劳动合同约定条款具有拘束力，应该遵循意思自治的原则，双方均应履行。持这种观点的理由还在于以下两点：第一，由于约定调岗条款是双方依法约定的，并无法律的禁止性规定，因此该约定条款可以成为劳动合同内容的一部分，视为对工作岗位和劳动报酬的补充规定，与其他必备条款并无轻重之分。第二，由于约定条款是事先经协商一致确定的，因此在实际使用中属于劳动合同的履行，只有合同内容难以履行时才需要协商一致变更合同内容。

第三种观点认为，虽然合同中可以如此约定，但是在具体调岗时不能一味地认为有合同约定就可以调整，要根据具体情形具体判断。工作岗位变更一般应以协商一致为原则，如果具备"充分的合理性"，用人单位也可以单方变更劳动者工作岗位。

对于上述观点，我们更倾向于第三种。首先，工作岗位变更应以协商一致为原则。《劳动合同法》第三十五条规定，"用人单位与劳动者协商一致，可以变更劳

动合同约定的内容。变更劳动合同，应当采用书面形式。变更后的劳动合同文本由用人单位和劳动者各执一份"。因此，在一般情况下，如果变更劳动者的工作岗位需要经过劳资双方协商一致，并以书面形式确认。其次，用人单位单方变更劳动者工作岗位需遵循公平原则，须具备"充分的合理性"。根据《劳动合同法》，用人单位在规定的情形下可以对劳动者的工作岗位进行单方变更，但这种单方变更必须具有"充分的合理性"。然而哪些变动具有充分合理性，在理论和实务中都有不同的认识，很难给出一个统一的裁判标准。

根据《劳动合同法》第四十条的规定，在以下两种情形下，用人单位可以调整劳动者的工作岗位：（1）劳动者患病或者非因工负伤，在规定的医疗期满后不能从事原工作；（2）劳动者不能胜任工作。另外，根据《劳动合同法》和第四十一条第一款第（三）项的规定，在"企业转产、重大技术革新或者经营方式调整"时，用人单位可以适当调整劳动者的工作岗位。

另外，一些专门的法律规定对此也有规定，例如《女职工劳动保护特别规定》第六条规定，"女职工在孕期不能适应原劳动的，用人单位应当根据医疗机构的证明，予以减轻劳动量或者安排其他能够适应的劳动"。这些规定表明，用人单位实际上是被赋予了一定的单方变更权的，在这些情况下调整劳动者的工作岗位则应当被认定为没有违反公平原则，具有"充分的合理性"。

第十一节　工作地点

一、设计范例

乙方同意按甲方工作需要，工作地点为_____。经双方协商一致，甲方可根据生产工作需要，对乙方的工作地点作变更，乙方同意其工资待遇随之变动。

二、专业提示

在劳动合同中，用人单位对劳动者工作地点的约定也应当遵循"不窄不宽"的原则。"不窄"指劳动者的工作地点不能局限在"甲方住所地"或"某省某市某街某号"；"不宽"指劳动者的工作地点的约定不能扩大至诸如"中国"、"华南"。这样的约定会因违反诚信原则和显失公平而被认定无效。实践中可以概括地约定，如"甲方经营场所所在地"；也可精确地约定，如对跨国性公司或大型集团公司约定到国或省，对于一般性的公司约定到省或市。

三、法律风险

如果用人单位依法或者依合同约定进行单方变更工作地点的，对用人单位而言是不会存在单方变更成本的。但是，如果用人单位违法单方变更工作地点的，则属于违法变更，一则无效，二则这种变更属于违约。这种变更无效，造成劳动者损失的，用人单位须承担相应的赔偿责任。

第十二节　签订劳动合同的法律风险提示

对于各用人单位而言，每年年初岁尾时都是用人之际，在春节过后各用人单位更是逐渐进入招聘旺季。当用人单位的人力资源管理者终于在众多应聘者中遇到"适格之人"时，就不可避免地面临着与其签订劳动合同的情况。那么作为称职的人力资源管理者，该如何化解在劳动合同签订过程中"潜伏"的种种法律风险呢？

一、误以为不签订劳动合同对用人单位最有利

许多用人单位的管理者有一种错误的认识，即不签订劳动合同对用人单位最为

有利。其实，用人单位无视法律规定有意不及时签订书面劳动合同，将承担很大的法律风险。用人单位之所以不与劳动者签订劳动合同，原因主要有两个：一是怕被劳动合同"套牢"，误认为没有劳动合同就与职工没有劳动关系，可以随意解雇职工；二是误认为没有劳动合同就可以逃避办理用工登记，不缴、少缴税款和社会保险，即使员工去告，也会因缺乏证据而不了了之。实际上，不签订劳动合同不仅损害了劳动者的合法权益，也无法保护用人单位的利益。需要特别提醒的是，《劳动合同法》实施后，用人单位不签劳动合同的，不仅不能规避法律风险，还会增加法律风险。

《劳动合同法》最大的特点之一，是对建立劳动关系和签订劳动合同两者的关系做了梳理。

一是明确规定"用人单位自用工之日起即与劳动者建立劳动关系"（《劳动合同法》第七条），而不管用人单位这时是否已经和劳动者订立了书面劳动合同。只要存在劳动关系，任何组织和个人都不得以书面劳动合同订立与否作为保护劳动者合法劳动权益的标准，即不得以事实劳动关系为由，降低或者放弃对劳动者的法律保护。

二是明确规定"用人单位与劳动者在用工前订立劳动合同的，劳动关系自用工之日起建立"（《劳动合同法》第十条）。也就是说，书面劳动合同签订在前，实际用工在后的，劳动关系自实际提供劳动之日起建立。在劳动合同订立后实际用工之前这一阶段，如果用人单位和劳动者因劳动合同发生争议，只能适用《民法通则》有关规定，不适用劳动法律的规定。

三是明确规定"已建立劳动关系，未同时订立书面劳动合同的，应当自用工之日起一个月内订立书面劳动合同"（《劳动合同法》第十条）。在这一个月内，如果与劳动者约定的劳动报酬不明确的，"新招用的劳动者的劳动报酬按照集体合同规定的标准执行；没有集体合同或者集体合同未规定的，实行同工同酬"（《劳动合同法》第十一条）。

四是明确规定"用人单位自用工之日起满一年不与劳动者订立书面劳动合同的，视为用人单位与劳动者已订立无固定期限劳动合同"（《劳动合同法》第十四条)。在这种情形下,用人单位应当与劳动者补订书面劳动合同,并且将劳动合同期限约定为无固定期限。从以上规定中可以看出,在签不签劳动合同这个问题上,用人单位已经没有任何法律漏洞可钻,唯一的途径,就是依法与劳动者签订劳动合同,最好是在对劳动者用工之时就与劳动者把劳动合同签好。

此外,根据《劳动合同法》的一系列规定,如果用人单位不能依法与劳动者签订书面劳动合同,将要承担很大的法律风险和责任。

一是存在自身利益无法得到保护、对员工无法加以正当约束的巨大风险。在劳动合同制度方面的法律法规已经完善的今天,劳动合同事实上已成了一柄双刃剑,它维护的是劳资双方利益,也是对双方的法律约束。不签劳动合同,可能对用人单位更加不利。因为没有劳动合同,劳动者可以完全不受约束,随时可以走人,将导致用人单位内部人员频繁流动,这种流动对用人单位制度管理和形成用人单位文化都是致命的,对用人单位的成长和发展更为不利。有些情况用人单位尤其需要用劳动合同保护自己的利益:一种情况是涉及商业秘密或竞业限制的劳动者,用人单位只能通过劳动合同包括专项协议的相关条款对其进行约束,没有劳动合同就毫无约束办法;另一种情况是用人单位出资培训劳动者的,也只有在劳动合同中约定服务期或者签订专项的培训补充协议,才可以有效预防和控制劳动者提前离职给用人单位带来的损失。

二是支付双倍劳动报酬的风险。《劳动合同法》第八十二条规定,"用人单位自用工之日起超过一个月但不满一年未与劳动者订立书面劳动合同的,应当向劳动者每月支付二倍的工资"。

三是导致无固定期限劳动合同条件成立的风险。根据《劳动合同法》第十四条的规定,用人单位用工不与劳动者签订书面劳动合同超过一年的,就视为双方已经签订了无固定期限的劳动合同。这就意味着用人单位必须要和劳动者补签书面的无固定期限的劳动合同。《劳动合同法》第八十二条规定,"用人单位违反本法规定不与劳动者订立无固定期限劳动合同的,自应当订立无固定期限劳动合同之日起向劳动者每月支付二倍的工资"。

综上所述,用人单位必须树立起这样一个观念:"用人就必须签订劳动合同。"用人单位不签订劳动合同，会埋下众多的隐患，不得不加以预防。

二、劳动者故意拖延拒签劳动合同怎么办

根据《劳动合同法》规定，建立劳动关系，应当订立书面劳动合同。据此我们可以得知，用人单位与劳动者订立劳动合同乃法律强制义务，用人单位若未依法订立则要承担相应的法律后果——若自用工之日起超过一个月不满一年不签订劳动合同的，用人单位将面临支付双倍工资并补签劳动合同的风险；若满一年未签订的，用人单位将不仅面临支付双倍工资的风险，还将被视为已与劳动者订立无固定期限劳动合同（并需立即补签书面合同）。

但在实务中，有一些劳动者为了获得不签劳动合同的双倍工资而故意拖延拒签劳动合同，对此《劳动合同法实施条例》规定，若劳动者自用工之日起一个月内拒签劳动合同的，用人单位经书面通知劳动者后，可以终止劳动关系，且无需向劳动者支付经济补偿；若劳动者自用工之日起超过一个月不满一年拒签劳动合同的，用人单位经书面通知劳动者后，可以终止劳动关系，但需向劳动者支付经济补偿金；如果超过一年劳动者都未与用人单位签订劳动合同的，则不论谁的原因造成，皆视为双方已订立无固定期限劳动合同，用人单位不仅面临支付十一个月双倍工资的法律风险，而且无权再以劳动者拒签为由终止劳动关系。

因此，当遇到劳动者故意拒签劳动合同时，人力资源管理者应及时处理（在劳动者入职后一个月内处理风险最小），切忌拖延超过一年。除此之外，人力资源管理者应就劳动者拒签事实积极取证，可以采取录音、签订拒签书面声明的形式，还可以就记录双方沟通过程的会议记录或谈话记录给劳动者签字等。总之，人力资源管理者保存好证据可以有效避免日后发生劳动争议陷入被动。

三、劳动合同期限是不是约定较短比较好

根据《劳动合同法》第十四条的规定，劳资双方"连续订立二次固定期限劳动

合同，且劳动者没有本法第三十九条和第四十条第一项、第二项规定的情形，续订劳动合同的"，劳动者提出或者同意续订劳动合同的，除劳动者提出订立固定期限劳动合同外，应当订立无固定期限劳动合同。

出于各种考虑，有些用人单位在与劳动者订立劳动合同时，往往约定劳动合同期限较短，即面临在较短期限内第二次合同很快到期，此时用人单位是否必须与劳动者订立无固定期限劳动合同。应如何理解上述法条的规定？目前司法实践还没有统一的规定，但有的法院认为连续订立二次劳动合同后，除非劳动者决定不续订劳动合同或提出订立固定期限劳动合同外，用人单位没有终止劳动合同的权利，应与劳动者订立无固定期限劳动合同。也就是说，当用人单位与劳动者续订第二次合同时，就已经决定了在第三次续订时为无固定期限劳动合同，人力资源管理者对此不得不慎重。

因此，人力资源管理者在最初与劳动者约定劳动合同期限时，应统筹考虑岗位需求及劳动者的自身情况及技能等因素，合理确定劳动合同期限。同时人力资源管理者可以根据用人单位需求，以固定期限劳动合同为主，以无固定期限劳动合同、完成一定工作为期限的劳动合同为辅，综合运用三种合同。

四、签订单独的试用期劳动合同，有利于用人单位

人力资源管理实务中，一些用人单位人力资源管理者分别与劳动者签订试用期劳动合同及转正后劳动合同，或者仅签订一份单独的试用期劳动合同。但根据《劳动合同法》规定，试用期包含在劳动合同期限内。劳动合同仅约定试用期的，试用期不成立，该期限为劳动合同期限。

除了上述规定，《劳动合同法》还对试用期其他方面做了严格的规定。如试用期的期限限制——劳动合同期限三个月以上不满一年的，试用期不得超过一个月；劳动合同期限一年以上不满三年的，试用期不得超过二个月；三年以上固定期限和无固定期限的劳动合同，试用期不得超过六个月。

再如并非所有劳动合同都能约定试用期——以完成一定工作任务为期限的劳动

合同或者劳动合同期限不满三个月的，以及非全日制用工的劳动合同，不得约定试用期。并且同一用人单位与同一劳动者只能约定一次试用期，劳动者在试用期的工资不得低于本单位相同岗位最低档工资或者劳动合同约定工资的百分之八十，并不得低于用人单位所在地的最低工资标准。

违法约定试用期的，不仅将被劳动行政部门的责令改正，若违法约定的试用期已经履行的，用人单位还要以劳动者试用期满月之后的工资为标准，按已经履行的超过法定试用期的期间向劳动者支付赔偿金。

因此，根据上述法条，我们可以得知，违法约定试用期不仅不能降低成本，反而会增加成本。用人单位人力资源管理者应严格按照法律规定拟定试用期条款和各项试用期制度，以避免承担不利的法律后果。

五、筹建期间未签订劳动合同，是否需要支付双倍工资

从《劳动合同法》规定的劳动关系主体来看，筹建中的公司因不具有用工权利能力而不能承担劳动关系，不具有用工主体资格。在司法实践中，大多也认定筹建中的公司与其雇佣的员工之间是雇佣关系，而不是劳动关系，双方在该期间的关系不适用劳动法律法规来处理，故员工如主张筹建期间未签订劳动合同的双倍工资补偿，就缺乏法律依据，难以得到支持。对此，有些地方也是如此规定的，例如，2010年3月9日深圳市中级人民法院通过的《深圳市劳动争议仲裁、诉讼实务座谈会纪要》第十一条规定，"新公司筹备阶段聘用劳动者而未与劳动者签订书面劳动合同，劳动者要求新公司支付该期间二倍工资的，不予支持"。

六、案例分析

案例一：在公司筹建期间入职没签劳动合同，员工能要求双倍工资赔偿吗

陈小姐在2008年6月15日入职某正在筹建的A公司，任职总经理助理兼前台工

作,每月工资为1800元。A公司在2009年2月27日登记注册成立,一直没有与陈小姐签订书面劳动合同。2009年3月12日,陈小姐以单位没有签订书面劳动合同为由与单位解除劳动关系,并要求获得没有签订书面劳动合同的双倍工资赔偿,陈小姐的请求能得到支持吗?

劳动仲裁委员会驳回了陈小姐的请求,陈小姐不服,起诉到一审法院后,一审法院支持了陈小姐的请求,判决A公司向陈小姐支付双倍工资的赔偿14172元。A公司不服一审判决,上诉到二审法院,二审法院判决撤销一审法院的判决,改判为A公司无需向陈小姐支付双倍工资的赔偿。

评析:

根据《公司法》和《企业法人登记管理条例》的规定,申请企业法人开业登记的单位,经登记主管机关核准登记注册,领取《企业法人营业执照》后,企业即告成立。企业法人凭据《企业法人营业执照》可以刻制公章、开立银行账户、签订合同,进行经营活动。可见,筹备期间的公司不具备法人资格。从《劳动合同法》规定的劳动关系主体来看,筹建期间的公司不具有用人单位主体资格。在司法实践中,大多也认定筹建期间的公司与其雇佣的员工之间是雇佣关系,而不是劳动关系,双方在该期间的关系不适用劳动法律法规来处理,故员工如主张筹建期间未签订劳动合同的双倍工资补偿就缺乏法律依据,难以得到支持。

第十三节 发放劳动合同和员工手册

一、劳动合同的发放

《劳动合同法》规定,用人单位提供的劳动合同文本未载明本法规定的劳动合同必备条款或者用人单位未将劳动合同文本交付劳动者的,由劳动行政部门责令改正;给劳动者造成损害的,应当承担赔偿责任。因此,用人单位应当把签订的劳动合同发放劳动者一份。实践中，为避免举证不能的法律风险，应当制订劳动合同签收表，注明劳动合同的签订主体、时间、期限和签收日期并让员工签名。

二、员工手册

《员工手册》主要是企业内部的人事制度管理规范，同时又涵盖企业的各个方面，承载传播企业形象、企业文化功能。它是有效的管理工具，员工的行动指南。

1. 功能作用

《员工手册》是企业规章制度、企业文化与企业战略的浓缩，是企业内的"法律法规"，同时还起到了展示企业形象、传播企业文化的作用。它既覆盖了企业人力资源管理各个方面的规章制度的主要内容，又因适应企业独特个性的经营发展需要而弥补了规章制度制定上的一些疏漏。站在企业的角度，合法的《员工手册》可以成为企业有效管理的"武器"；站在劳动者的角度，它是员工了解企业形象、认同企业文化的渠道，也是自己工作规范、行为规范的指南。特别是在企业单方面解聘员工时，合法的《员工手册》往往会成为有力的依据之一。

《劳动法》第二十五条规定的用人单位可以随时解除劳动合同的情形中包括"严重违反劳动纪律或者用人单位规章制度的"，但是如果用人单位没有规定，或者规定不明确，在因此引发劳动争议时，就会因没有依据或依据不明确而陷入被动。制定一本合法的《员工手册》是法律赋予企业的权利，也是企业在管理上的必需。

《劳动合同法》和《劳动争议调解仲裁法》相继颁布，出于保护劳动者的立法宗旨，对企业的人力资源管理提出了更高的要求。因此，从调整企业人力资源管理理念，提升员工关系管理水平，避免劳资冲突，建立和谐的劳动关系等各方面来讲，根据企业规模、经营管理特点、行业特点、用工方式及种类，量身打造精品《员工手册》对于企业的成长和发展至关重要。

2. 内容大概

不同的用人单位，《员工手册》的内容各异，一般来讲，其包括以下内容：

（1）前言。

对这份《员工手册》的目的和效力给予说明。

（2）公司简介。

使每一位员工都对公司的过去、现状和文化有深入的了解。可以介绍公司的历史、宗旨、客户名单等。

（3）手册总则。

一般包括礼仪守则、公共财产、办公室安全、人事档案管理、员工关系、客户关系、供应商关系等条款。这有助于保证员工按照公司认同的方式行事，从而达成员工和公司之间的彼此认同。

（4）培训开发。

一般新员工上岗前均须参加人力资源部等统一组织的入职培训，公司不定期举行的各种培训提高业务素质以及专业技能。

（5）任职聘用。

说明任职开始、试用期、员工评估、调任以及离职等相关事项。

（6）考核晋升。

一般分为试用转正考核、晋升考核、定期考核等。考核评估内容一般包括：指标完成情况、工作态度、工作能力、工作绩效、合作精神、服务意识、专业技能等。考核结果为"优秀、良好、合格、延长及辞退"。

（7）员工薪酬。

员工最关心的问题之一。应对公司的薪酬结构、薪酬基准、薪资发放和业绩评估方法等给予详细的说明。

（8）员工福利。

阐述公司的福利政策和为员工提供的福利项目。

（9）工作时间。

使员工了解公司关于工作时间的规定，往往和费用相关。基本内容是：办公时间、出差政策、各种假期的详细规定以及相关的费用政策等。

（10）行政管理。

多为约束性条款。比如，对办公用品和设备的管理、各人对自己工作区域的管理、奖惩、员工智力成果的版权声明等。

（11）安全守则。

一般分为安全规则、火情处理、意外紧急事故处理等。

（12）手册附件。

与以上各条款相关的或需要员工了解的其他文件。如财务制度、社会保险制度等。

第十四节　办理用工手续

用人单位与员工签订了劳动合同以后，应及时办理用工手续。例如《上海市劳动合同条例》第二十一条明确规定，"用人单位与劳动者建立劳动合同关系，应当向劳动保障行政部门指定的经办机构办理用工登记手续"。这里的用工登记手续不是劳动合同生效的条件，而是用人单位必须履行的一项附随义务。制定这条规定是为了使政府能够加强对劳动力市场的管理、监督，保护劳动合同当事人双方的合法权益。

至于劳动合同鉴证，是指劳动行政主管部门审查、证明劳动合同真实性、合法性的一项行政监督措施，劳动行政主管部门鼓励和提倡用人单位和劳动者进行劳动合同鉴证。劳动合同鉴证制度是随着劳动合同制度开始实施而出现的。当年建立劳动合同制时考虑到全国人民对于一个新的劳动制度不熟悉，难免出现一些问题，况且当时劳动纠纷解决机制也比较缺乏，司法解决途径也没有深入人们的思想，所以劳动合同鉴证对于纠正无效和违法合同，加强劳动合同管理，保证劳动合同的严格履行，维护劳动合同当事人双方的合法权益，起到了积极作用。

实践证明，在当时人们劳动合同意识和法制观念比较淡薄的情况下，劳动合同鉴证是劳动部门对劳动用工进行监督、检查，为用人单位和劳动者提供政策、法规咨询服务的较好措施。不过劳动合同的鉴证从一开始就不是强制性的。当时为了保护劳动者的合法权益，劳动部门对于劳动合同鉴证的宣传力度比较大，以至于不少用人单位和劳动者认为劳动合同不经过鉴证就是没有效力的，造成一些这样的误解流传至今。事实上，劳动合同不经过鉴证也是有效的，只不过经过鉴证的劳动合同避免了劳动合同条款因违反劳动法律法规的强制性规定而失效的尴尬。一份经过鉴证的合同和一份没有经过鉴证的合同放在一起，效力是完全一样的。

随着社会的发展和劳动合同制度的广泛推行，一方面人们的法律意识越来越强，越来越多的人开始了解劳动法律法规，开始体会到通过司法解决纠纷的优越性、可行性，并通过司法的途径保护自己的权益；另一方面现代社会的法律服务越来越完善，人们可以通过各种各样的途径获得法律服务，考察劳动合同的合法性完全可以由其他服务机构进行。在这样的情况下，劳动部门去一个一个地事先审查劳动合同的合法性，既浪费劳动部门的人力、时间，也没有足够的力量去做这个工作。这样使得劳动合同的鉴证处于进退维谷之境地。正因为如此，《劳动合同鉴证实施办法》已于2008年1月废止。因此，劳动合同的鉴证不是必须的，是否鉴证与劳动合同的效力无关。劳动争议仲裁委员会不能以劳动合同未经鉴证为由不受理相关的劳动争议。

第十五节　商业秘密保护

一、法律解读

1. 概念

按照我国《反不正当竞争法》的规定，商业秘密，是指不为公众所知悉、能为权利人带来经济利益，具有实用性并经权利人采取保密措施的技术信息和经营信息。

2. 特征

商业秘密和其他知识产权（专利权、商标权、著作权等）相比，有着以下特点：

第一，秘密性。商业秘密的前提是不为公众所知悉，而其他知识产权信息都是公开的，对专利权信息甚至有公开到相当程度的要求。

第二，相对性。商业秘密是一项相对的权利。商业秘密的专有性不是绝对的，不具有排他性。如果其他人以合法方式取得了同一内容的商业秘密，他们就和第一个人有着同样的地位。商业秘密的拥有者既不能阻止在他之前已经开发掌握该信息的人使用、转让该信息，也不能阻止在他之后开发掌握该信息的人使用、转让该信息。

第三，经济性。能使经营者获得利益，获得竞争优势，或具有潜在的商业利益。

第四，期限性。商业秘密的保护期不是法定的，取决于权利人的保密措施和其他人对此项秘密的公开。一项技术秘密可能由于权利人保密措施得力和技术本身的应用价值而延续很长时间，远远超过专利技术受保护的期限。

第五，保密性。企业商业秘密要获得法律上的保护必须经权利人采取保密措施，否则，将因为无法证明已经对其采取保密措施，而被法院认定为不是商业秘密。这一点企业尤其要注意！千万不能想当然地认为那些不应当被竞争对手和第三人知道的技术信息和经营信息天然就是商业秘密。根据《最高人民法院关于审理不正当竞争民事案件应用法律若干问题的解释》第十一条规定，"保密措施"是指权利人为防止信息泄露所采取的与其商业价值等具体情况相适应的合理保护措施。常见的保密措施包括：

（1）限定涉密信息的知悉范围，只对必须知悉的相关人员告知其内容；

（2）对于涉密信息载体采取加锁等防范措施；

（3）在涉密信息的载体上标有保密标志；

（4）对于涉密信息采用密码或者代码措施；

（5）签订保密协议；

（6）对于涉密的机器、厂房、车间等场所限制来访者或者提出保密要求；

（7）确保信息秘密的其他合理措施等。

这七种情形都可以且应当纳入本企业的保密规章制度。因此，企业要保护好商业秘密就要制定本企业的保密规章制度，这既能作为企业对自己认定的商业秘密采取了保密措施的凭据,也是保护商业秘密的重要措施。

二、范围

根据上述定义可知,商业秘密包括两部分:技术信息和经营信息。管理方法、产销策略、客户名单、货源情报等属于经营信息;生产配方、工艺流程、技术诀窍、设计图纸等则属于技术信息。

三、法律保护

我国有关法律从不同角度对商业秘密加以保护。

第一,商业秘密所有人和侵权人存在民事法律关系情形。从商业秘密持有者与侵害商业秘密者之间的关系看,除了双方没有任何关系,但侵权人通过不正当手段,如盗窃、利诱、胁迫等侵害商业秘密情形外,侵害商业秘密主要发生在买卖、承揽、授权、雇佣关系中,其中在雇佣关系中最容易发生侵害商业秘密行为。《合同法》对存在民事合同关系情形下侵害商业秘密的行为作了规范。这包括民事主体之间的合同约定和雇佣关系下的约定。

第二,商业秘密所有人和侵权人存在劳动关系的情形。《公司法》第一百四十八条规定,"董事、监事、高级管理人员应当遵守法律、行政法规和公司章程,对公司负有忠实义务和勤勉义务"。另外,根据《公司法》第一百四十九条规定,董事、高级管理人员不得有未经股东会或者股东大会同意,利用职务便利为自己或者他人谋取属于公司的商业机会、自营或者为他人经营与所任职公司同类的业务、擅自披露公司秘密、违反对公司忠实义务的其他行为,董事、高级管理人员违反前款规定所得的收入应当归公司所有。

第三,商业秘密所有人和侵权人存在市场竞争关系的情形。《反不正当竞争法》第十条规定,"经营者不得采用下列手段侵犯商业秘密:(一)以盗窃、利诱、胁迫或者其他不正当手段获取权利人的商业秘密;(二)披露、使用或者允许他人使用以前项手段获取的权利人的商业秘密；（三）违反约定或者违反权利人有关保守商业秘密的要求，披露、使用或者允许他人使用其所掌握的商业秘密。第三人明知或者应知前款所列违法行为，获取、使用或者披露他人的商业秘密，视为侵犯商业秘密"。

但是，不同法律对商业秘密的保护范围不同。《反不正当竞争法》的保护面宽，这主要体现在三个方面：首先是《反不正当竞争法》对侵害主体的资格没有限制，所有知晓商业秘密并违反约定或者规定的劳动者，都可以构成侵害商业秘密。《公司法》规定的侵害主体为董事、高级管理人员。《刑法》规定的则是国有公司、企业的董事、经理。其次是《反不正当竞争法》既保护非专利技术，也保护经营信息。而《公司法》和《刑法》则主要保护商业机会，商业机会包括经营信息，但不包括非专利技术。最后是《反不正当竞争法》不仅规范劳动者工作期间的保守商业秘密行为，而且规范劳动者离职后的保守商业秘密行为。而《公司法》和《刑法》只是规范劳动者任职期间的保守商业秘密的行为。

四、操作指引

1. 保密协议应作为劳动合同的附件

对于企业而言，保密协议最好作为劳动合同的附件，与劳动合同一并订立。这种做法有着明显的优点：其一，能够有效避免发生争议后或离职时，员工拒绝订立保密协议的难题，因为保密协议是双方协商一致的产物，签订保密协议，并非劳动者的法定义务；其二，能够从双方订立劳动合同的起点开始就保护用人单位的商业秘密。

2. 保密协议必须有用人单位有效的保密制度作支撑

保密协议以商业秘密的存在为前提。商业秘密的构成要件之一为权利人对该信息采用了保密措施。

3. 保密协议必须与所有关系方签订的保密协议相周延

在竞争日益激烈的商战中，商业秘密的泄露可能发生在单位产供销等各个环节，除了内部员工的泄密，供应商、加工者、购买者等利益相关人都有可能接触、知悉单位的商业秘密。保密协议生效的前提是商业秘密的存在。如果单位的商业秘密已经公开披露或者为所供应商、加工者、购买者等利益相关人所泄露，那么商业秘密就失去了"秘密性"，相应地，保密协议也就成了一纸空文。因此，保密协议必须与所有关系方签的保密协议相衔接，构成一个无缝的保密义务网，即单位要养成先签保密协议再谈事的习惯。

4. 保密协议与竞业限制协议分开

保密协议与竞业限制协议分开对企业更为有利。全员签订保密协议，部分人员签订竞业限制协议既能帮助用人单位实现保护商业秘密的预期目的，也能够帮助用人单位减少一大笔经济补偿开支。

用人单位之所以能够这么做，是因为法律并未强制保密义务与竞业限制义务一并在劳动合同或保密协议中约定。对此，《劳动合同法》第二十三条第二款的表述是，"对负有保密义务的劳动者，用人单位可以在劳动合同或者保密协议中与劳动者约定竞业限制条款"。

用人单位之所以有必要这么做，是因为保密义务和竞业限制义务有着很大的不同：

其一，保密义务和竞业限制义务产生的方式不同。保密义务是种法定义务，不管是否有明显的约定，劳动者在职期间和离职以后，均需承担保守商业秘密的义务；而劳动者的竞业限制义务则是一种约定义务，是基于双方当事人之间的约定，无约定则无义务。

其二，保密义务与竞业限制义务的主体范围不同。保密义务是全体员工的法定义务，竞业限制义务主要适用于用人单位的高级管理人员、高级技术人员。一般来说，其他负有保密义务的人员接触、知悉的商业秘密较之企业高管和企业高级技术人员要少得多，没有必要一定签订竞业限制协议。

其三，保密义务和竞业限制义务的期限不同。保密义务的存在没有期限，只要商业秘密存在，义务人的保密义务就永远存在，无论义务人是否在职。而竞业限制义务则存在一个期限，最长期限是解除或终止劳动合同后两年。

其四，费用的支付不同。保密义务并不需要用人单位支付对价，保密可以支付保密费也可以不支付。而竞业限制约定是对劳动者自由择业权的限制，用人单位应当就此给予劳动者相应的经济补偿。此外，即使用人单位愿意支付保密费，保密费也是在劳动者在职期限发放，而竞业限制的经济补偿，则是在劳动者离职后在竞业限制期限内按月发放。

五、法律依据

《中华人民共和国劳动法》（自1995年1月1日起施行，中华人民共和国主席令第二十八号）

第二十二条 劳动合同当事人可以在劳动合同中约定保守用人单位商业秘密的有关事项。

第一百零二条 劳动者违反本法规定的条件解除劳动合同或者违反劳动合同中约定的保密事项，对用人单位造成经济损失的，应当依法承担赔偿责任。

《中华人民共和国劳动合同法》（自2008年1月1日起施行，中华人民共和国主席令第六十五号）

第二十三条 用人单位与劳动者可以在劳动合同中约定保守用人单位的商业秘密和与知识产权相关的保密事项。

对负有保密义务的劳动者，用人单位可以在劳动合同或者保密协议中与劳动者约定竞业限制条款，并约定在解除或终止劳动合同后，在竞业限制期限内按月给予劳动者经济补偿。劳动者违反竞业限制约定的，应当按照约定向用人单位支付违约金。

《中华人民共和国合同法》（自1999年10月1日起施行，中华人民共和国主席令第十五号）

第四十三条 当事人在订立合同过程中知悉的商业秘密，无论合同是否成立，不得泄露或者不正当地使用。泄露或者不正当地使用该商业秘密给对方造成损失的，应当承担损害赔偿责任。

《违反〈劳动法〉有关劳动合同规定的赔偿办法》（劳部发〔1995〕223号）

第五条 劳动者违反劳动合同中约定的保密事项，对用人单位造成经济损失的，按《反不正当竞争法》第二十条的规定支付用人单位赔偿费用。

《中华人民共和国反不正当竞争法》（自1993年12月1日起施行，中华人民共

和国主席令第十号）

第十条 ……本条所称的商业秘密，是指不为公众所知悉、能为权利人带来经济利益，具有实用性并经权利人采取保密措施的技术信息和经营信息。

第二十条 经营者违反本法规定，给被侵害的经营者造成损害的，应当承担损害赔偿责任，被侵害的经营者的损失难以计算的，赔偿额为侵权人在侵权期间因侵权所获得的利润；并应当承担被侵害的经营者因调查该经营者侵害其合法权益的不正当竞争行为所支付的合理费用。

被侵害的经营者的合法权益受到不正当竞争行为损害的，可以向人民法院提起诉讼。

《最高人民法院关于审理不正当竞争民事案件应用法律若干问题的解释》（自2007年2月1日起施行，法释〔2007〕2号）

第九条 有关信息不为其所属领域的相关人员普遍知悉和容易获得，应当认定为反不正当竞争法第十条第三款规定的"不为公众所知悉"。

具有下列情形之一的，可以认定有关信息不构成不为公众所知悉：

（一）该信息为其所属技术或者经济领域的人一般常识或者行业惯例；

（二）该信息仅涉及产品的尺寸、结构、材料、部件的简单组合等内容，进入市场后相关公众通过观察产品即可直接获得；

（三）该信息已经在公开出版物或者其他媒体上公开披露；

（四）该信息已通过公开的报告会、展览等方式公开；

（五）该信息从其他公开渠道可以获得；

（六）该信息无需付出一定的代价而容易获得。

第十条 有关信息具有现实的或者潜在的商业价值，能为权利人带来竞争优势的，应当认定为反不正当竞争法第十条第三款规定的"能为权利人带来经济利益、具有实用性"。

第十一条 权利人为防止信息泄露所采取的与其商业价值等具体情况相适应的合理保护措施，应当认定为反不正当竞争法第十条第三款规定的"保密措施"。

人民法院应当根据所涉信息载体的特性、权利人保密的意愿、保密措施的可识别程度、他人通过正当方式获得的难易程度等因素，认定权利人是否采取了保密措施。

具有下列情形之一，在正常情况下足以防止涉密信息泄漏的，应当认定权利人采取了保密措施：

（一）限定涉密信息的知悉范围，只对必须知悉的相关人员告知其内容；

（二）对于涉密信息载体采取加锁等防范措施；

（三）在涉密信息的载体上标有保密标志；

（四）对于涉密信息采用密码或者代码等；

（五）签订保密协议；

（六）对于涉密的机器、厂房、车间等场所限制来访者或者提出保密要求；

（七）确保信息秘密的其他合理措施。

《关于企业职工流动若干问题的通知》（劳部发〔1996〕355号）

二、用人单位与掌握商业秘密的职工在劳动合同中约定保守商业秘密有关事项时，可以约定在劳动合同终止前或该职工提出解除劳动合同后的一定时间内（不超过六个月），调整其工作岗位，变更劳动合同中相关内容；用人单位也可规定掌握商业秘密的职工在终止或解除劳动合同后的一定期限内（不超过三年），不得到生产同类产品或经营同类业务且有竞争关系的其他用人单位任职，也不得自己生产与原单位有竞争关系的同类产品或经营同类业务，但用人单位应当给予该职工一定数额的经济补偿。

第十六节　竞业限制

一、法律解读

1. 竞业限制的概念

竞业限制是用人单位对负有保守商业秘密的劳动者，在劳动合同、知识产权权利归属协议或技术保密协议中约定的竞业限制条款，即劳动者在终止或解除劳动合同后的一定期限内不得在生产同类产品、经营同类业务或有其他竞争关系的用人单位任职，也不得自己生产与原单位有竞争关系的同类产品或经营同类业务。

2．竞业限制主体

根据《劳动合同法》第二十三条规定，竞业限制的主体是"负有保密义务的劳动者"，《劳动合同法》第二十四条规定"竞业限制的人员限于用人单位的高级管理人员、高级技术人员和其他负有保密义务的人员"，而在日常工作中没有接触到公司的商业秘密的人，不适用该条款，也不需要签订竞业限制条款。另外，根据我国《公司法》第一百四十九条第五项规定，董事、高级管理人员未经股东会或者股东大会同意，不得利用职务便利为自己或者他人谋取属于公司的商业机会，自营或者为他人经营与所在任职公司同类的业务。该法中的董事、高级管理人员显然属于《劳动合同法》第二十四条中的"高级管理人员"，因此也是竞业限制的主体。

3．竞业限制的适用范围

《劳动合同法》对于竞业限制的范围做了明确的界定，主要包括两类：一类是商业秘密范围的界定，在第十四节中已做具体陈述，具体的详细条款，需要用人单位根据《劳动合同法》、《民法通则》等法律条款做出详细的界定。用人单位应制定有关保护商业秘密的规章制度，明确哪些技术信息和经营信息属于应保护的商业秘密，并采取相应的保密措施加以防范，不能将该行业的一般知识技能和专业技能都纳入商业秘密的具体范围；另一类是竞业限制的从业范围，根据《劳动合同法》第二十四条规定，可以分为两类：第一是不得到同类用人单位任职，即劳动者不得到与本单位生产或者经营同类产品、从事同类业务的有竞争关系的其他用人单位；第二是不得自己开设同类的企业，即自己开业生产或者经营同类产品、从事同类业务的竞业限制期限。地域上，法律没有明确的规定，原则上由双方约定，但是，竞业限制协议限制了劳动者的就业权，因此不能任意扩大竞业限制的范围，原则上，竞业限制的范围、地域，应当以能够与用人单位形成实际竞争关系的地域为限。

4. 竞业限制的补偿

劳动合同或者保密合同有效的先决条件是用人单位必须履行给付补偿金的义务，否则员工可依据先履行抗辩权，不履行同业竞业限制的义务。这体现了公平原则，也是实行同业竞业限制的一项重要的内容。一般来说，劳动者因不能从事自己擅长专业或所熟练的工作，收入或生活质量会不同程度降低，而用人单位会因为劳动者未参加该行业的劳动或竞争，可能现时或潜在地从中获取相应的商业利益，因此，合同双方应在合同中明确补偿的数额或计算方式、支付方式等。

对于支付方式，《劳动合同法》第二十三条规定，"在竞业限制期限内按月给予劳动者经济补偿"。对于经济补偿金额的数额，《劳动合同法》没有做出相应的规定，各地的规定是不相同的。如新修订的《深圳经济特区企业技术秘密保护条例》第二十四条规定，"竞业限制协议约定的补偿费，按月计算不得少于该员工离开企业前最后十二个月月平均工资的二分之一。约定补偿费少于上述标准或者没有约定补偿费的，补偿费按照该员工离开企业前最后十二个月月平均工资的二分之一计算"。珠海有关条例也规定，"企业与员工约定竞业限制的，在竞业限制期间应当按照约定向员工支付补偿费；没有约定的，年补偿费不得低于该员工离职前1年从该企业获得的年报酬的二分之一"。

5. 竞业限制的期限

国外竞业限制期限的规定一般是三年，最多不超过五年，在高新技术领域不超过一年。如美国第二巡回法院在Earth Web Inc.诉Mark Schlack违反雇用合同和侵害其商业秘密一案中，援引1997年的Double Click Inc.诉Henderson一案认为，网络产业发展迅速，相关竞业限制条款期限不宜超过六个月。美国联邦巡回法院认为面对发展变化迅速且无地域限制的网络产业，一年期间的约定过长。该法院最后以原告限制被告在工作间接触机密资料和雇用合同中竞业限制条款不合理为由，判决驳回原告禁令主张。在特殊情况下，竞业限制可以不受时间限制，这是特例，在现实生活中很少见。

我国竞业限制期限的制定事实上鼓励了科技人员、高层经营人员的正常流动，一定程度上均衡企业与劳动者利益，使更多科技人员既能充分发挥劳动者的聪明才智,又能为社会多做贡献,并在深层次上保护企业正当的技术和经营信息,保障企业获得合法的垄断利益。我国的《劳动合同法》第二十四条规定竞业限制的期限不得超过二年,因此,用人单位和劳动者约定的期限不得超过法定最长的期限。对此,有些地方性法规也有规定,例如2009年修订的《深圳经济特区企业技术秘密保护条例》第二十三条规定,"竞业限制的期限最长不得超过解除或者终止劳动合同后二年,超过二年的,超过部分无效。竞业限制协议中没有约定期限或者约定不明确的,视为无固定期限协议,可以随时解除协议,但应当提前至少一个月通知对方"。

6. 违反竞业限制的处罚标准

劳动合同解除或者终止后,用人单位依约支付了经济补偿金,竞业限制条款和保密协议就生效了。如果劳动者违约了,则必须承担相应的违约责任,违约责任要通过事先约定加以明确。《劳动合同法》第二十三条规定,"劳动者违反竞业限制约定的,应当按照约定向用人单位支付违约金"。可见,法律并没有对此做出限制,因此只要不违背公平、自愿和诚信原则,都是有效的。如果用人单位所在地有特别的规定,应当按照当地规定约定。

同时,如果因违约行为侵犯了用人单位的商业秘密造成了损害,根据《劳动合同法》第九十条规定,"劳动者违反本法规定解除劳动合同,或者违反劳动合同中约定的保密义务或者竞业限制,给用人单位造成损失的,应当承担赔偿责任"。

7. 新用人单位的责任

《劳动合同法》第九十一条规定,"用人单位招用与其他用人单位尚未解除或者终止劳动合同的劳动者,给其他用人单位造成损失的,应当承担连带赔偿责任"。事实上,根据《劳动合同法》的规定,新用人单位不论是否知道劳动者违反了与原用人单位的竞业限制约定,都已经构成了侵权,违反竞业限制成为侵权必要的程序或手段,因此,新用人单位和劳动者应连带承担包括竞业限制责任在内的侵权责任,这一规定也给新的用人单位增加了更多的用人风险。

8. 未约定或未支付竞业限制补偿金可能导致竞业限制协议终止或被解除

司法实践中一般认为,如果单纯限制劳动者的竞争活动,而不对劳动者提供公平、有效的对价补偿,必然会剥夺劳动者的择业自由权与生存发展权,因此,劳动者履行竞业限制条款规定的义务,就有权获得相应的合理的补偿金。没有约定经济补偿金的竞业限制条款对劳动者不具有约束力。中华人民共和国科学技术委员会《关于加强科技人员流动中技术秘密管理的若干意见》规定,"本单位违反竞业限制条款,不支付或者无正当理由拖欠补偿费的,竞业限制条款自行终止"。《深圳经济特区企业技术秘密保护条例》第二十五条也规定,"竞业限制补偿费应当在员工离开企业后按月支付。用人单位未按月支付的,劳动者自用人单位违反约定之日起三十日内,可以要求用人单位一次性支付尚未支付的经济补偿,并继续履行协议;劳动者未在三十日内要求一次性支付的,可以通知用人单位解除竞业限制协议"。

9. "工资福利待遇中已经包含竞业限制补偿金"条款的效力

实践中,很多用人单位与劳动者签订的竞业限制协议中约定,每月支付给劳动者的工资福利待遇中已经包含竞业限制补偿金,司法实践中对该约定是否有效也存在很大争议,对此类案件的裁判结果也不同。劳动者的工资及福利待遇属于劳动报酬的范畴,是劳动者在履行劳动合同义务期间的应得报酬,是劳动者参加劳动的分配所得。

竞业限制补偿是对劳动者在劳动合同终止或解除以后不能就业或限制从业期间的补偿,系员工离职后方产生的补偿费用,其属于补偿金性质,与劳动报酬二者性质完全不同,支付依据也不同。工资及福利待遇中显然不能包含一个离职后方产生的费用,就如解除劳动合同的经济补偿金不能约定包含在工资中一样,竞业限制补偿金也不能包含在工资中。用人单位违反经济补偿支付的常规,约定每月支付给劳动者的工资福利待遇中已经包含竞业限制补偿金,其操作方式基本上是将劳动者合法工资收入的一部分划为竞业限制补偿金,其目的显然是规避劳动合同解除或终止后支付竞业限制补偿金的义务,从保护劳动者合法权益的角度出发,应当认定该约定无法律效力。《劳动合同法》对此进行了规制,明确了竞业限制补偿金是在解除或者终止劳动合同后,在竞业限制期限内按月支付。

因此,用人单位应当注意不要在竞业限制协议中约定工资福利待遇中已经包含竞业限制补偿金,做出这样的约定,将面临竞业限制协议无效、劳动者无须承担竞业限制义务的风险。正确的做法是约定劳动合同解除或终止后,按月支付竞业限制补偿金,补偿金数额用人单位根据实际情况与劳动者协商确定。

10. 用人单位违法解除劳动合同或劳动者被迫解除劳动合同的，竞业限制条款对劳动者是否仍有约束力

用人单位违法解除劳动合同是指用人单位违反劳动合同法规定的可解除劳动合同的条件、程序，单方面解除与劳动者的劳动合同。劳动者被迫解除劳动合同是指因用人单位存在违法行为损害劳动者的合法权益，迫使劳动者提出解除劳动合同。《劳动合同法》第三十八条规定，"用人单位有下列情形之一的，劳动者可以解除劳动合同：（一）未按照劳动合同约定提供劳动保护或者劳动条件的；（二）未及时足额支付劳动报酬的；（三）未依法为劳动者缴纳社会保险费的；（四）用人单位的规章制度违反法律、法规的规定，损害劳动者权益的；（五）因本法第二十六条第一款规定的情形致使劳动合同无效的；（六）法律、行政法规规定劳动者可以解除劳动合同的其他情形。用人单位以暴力、威胁或者非法限制人身自由的手段强迫劳动者劳动的，或者用人单位违章指挥、强令冒险作业危及劳动者人身安全的，劳动者可以立即解除劳动合同，不需事先告知用人单位"。

因为竞业限制协议是对劳动者劳动权和自由择业权的限制，其对劳动者的约束力始于劳动合同正常解除或终止后。如果由于用人单位的违法行为导致劳动合同被提前解除，其过错责任不在劳动者，劳动者无须承担竞业限制义务。当用人单位违法解除劳动合同时，或用人单位违法迫使劳动者提出解除合同，竞业限制条款对劳动者也不具有法律约束力。对此，《深圳经济特区企业技术秘密保护条例》第二十七条规定，"企业违反法律或者劳动合同单方解除劳动合同的，该员工可以解除竞业限制协议"。

二、案例分析

案例一：保密费不等于竞业限制补偿

2007年9月，张某进入北京某外资公司从事研发工作，并担任研发经理。双方签订劳动合同约定，合同期限自2007年9月至2009年8月31日止。此外张某还与公司签订了一份竞业限制协议，约定张某无论何种原因从公司离职后，两年内不得进入相关竞争的行业。

在张某与公司签订的劳动合同中，关于劳动薪酬双方做了这样的约定：劳动薪酬包括基本工资3000元，绩效工资2000元，保密费500元以及各项津贴和补贴；公司于每月25日以银行转账的方式将工资划至张某的个人账户。2009年2月份张某寻找到了更好的发展机会，于2009年2月3日向公司提出辞职，并于一个月后办理完离职手续，离开公司。

后张某起诉公司要求支付8000元作为竞业限制期间的经济补偿金。公司则认为已经在每月工资中以"保密费"的形式对张某做出补偿，故张某要求再支付经济补偿金的理由不成立，而且，张某应当履行两年期限的竞业禁止义务。

问题：

（1）张某能否要求公司支付经济补偿？

（2）公司能否要求张某履行竞业限制义务？

（3）公司能否放弃对张某的履行竞业限制业务的要求，而不支付经济补偿？

评析：

人力资源管理实践中，有些用人单位出于保护商业秘密的目的，会和劳动者约定保密条款并约定保密费。要弄清楚本案中公司在每月支付了保密费的情况下是否还需支付竞业限制补偿金，首先，须明确保密和竞业限制的区别。劳动者的保密义务和竞业限制有着很大的不同，主要体现在以下四个方面：

第一，产生方式不同。根据《反不正当竞争法》的规定，保密是劳动者的一种法定义务，因此，不管是否有约定，劳动者在任职期间和离职后，只要该商业秘密还存在，均需承担保守商业秘密的义务，这也是诚实守信原则的当然之义；而劳动者的竞业限制义务则是一种合同约定义务，是基于双方当事人之间的约定，无约定则无此义务。

第二，期限不同。保密义务的存在没有期限，只要商业秘密存在，知悉该商业秘密的义务人的保密义务就永远存在，除非该商业秘密变成了公知信息，例如修正后的《深圳经济特区企业技术秘密保护条例》第十九条规定，保密期限为技术秘密的存续期；而竞业限制义务只能存续于双方解除或终止劳动关系之日起两年内。

第三，费用支付不同。根据前面的分析，保密是劳动者的法定义务，因此，用人单位可以支付保密费也可以不支付，而竞业限制是对劳动者自由择业权的限制，用人单位应当就此对劳动者予以补偿。此外，保密费是在劳动者在职期间发放的，而竞业限制的经济补偿则是在劳动者离职后发放的。因此在本案中，张某在职期间，公司向其支付的保密费并非竞业限制的经济补偿，所以公司如果要求张某履行竞业限制义务，需要向其另行支付经济补偿。

第四，能否解除不同。既然保密是劳动者的法定义务，那么在该商业秘密存续期间，劳动者就必须保守该商业秘密，不能解除。竞业限制义务则是一种合同约定义务，因此，相对于用人单位而言则是一种权利，既然是权利，就可以放弃，在用人单位没有履行支付竞业限制补偿的义务的情形下，根据对价原则，劳动者也可以解除该义务对自己的约束。例如《深圳经济特区企业技术秘密保护条例》第二十五条就规定，"竞业限制补偿费应当在员工离开企业后按月支付。用人单位未按月支付的，劳动者自用人单位违反约定之日起三十日内，可以要求用人单位一次性支付尚未支付的经济补偿，并继续履行协议；劳动者未在三十日内要求一次性支付的，可以通知用人单位解除竞业限制协议"。《上海市劳动和社会保障局关于实施〈上海市劳动合同条例〉若干问题的通知（二）》第四条第（三）项也规定，"竞业限制协议生效前或者履行期间，用人单位放弃对劳动者竞业限制的要求，应当提前一个月通知劳动者"。

三、法律依据

《中华人民共和国劳动合同法》（自2008年1月1日起施行，中华人民共和国主席令第六十五号）

第二十三条　用人单位与劳动者可以在劳动合同中约定保守用人单位的商业秘密和与知识产权相关的保密事项。

对负有保密义务的劳动者，用人单位可以在劳动合同或者保密协议中与劳动者约定竞业限制条款，并约定在解除或者终止劳动合同后，在竞业限制期限内按月给予劳动者经济补偿。劳动者违反竞业限制约定的，应当按照约定向用人单位支付违约金。

第二十四条　竞业限制的人员限于用人单位的高级管理人员、高级技术人员和其他负有保密义务的人员。竞业限制的范围、地域、期限由用人单位与劳动者约定，竞业限制的约定不得违反法律、法规的规定。

在解除或者终止劳动合同后，前款规定的人员到与本单位生产或者经营同类产品、从事同类业务的有竞争关系的其他用人单位，或者自己开业生产或者经营同类产品、从事同类业务的竞业限制期限，不得超过二年。

第九十条　劳动者违反本法规定解除劳动合同，或者违反劳动合同中约定的保密义务或者竞业限制，给用人单位造成损失的，应当承担赔偿责任。

《深圳经济特区企业技术秘密保护条例》（自1996年1月1日起施行，1995年11月3日深圳市第二届人民代表大会常务委员会第四次会议通过）

第二十三条　竞业限制的期限最长不得超过解除或者终止劳动合同后二年，超过二年的，超过部分无效。

竞业限制协议中没有约定期限或者约定不明确的，视为无固定期限协议，可以随时解除协议，但应当提前至少一个月通知对方。

第二十四条　竞业限制协议约定的补偿费，按月计算不得少于该员工离开企业前最后十二个月月平均工资的二分之一。约定补偿费少于上述标准或者没有约定补偿费的，补偿费按照该员工离开企业前最后十二个月月平均工资的二分之一计算。

第二十五条　竞业限制补偿费应当在员工离开企业后按月支付。用人单位未按月支付的，劳动者自用人单位违反约定之日起三十日内，可以要求用人单位一次性支付尚未支付的经济补偿，并继续履行协议；劳动者未在三十日内要求一次性支付的，可以通知用人单位解除竞业限制协议。

第二十六条　技术秘密已经公开的当事人可以解除竞业限制协议。法律、法规另有规定的除外。

行使竞业限制协议解除权的,应当书面通知对方,竞业限制协议的解除自通知到达对方时生效。但双方另有约定的除外。

第二十七条 企业违反法律或者劳动合同单方解除劳动合同的,该员工可以解除竞业限制协议。

中华人民共和国科学技术委员会《关于加强科技人员流动中技术秘密管理的若干意见》（国科发政字〔1997〕317号）

五、企事业单位应当对本单位拥有的技术秘密采取合法、有效的保密措施,并使这些措施有针对性地适用于科技成果的完成人、与因业务上可能知悉该技术秘密的人员或者业务相关人员,以及有关的行政管理人员。这些措施包括订立保密协议、建立保密制度、采用保密技术、采用适当的保密设施和装置以及采用其他合理的保密方法。有关保密措施应当是明确、明示的,并能够具体确定本单位所拥有的技术秘密的范围、种类、保密期限、保密方法以及泄密责任。单位未采取适当保密措施,或者有关技术信息的内容已公开、能够从公开渠道直接得到的,科技人员可以自行使用。

六、……

承担保密义务的科技人员享有因从事技术开发活动而获取相应报酬和奖励的权利。单位无正当理由,拒不支付奖励和报酬的,科技人员或者有关人员有权要求变更或者终止技术保密协议。技术保密协议一经双方当事人签字盖章,即发生法律效力,任何一方违反协议的,另一方可以依法向有关仲裁机构申请仲裁或向人民法院提起诉讼。

上海市劳动和社会保障局《关于实施〈上海市劳动合同条例〉若干问题的通知（二）》（沪劳保关发〔2004〕4号）

四、关于竞业限制协议及其经济补偿金问题

……

（三）竞业限制协议生效前或者履行期间,用人单位放弃对劳动者竞业限制的要求,应当提前一个月通知劳动者。

第十七节　专项培训

一、法律解读

1. 概念

根据《劳动合同法》第二十二条规定，所谓专项培训，是指由用人单位为劳动者提供专项培训费用，对其进行专业技术培训。

2. 劳动者支付培训违约金的条件

劳动者支付培训违约金的条件实际上就是专项培训协议生效的条件，根据《劳动合同法》第二十二条规定，须具备两个条件。

（1）用人单位提供专项培训费用。须是用人单位在国家规定提取的职工培训费用以外，专门花费较高数额的钱送劳动者去进行定向专业培训。这笔专项培训费用的数额应当是比较大的，这个数额到底多高，《劳动合同法》没有规定一个具体的数额，将来可由各地方予以细化。

（2）对劳动者进行的是专业技术培训。包括专业知识和职业技能。比如从国外引进一条生产线、一个项目，必须有能够操作的人，为此，把劳动者送到国外去培训，回来以后干这个活，这个培训就是本条所指的培训。

二、法律风险

现实中很多用人单位，为了使员工更快地适应和融入单位，花费了相当的代价对员工进行岗前培训，而一些员工则随意跳槽，使单位的大量投入付诸东流，而现实的劳动法律对这种情况下如何维护单位的权益尚无明确的规定。要避免这种情况的发生，除了在劳动合同或专项培训协议中约定违约金之外，还需期待国家对现行的劳动法律做出修改,明确损失赔偿范围,适当平衡单位和劳动者的权益。

三、操作指引

第一,为了避免花费了相当的代价对员工进行专项培训后,员工随意跳槽,使单位的大量投入付诸东流,用人单位对员工的专项培训不可集中一次性完成。

第二,用人单位为员工提供专项培训费用,对其进行专业技术培训的,可以与该员工订立协议,约定服务期及违约金。单位仅仅为员工提供岗前培训等职业培训和住房、汽车、户口等特殊待遇,不得与其约定服务期。

第三,对员工进行专项培训须确定好证据。

例如可以如此操作:用人单位在劳动者的专项培训结束之日起三个工作日内,要求培训机构交付专项培训费用发票并要求参加培训的劳动者在《培训登记表》签名,确认培训对象、时间、地点、培训机构、住宿费、交通费和伙食费以及因培训产生的用于该劳动者的其他直接费用项目。

第四,用人单位在为劳动者报支专项培训费用时,需要注意:一、报支渠道应当是职工教育经费。根据《就业促进法》的规定,如果用人单位不提取职工教育经费或将教育经费挪用的,可能被劳动行政主管部门按照省、直辖市或自治区规定的标准处以罚款;二、可以报支的培训费用应当包括培训机构开具的专用发票填支的培训费、参加培训而发生的交通费、食宿费。但是,用人单位在报支培训费时,应当将相应费用的发票一并粘贴报销,报销凭证随附培训清单。这样的培训费用报支就完全符合有关税务规则,则一并报支的因培训而发生的交通、食宿费用不会发生纳税调整,也不会占用用人单位有关餐饮(招待)费列支的比例。另外,这种费用的列支增加了劳动者的培训费额度,自然就有利于用人单位通过培训而"留住"人才。

第五,用人单位如果与员工在劳动合同中设定服务期,必须遵循一个前提和四项原则:一个前提是这种培训是发生在试用期结束后的劳动合同期内。因为试用期内发生的培训,根据《劳动部办公厅关于试用期内解除劳动合同处理依据问题的复函》第三项"关于解除劳动合同涉及的培训费用问题"的规定,用人单位出资(指有支付货币凭证的情况）对职工进行各类技术培训，职工提出与单位解除劳动关系的，如果在试用期内，则用人单位不得要求劳动者支付该项培训费用。四项原则是：（1）要确定用人单位的确为劳动者提供过培训；（2）用人单位所提供的培训费用必须是专项费用；这种专项费用是指实际专项用于劳动者培训，且能够被专项计算的费用；（3）培训的性质是专业技术培训，包括专业知识培训和职业技能培训；（4）需有劳动合同的约定，即劳动合同或培训协议对这种培训费的责任承担做出了具体约定。

四、案例分析

案例一：劳动者违反培训协议如何承担赔偿责任

李某2002年2月应聘进入北京某通讯技术股份有限公司，进入公司后即与公司签订了为期五年的劳动合同。在合同执行了三年的时候，由于公司经营的需要，公司决定派李某前往上海参加业务培训。2005年3月，公司与李某在平等自愿的基础上签订了一份《培训协议》。协议约定：公司出资12000元送李某进行业务培训，李某在培训结束之后，为公司服务的年限不得少于三年，原劳动合同的期限也随之延长，若三年内李某要求解除劳动合同，应承担相应的赔偿责任。2005年8月，李某完成培训回到公司，在公司工作了一年后，于2006年8月提出解除劳动合同，公司同意解除劳动合同，但要求李某赔偿公司为其支付的12000元培训费。李某以公司提出的赔偿数额过高为由，拒绝履行相关承诺，双方遂产生争议。

问题：

（1）公司是否有权要求李某赔偿培训费用？

（2）李某赔偿的培训费数额应如何计算？

评析：

《劳动合同法》第二十二条规定，"用人单位为劳动者提供专项培训费用，对其进行专业技术培训的,可以与该劳动者订立协议,约定服务期。劳动者违反服务期约定的,应当按照约定向用人单位支付违约金"。可见,只要用人单位提供了专项培训费用,对劳动者进行的是专业技术培训的,用人单位有权与该劳动者签订服务期协议,劳动者在服务期满之前离职的,除非符合《劳动合同法》第三十八条的规定,否则,用人单位有权要求其按照约定支付违约金。本案中,公司在李某入职三年后,出资12000元送李某进行业务培训,该培训显然不是岗前培训,该费用也应当属于转向培训费用。所以,双方约定服务期,完全符合法律规定,在李某提前解除劳动合同的情况下,用人单位要求其支付培训费用,完全符合法律规定。

至于李某赔偿的培训费数额如何计算,根据《劳动合同法》第二十二条第二款"违约金的数额不得超过用人单位提供的培训费用。用人单位要求劳动者支付的违约金不得超过服务期尚未履行部分所应分摊的培训费用"的规定,李某与公司约定的服务期限是三年,公司支付的培训费是12000元,将培训费按服务年限等分,劳动者每服务一年应递减4000元。李某经过培训后,在用人单位工作了一年,所以应当赔偿公司两年的培训费即8000元。

五、法律依据

《中华人民共和国劳动合同法》(自2008年1月1日起施行,中华人民共和国主席令第六十五号)

第二十二条 用人单位为劳动者提供专项培训费用,对其进行专业技术培训的,可以与该劳动者订立协议,约定服务期。

劳动者违反服务期约定的,应当按照约定向用人单位支付违约金。违约金的数额不得超过用人单位提供的培训费用。用人单位要求劳动者支付的违约金不得超过服务期尚未履行部分所应分摊的培训费用。

用人单位与劳动者约定服务期的,不影响按照正常的工资调整机制提高劳动者在服务期期间的劳动报酬。

《劳动部办公厅关于试用期内解除劳动合同处理依据问题的复函》（劳办发〔1995〕264号）

三、关于解除劳动合同涉及的培训费用问题

用人单位出资（指有支付货币凭证的情况）对职工进行各类技术培训，职工提出与单位解除劳动关系的，如果在试用期内，则用人单位不得要求劳动者支付该项培训费用。如果试用期满，在合同期内，则用人单位可以要求劳动者支付该项培训费用，具体支付方法是：约定服务期的，按服务期等分出资金额，以职工已履行的服务期限递减支付；没约定服务期的，按劳动合同期等分出资金额，以职工已履行的合同期限递减支付；没有约定合同期的，按5年服务期等分出资金额，以职工已履行的服务期限递减支付；双方对递减计算方式已有约定的，从其约定。如果合同期满，职工要求终止合同，则用人单位不得要求劳动者支付该项培训费用。如果是由用人单位出资招用的职工，职工在合同期内（包括试用期）解除与用人单位的劳动合同，则该用人单位可按照《违反〈劳动法〉有关劳动合同规定的赔偿办法》（劳部发〔1995〕223号）第四条第一项规定向职工索赔。

第十八节　续签劳动合同

劳动合同续签，是指合同期限届满，双方当事人均有继续保持劳动关系的意愿，经协商一致，延续签订劳动合同的法律行为。双方可以续签有固定期限劳动合同、无固定期限劳动合同和以完成一定的工作为期限的劳动合同。这里就主要涉及原有劳动合同期满或者终止后，用工双方续签劳动合同的问题，特别关注人力资源管理者实践中遇到的劳动者要求签订无固定期限的劳动合同问题、续签合同时要注意的问题。续签劳动合同必须遵循严格的程序，否则可能导致用人单位发生应当续签而未续签劳动合同的事实劳动关系，从而支付双倍工资，也可能发生

因续签过失而导致用人单位赔偿损失。用人单位在续签劳动合同时,应当遵循以下程序:

一、决定是否续签劳动合同

用人单位应当提前对每一份即将到期的劳动合同进行评估,以确定是否续签劳动合同和如何续签。通常用人单位在以下情况出现时,应当评估是否续签劳动合同:

(1)固定期限劳动合同行将期满时;

(2)该劳动者在本单位已经连续工作行将满十年的;

(3)自2008年1月1日起,用人单位已经与该劳动者连续签订了二次固定期限劳动合同。

如果用人单位决定不再与劳动者续签劳动合同,则用人单位需要依据劳动合同法的规定支付相应的经济补偿。但是如果用人单位保持或提高劳动条件而劳动者不同意续签劳动合同的,用人单位则不需支付经济补偿。

二、书面征求劳动者续签意愿

在劳动合同续签前必须征求劳动者的意愿。如果劳动者在用人单位提高劳动条件后仍不愿意续签,甚至是劳动者本意就不愿意续签劳动合同的,用人单位就无需向劳动者支付经济补偿金。这样对于不想与劳动者续签劳动合同的用人单位来说,就可以通过征求劳动者意见的方式将不再续签劳动合同的意思表示变成劳动者的单方意思表示。

三、签订劳动合同

如果用人单位和劳动者双方都同意续签劳动合同,应当在原劳动合同届满之前完成劳动合同的续签。

四、案例分析

案例一：劳动合同期满终止后用人单位要承担的义务

王某是某国有用人单位职工。2011年3月他接到了该用人单位的书面通知，通知里讲，王某的劳动合同于4月份期满，届时用人单位将不再与他续签劳动合同。王某不服，与用人单位几次交涉没有结果后，就到劳动争议调解委员会申请调解。

经了解，王某于2007年4月被用人单位聘为职工，签订为期4年的劳动合同。由于这个用人单位效益不错，离家又比较近，王某一家人都挺满意。可是上班刚满半年，王某就被查出患上了乙肝，一年后，又因乙肝复发住进了医院。这次住院治疗，加上出院后的休息，他连续6个月没有上班。因此，用人单位除了把工资改为生活费外，还做出决定：鉴于王某长期不能上班，原来由用人单位缴纳的社会保险费用，要求王某自己承担。开始，王某为了保住工作，接受了用人单位的决定，但这次用人单位要终止劳动合同，王某感到实在无法接受。他认为自己并没有犯什么错误，用人单位不能不要自己。该用人单位则认为王某因病长期无法坚持正常工作，且劳动合同已经期满，用人单位有权不再与他续签劳动合同。

经劳动争议调解委员会调解，双方达成以下协议：一、双方的劳动合同终止。二、用人单位支付给王某相当于其4个月工资的经济补偿金和6个月工资的医疗补助费。三、用人单位补发王某病假期间工资和社会保险费用。

评析：

根据《劳动合同法》第四十四条规定，劳动合同期满，劳动合同终止。《劳动合同法》第三条规定，"订立劳动合同，应当遵循合法、公平、平等自愿、协商一致、诚实信用的原则"。可见，劳动合同的签订要遵循自愿原则，因此，劳动合同期满的，是否延续劳动关系需要双方自愿。本案中，王某在该用人单位工作时间不足10年，2008年1月1日《劳动合同法》实施之日起双方签订固定期限劳动合同的次数不足两次，因此，不存在用人单位必须与其续签劳动合同的情形，所以该用人单位不与王某续签劳动合同并不违反法律规定。

那么，劳动合同终止时，用人单位应履行哪些义务呢？

根据《劳动合同法》和一些地方的规定，用人单位在终止劳动合同时应履行相应的义务：

第一，提前一个月以书面形式通知劳动者（全国各地规定不一，有的地方并没有规定用人单位终止劳动合同须提前一个月通知劳动者）。

第二，应当向劳动者支付经济补偿，除非该劳动者已经达到法定退休年龄并享受养老保险待遇或者领取退休金。经济补偿的标准为，在本单位工作每满一年发给相当于本人一个月工资的经济补偿，六个月以上不满一年的，按一年计算；不满六个月的，向劳动者支付半个月工资的经济补偿。

第三，劳动者患病或者非因工负伤，医疗期满终止劳动合同的，用人单位应当支付不低于六个月工资的医疗补助费；对患重病或绝症的，还应当适当增加医疗补助费。患重病的增加部分不低于医疗补助费的百分之五十，患绝症的增加部分不低于医疗补助费的百分之百。

第四，用人单位有义务协助劳动者办理失业登记、领取失业保险金、出具终止劳动合同的证明，并在十五日内为劳动者办理档案和社会保险关系转移等手续。

第五，对于劳动者患病，或女职工在"三期"的，其劳动合同期限应自动延续到医疗期、三期期满为止。

对照上述分析，本案中用人单位将原来由用人单位缴纳的社会保险费用，要求王某自己承担是不对的，因为缴纳社会保险费用是用人单位的法定义务，不能随意转由劳动者个人负担。此外，该用人单位对王某仅支付生活费的做法违法，劳动者应当享受相应的医疗假期和病假工资。

案例二：强迫续订劳动合同应为无效

王某是某公司的部门经理，2010年12月，与公司签订的为期三年的劳动合同到期。在合同期满前一个月，他向公司人事部提出合同期满不再续签的书面报告。合同期满后，王某去人事部办理调离手续遭到拒绝。理由是，根据《员工守则》规定,凡到公司工作的人员至少应服务五年,所以必须与公司再续签两年合同,否则就要交10000元违约金才能调离。

评析:

公司这种做法是错误的,因为双方是否续订合同,应按照平等自愿的原则,由当事人协商决定,任何一方都不能强迫对方接受自己续签劳动合同的要求。《员工守则》只是公司的内部规章制度,即使该守则在公司与王某签订劳动合同之前就已颁布实施,但鉴于该守则只是一个一般性的约定,针对的对象是全体员工,而劳动合同只针对特定的当事人,不能同等而论。既然当初王某和公司签订的是三年期劳动合同,不管是公司疏忽也好,爱才也罢,总之是以特别约定的方式排除了《员工守则》的有关规定。在这种情况下,两者对服务期限的规定发生冲突时,按照"特别优于一般"的原则,应执行劳动合同约定的期限。至于交10000元违约金才能调离的说法,同样没有任何法律根据。违约金是对违约方违约行为的一种惩罚性措施,即只有发生了一定的违约行为,才发生违约金的支付。劳动合同已经履行完毕而告终止,其间并无任何的违约行为,故而10000元违约金无从说起。

不少用人单位为了防止人才流失,在内部规章制度中规定了职工服务期限,不到服务期限要跳槽或合同期满希望离职的人员必须赔偿。其实这种规定的法律依据并不充分。这是因为,用人单位和职工建立劳动聘用关系的最重要的法律文件是双方签订的劳动聘用合同,因此必须严格按合同处理双方的劳动关系,而不能靠单方的规章制度。职工在合同履行到期但未满公司规定的服务期限时,提出不再续订劳动合同的要求完全合理合法。按《劳动合同法》规定,劳动合同期限届满,劳动合同即行终止,一方不得强迫另一方延长劳动合同期限、延续劳动合同的效力。而续订劳动合同是指原合同双方当事人对合同条款无异议,经过平等、自愿的协商,延长合同期限的法律行为,任何一方不得强迫对方意愿,或附带不合理的条件迫使对方续签合同。因此笔者建议,与其设立内部的职工守则或者员工守则不如在针对每一个员工的劳动合同中做明确的规定,因为,最终起法律效力的只有劳动法规定和劳动合同这个法律文书。

案例三：职工拒签劳动合同该如何处理

某公司注册成立于2009年6月，成立之初组织机构尚未完全稳定，从事行政工作的也是刚毕业的大学生，经验尚浅。之后公司来了新主管，发现在行政人事工作流程方面存在很多漏洞，特别是劳动合同的签订不规范，存在某些员工未签订或签订日期与入职日期不符等情形。新任行政主管经重新整理后，2010年6月，安排全部员工重新或按入职日期补签订规范的劳动合同。在这过程中，只有某部门员工A（2009年8月入职，一直未签订劳动合同）不予配合，经多次催促仍然以各种理由拒绝和公司签订合同，2010年6月底，公司领导决定，由于员工A拒绝与公司签订劳动合同，从下月起不再需要到公司上班，以自动离职处理，给他支付了上月的工资，未办理任何离职手续。

随后，员工A申请了劳动仲裁，要求公司支付其自入职日一个月起的两倍工资赔偿，解除劳动关系赔偿金，补交在职期间社保等要求。

问题：

（1）员工A拒绝与公司补签劳动合同，公司仍然要支持双倍工资赔偿吗？如果是这样的话，似乎在纵容员工故意向用人单位索取赔偿？

（2）如若发现因工作中的失误，像上述案例中的有员工一直未签订劳动合同的情形，人力资源管理部门应该如何做，才能避免劳动法律风险？

评析：

根据《劳动合同法》第八十二条的规定，"用人单位自用工之日起超过一个月不满一年未与劳动者订立书面劳动合同的"，则向劳动者支付双倍工资。注意，该条的用词是"未与"，而不是"不与"，前者强调的未签订劳动合同的客观事实，后者强调的是拒绝签订劳动合同的主观故意。可见，根据该条规定，和员工签订劳动合同，是我国《劳动合同法》赋予单位的一项法定义务，否则，无论是谁的原因，只要没有签订劳动合同，自入职第二个月起须支付双倍工资。但是，在实践中，也确有少数劳动者为了达到获得双倍工资的目的，不愿签订劳动合同的情形，在这种情况下，如果再让单位承担双倍工资的惩罚性责任，则显然有失公平。

因此，我国《劳动合同法实施条例》第五条规定，"自用工之日起一个月内，经用人单位书面通知后，劳动者不与用人单位订立劳动合同的，用人单位应当书面通知劳动者终止劳动关系"，无需支付经济补偿金。因此，把这两方面的规定结合起来看，可以知道，自用工之日起一个月内，如果劳动者拒签劳动合同的，单位必须终止劳动关系，否则，就要承担未签订劳动合同的责任。

但是本案双方未签订劳动合同的事实，发生在入职将近一年的时间。《劳动合同法实施条例》第六条规定，"用人单位自用工之日起超过一个月不满一年未与劳动者订立书面劳动合同的，应当依照劳动合同法第八十二条的规定向劳动者每月支付两倍的工资，并与劳动者补订书面劳动合同；劳动者不与用人单位订立书面劳动合同的，用人单位应当书面通知劳动者终止劳动关系，并依照劳动合同法第四十七条的规定支付经济补偿"。根据该条规定，即使是劳动者拒绝签订劳动合同，用人单位还是要支付双倍工资。但是在很多地方的司法实践中，会区分劳动者是否有过错以进行分别处理，即未签订合同的期间，支付双倍工资，但是对于单位提出签订合同而员工拒绝的时间段里，如单位已经终止合同的，则该时间段无需支付双倍工资，终止合同也无需支付经济补偿金。

关于此点，有些地方的规定对此进行了明确，比如《深圳市中级人民法院关于审理劳动争议案件若干问题的指导意见（试行）》第七十六条规定，"用人单位自用工之日起超过一个月不满一年未与劳动者签订劳动合同的，用人单位应自用工之日起满一个月的次日起支付两倍工资至双方签订劳动合同前一日时止。但用人单位有足够证据证明未签订劳动合同的原因完全在劳动者，其自身无过错的，用人单位无须支付两倍工资。劳动合同期满，劳动者继续在用人单位工作的，用人单位在劳动合同期满之日超过一个月不满一年未与劳动者签订劳动合同的，参照前款处理"。又如2008年《武汉市中级人民法院关于审理劳动争议案件若干问题纪要》规定，"17. 自用工之日起一个月内，用人单位未书面通知劳动者签订书面合同，或者因劳动者不愿签订书面合同，用人单位未书面通知劳动者终止劳动关系的，劳动者要求用人单位按每月两倍工资支付的请求，应予支持。18. 用人单位自用工之日起满一年仍未订立书面劳动合同的，用人单位除按每月支付劳动者两倍工资外，视为双方已经订立无固定期限的劳动合同。用人单位应当立即与劳动者补订书面劳动合同，劳动者不愿补订的视为劳动关系终止，用人单位无需给予经济补偿"。

因此，对于不愿签订劳动合同的员工，单位避免承担支付双倍工资的办法有两个：一是以其拒绝签订劳动合同为由终止劳动关系。二是入职之日起一个月后，送达要求签订劳动合同的书面通知，固定其拒绝签订劳动合同的证据。

HUMAN RESOURCE MANAGEMENT

第四章

在职管理
法律风险管控

第一节　劳动合同的变更

一、法律解读

劳动合同的变更，是指在劳动合同履行过程中，当事人双方或单方依据情况变化，按照法律规定或劳动合同的约定，对原劳动合同的条款进行修改、补充。它发生于劳动合同生效后尚未履行或者尚未完全履行期间，是对劳动合同约定的权利义务的完善和发展，是确保劳动合同有效和劳动过程顺利实现的重要法律手段。

劳动合同订立后，因客观情况的变化而变更劳动合同是经常发生的事情，《劳动法》和《劳动合同法》赋予了当事人在某些客观情况发生变化，导致劳动合同无法履行时变更劳动合同的权利。然而在实践中，用人单位往往忽视这一点，该变更劳动合同的不及时变更，有的把变更劳动合同看成是用人单位的自主权，也有的不懂得如何变更劳动合同，因此而引发了不少劳动争议。这应当引起用人单位的注意。

1. 变更事由

（1）法定变更。

根据法律规定，劳动合同法定变更的情况包括客观情况发生重大变化、单位合并或分立、单位名称、法定代表人（主要负责人）或投资人等事项变更。此处的"客观情况发生重大变化"一般包括以下三种情况：①外部制度原因，例如订立劳动合同时的法律、法规发生变更；②用人单位的原因，例如单位经主管部门批准或者因为市场变化发生转产、调整经营项目或生产任务；③劳动者原因，例如身体健康状况、精神健康状况、劳动能力丧失导致劳动者无法胜任原工作岗位等。

（2）协商变更。

协商变更，即用人单位和劳动者就变更劳动合同内容进行协商。

用人单位和劳动者经协商有四种结果：

第一，双方就变更劳动合同内容达成一致意见，这是最理想的结果。

第二，用人单位提出变更劳动合同，员工没有明确意思表示，但是服从了用人单位的安排，这表示员工用实际行为同意了劳动合同的变更，但是需要证据证明员工服从用人单位的安排，例如劳动者在新的岗位说明书上确认签名、到新的部门签到等。

第三，用人单位提出变更劳动合同，员工接到通知后超过用人单位在通知中规定的合同期限没有回复，并且不服从单位新的安排，这时不能轻率地视为员工同意变更劳动合同，但是可以事先书面约定，一方要求变更劳动合同的，必须以书面形式提出，另一方在接到通知之日起一定期限内没有书面回复的，视为同意变更。

第四，员工明确回复不同意变更，此时单位要在充分沟通的基础上，决定是继续履行劳动合同还是解除劳动合同。

（3）约定变更。

约定变更，即用人单位和劳动者就变更劳动合同的情形事先进行约定，其适用情形为变更事由可以预见时。这应当成为用人单位的首选，因为事后协商变更劳动合同虽然公平合理，但成本和风险较高，有时双方为了各自的利益，很难达成一致意见，用人单位便会陷入被动，不利于企业的发展。人力资源管理实务中，可以通过劳动合同将这种事后协商变成事前约定，约定变更劳动合同的条件和情形。但这种约定必须明确、具体并且尽量公平，才能合法有效，要让劳动者预知到某种具体情形出现后，其工作岗位将如何变化。例如在签订工作地点时，范围不能太窄也不能太宽，太窄束缚单位的用人自主权，太宽显失公平，可能得不到司法机关认可。

2. 变更程序

变更劳动合同应当按照一定程序进行，作为协议变更劳动合同，其步骤一般为：

（1）预告变更要求。用人单位需要变更劳动合同时，应提前向劳动者提出变更劳动合同的请求，说明变更劳动合同的理由，所需变更合同的具体条款及变更条件，提出让劳动者答复的期限。

（2）劳动者答复。劳动者在得到用人单位提出的变更劳动合同的请求后，通常需要按用人单位的要求做出答复。

（3）签订变更协议。用人单位与劳动者经过平等协商，就需要变更的劳动合同条款达成一致意见后，应签订变更合同的书面协议，并签名盖章。协议中应载明变更的合同内容，并约定已变更条款的生效日期，切记不能采用口头方式进行。

二、专业提示

1. 掌握劳动合同的变更主动权是用人单位自主用工的重要体现

在大多数情况下，用人单位为了能最大限度地调动员工，希望自己能单方做出变更的情况较多，在实践中常出现与员工协商达不成一致意见的情形。另外，当劳动合同订立时所依据的客观情况发生重大变化，致使劳动合同无法履行的情况下，用人单位想解除与劳动者的劳动关系，也需要经过协商程序，只有在经过协商而不能对劳动合同的内容做出变更的，才可单方解除劳动合同。可见，掌握劳动合同的变更主动权是用人单位自主用工的重要体现。

2. 书面变更，是劳动合同内容变更的形式要件

《劳动合同法》第三十五条规定，"用人单位与劳动者协商一致，可以变更劳动合同约定的内容。变更劳动合同，应当采用书面形式。变更后的劳动合同文本由用人单位和劳动者各执一份"。可见，劳动合同内容变更必须采用书面形式。用人单位与劳动者对变更的内容未做书面记载或用传真、信函等形式对变更做出意思表示，司法实践将视为没有变更劳动合同内容。

3. 劳动合同需要变更的应及时进行变更

当引起劳动合同变更原因出现时，应根据实际情况及时提出变更劳动合同的要求，该变更的条款不能久拖不变，以免影响劳动合同的履行。

三、案例分析

案例一：解除劳动合同的条件是否可以约定

某公司因业务发展需要，招聘陆某为营销经理。公司表示业务员工作的业绩是

公司考核的主要方面，有关工资待遇都将与工作业绩挂钩享受，陆某同意，于是双方协商签订劳动合同。合同约定，公司聘用陆某为销售经理；陆某每月工资按照固定工资12000元以及部门业务量的1%领取提成；公司提前60天通知可以解除双方劳动合同等。

劳动合同签订后，公司即通知陆某上班。合同履行后，陆某的业务开展缓慢，开始的三个月业绩都不达标。第四个月时，公司向陆某提出，如果此月业绩再无起色，将对其调岗为业务专员，并将工资降为每月5000元。然而当月，陆某仍无明显业绩。于是，公司即按业务员的标准发其工资。陆某认为自己正在努力开拓业务渠道，并即将取得业绩，公司不能以目前工作业绩无起色为由降低工资。而公司则表示，如果陆某不同意调岗和变更工资待遇，则按自动离职处理。陆某遂与公司发生争议。

评析：

本案争议焦点是公司是否可以按合同约定解除条件，通知陆某解除合同。根据《劳动合同法》第三十九、第四十条和第四十一条的规定，并对比《劳动合同法》第十七条和《劳动法》第十九条，可知，用人单位解除劳动合同的条件仅限于第三十九条、第四十条和第四十一条的规定的情形，不再允许在劳动合同中约定。这是法律为了避免用人单位滥用强势地位，签订可以解除劳动的不平等合同的情形，达到保护劳动者合法权益，维护双方劳动关系的稳定性的目的。如此可见，本案中"公司提前60天通知可以解除双方劳动合同"的约定是无效的。因此，本案中，公司不能与陆某解除劳动合同。

四、法律依据

《中华人民共和国劳动合同法》（自2008年1月1日起施行，中华人民共和国主席令第六十五号）

第二十九条　用人单位与劳动者应当按照劳动合同的约定，全面履行各自的义务。

第二十五条 用人单位与劳动者协商一致,可以变更劳动合同约定的内容。变更劳动合同,应当采用书面形式。

变更后的劳动合同文本由用人单位和劳动者各执一份。

第四十条 有下列情形之一的,用人单位提前三十日以书面形式通知劳动者本人或者额外支付劳动者一个月工资后,可以解除劳动合同:

(一)劳动者患病或者非因工负伤,在规定的医疗期满后不能从事原工作,也不能从事由用人单位另行安排的工作的;

(二)劳动者不能胜任工作,经过培训或者调整工作岗位,仍不能胜任工作的;

(三)劳动合同订立时所依据的客观情况发生重大变化,致使劳动合同无法履行,经用人单位与劳动者协商,未能就变更劳动合同内容达成协议的。

第四十一条 有下列情形之一,需要裁减人员二十人以上或者裁减不足二十人但占企业职工总数百分之十以上的,用人单位提前三十日向工会或者全体职工说明情况,听取工会或者职工的意见后,裁减人员方案经向劳动行政部门报告,可以裁减人员:

……

(三)企业转产、重大技术革新或者经营方式调整,经变更劳动合同后,仍需裁减人员的;

……

第二节 工时制度

一、法律解读

1. 概念和特征

工作时间又称劳动时间,是指法律规定的劳动者在一个计算周期内从事劳动的时间。工作时间的长度由法律直接规定，或由集体合同或劳动合同直接规定。劳动者或用人单位不遵守工作时间的规定或约定，要承担相应的法律责任。工作时间具有以下特点：

第一，工作时间是劳动者履行劳动义务的时间。根据劳动合同的约定，劳动者必须为用人单位提供劳动。

第二，工作时间不限于实际工作时间。工作时间的范围，不仅包括作业时间，还包括准备工作时间、结束工作时间以及法定劳动消耗时间。其中，法定非劳动消耗时间是指劳动者自然中断的时间、工艺需中断时间、停工待活时间、女职工哺乳婴儿时间、出差时间等。此外，工作时间还包括依据法律、法规或单位行政安排离岗从事其他活动的时间。

第三，工作时间是用人单位计发劳动者报酬的依据之一。劳动者按照劳动合同约定的时间提供劳动，即可获得相应的工资福利待遇；加班加点的，可获得加班加点工资。

第四，工作时间的长度由法律直接规定，或由集体合同或劳动合同直接规定。工作时间分为标准工作时间、计件工作时间和其他工作时间。

标准工作时间，是指国家法律规定的，在正常情况下，一般职工从事工作或者劳动的时间。国家实行劳动者每日工作时间不超过八小时、平均每周工作时间不超过四十小时的工作制度。

计件工作时间，是指以劳动者完成一定劳动定额为标准的工作时间。对实际计件工作的劳动者，用人单位应当根据《劳动合同法》规定的民主程序和地方规定合理地确立劳动定额和计件报酬标准。

其他工作时间，是指用人单位因自身特点不能实行标准工作时间的，经劳动行政部门批准，可以实行的其他工作时间。目前主要有在特殊情况下，对劳动者缩短工作时间，或分别以周、月、季、年为周期综合计算工作时间长度，或采取每日没有固定工作时数的工时形式等。

2．标准工时制

（1）概念。

标准工时制是指国家法律规定，国家机关、团体、事业单位和企业以及其他组织在正常情况下普遍实行的工作时间制度。目前实行的标准工时制度，即国家对最高工时标准（法定最长工时）的规定。为保护劳动者的休息权，保证生产经营的正常开展，国家对一定自然时间（通常以日或周计算）内工作时间的最长限度做出规定，并将其作为法律的强制性标准。

《劳动法》第三十六条对标准工时制度做出规定，"国家实行劳动者每日工作时间不超过八小时，平均每周工作时间不超过四十四小时的工时制度"。

《国务院关于修改〈国务院关于职工工作时间的规定〉的决定》对标准工时做出修订，确定"职工每日工作8小时，每周工作40小时"这一标准工时制度。

（2）实行标准工时制度应注意的问题。

①任何单位和个人不得擅自延长职工工作时间。

②因特殊情况和紧急任务确需延长工时的，按国家有关规定（《劳动法》第四十一条、四十二条及《国务院关于职工工作时间的规定》实施办法第七条），即单位与工会和劳动者协商后可以延长工作时间，一般每日不得超过一小时，因特殊原因，每日不得超过三小时，每月不得超过三十六小时。

③因工作性质或生产特点的限制，不能实行标准工时的，可实行其他工作和休息办法（《劳动法》第三十九条），即有条件的企业可以实行特殊工时制度，采取集中工作、集中休息或轮休调休办法等，以保证职工的休息权。

④周六、周日为周休息日。企业可根据实际情况灵活安排周休息日，但应当保证劳动者每周工作时间不超过四十小时，且至少休息一日（《劳动法》第三十八条）。

⑤对实行计件工作的劳动者，用人单位应根据《劳动法》第三十六条规定的工时制度，合理确定其劳动定额和计件报酬标准。

（3）关于标准工作时间和计薪天数问题。

新的全国年节放假办法出台后，鉴于每年带薪休假增加一天，工作日相应减少的情况，劳动部下发《关于职工全年平均工作时间和工资折算问题的通知》，对制度工作时间和计薪天数做出新规定：

①制度工作时间的计算方法。

年工作日：365天－104天（休息日）－11天（法定节假日）＝250天

季工作日：250天÷4＝62.5天

②计薪天数。按照《劳动法》第五十一条规定，法定节假日用人单位应当依法支付工资，即折算日工资、小时工资不剔除国家规定的11天法定节假日。据此，日工资和小时工资折算为：

年计薪天数＝365天－104天＝261天

月计薪天数＝261天÷12＝21.75天

日工资＝月工资收入÷21.75天

小时工资＝日工资÷8小时

月工作日：250天÷12＝20.83天

（4）计件工时制实质是属于标准工时制的范畴。

为保证实行计件工作的劳动者实行标准工时制度，又不减少收入，《劳动法》第三十七条规定，"对实行计件工作的劳动者，用人单位应当根据本法第三十六条规定的工时制度合理确定其劳动定额和计件报酬标准"。

劳动部办公厅《关于〈劳动法〉若干条文的说明》对《劳动法》第三十七条理解为，"（一）对于实行计件工资的用人单位，在实行新的工时制度下应既能保证劳动者享受缩短工时的待遇，又尽量保证劳动者的计件工资收入不减少。（二）如果适当调整劳动定额，在保证劳动者计件工资收入不降低的前提下，计件单价可以不做调整；如果调整劳动定额有困难，就应该考虑适当调整劳动者计件单价，以保证收入不减少"。

计件工资是指按照劳动者生产的合格产品数量或完成的工作量，根据企业内部确定的计件工资单价，计算并支付工资的一种形式。《国家统计局关于工资总额组成的规定》第六条规定，"计件工资是指对已做工作按计件单价支付的劳动报酬。包括：（一）实行超额累进计件、直接无限计件、限额计件、超定额计件等工资制，按劳动部门或主管部门批准的定额和计件单价支付给个人的工资；（二）按工作任务包干方法支付给个人的工资；（三）按营业额提成或利润提成办法支付给个人的工资"。

计件工资具体由工作物等级、劳动定额和计件单价所组成：

"工作物等级"是根据某种工作物的技术复杂程度、劳动强度、劳动责任和不同的设备状况而划分的等级。它是确定劳动定额水平，计算计件单价和合理安排劳动力的科学依据。

"劳动定额"分产量定额和工时定额。产量定额就是在单位时间内应该生产的合格产品的数量。工时定额就是在一定条件下完成某一产品所必须消耗的劳动时间。

"计件单价"是工人完成某种产品或某项工作的单位工资，即单位产品的工资率。

实行计件工资的条件是：

①必须是产品的数量能够准确计量，并能正确反映工人所支出的劳动量的工种或单位。

②必须是产品的数量和质量主要取决于工人主观努力的工种或单位。

③必须是具有明确的产品质量标准，能够检验产品质量的单位或工种。

④必须是具有先进合理的劳动定额和比较健全的原始记录统计制度，并有严格的计量标准的单位或工种。

⑤必须是生产任务饱满，原材料、燃料、动力供应和产品销路比较正常，能够组织均衡生产，并鼓励增加产量的单位。

目前我国企业中通常采用的计件工资形式主要有：

①无限计件工资。指职工工资收入完全取决于其单位时间内生产合格产品数量的多少和事先规定的不变的计件单件，超额收入不限，亏额损失亦不予补偿。实行此种方式将员工工资收入与个人劳动成果紧密相连，且简便易行，工人容易掌握，在实践中被广泛采用。特别是在那些产品适销对路，合格品数量增加与经济效益成正比的企业中尤为适用。

②有限计件工资。即对工人个人在单位时间所得计件工资收入总额加以一定限制。比较常见的方式有：一是对个人计件工资收入规定最高限额；二是采用超额累退计件单价，即计件工资超过规定数额后，计件单价按一定规律递减；三是

采用可变计件单价，即整个劳动集体（企业或生产单位）的计件工资总额固定，个人计件单价则随劳动集体计件产品产量的增减而降低或提高，但对个人计件工资总收入不加限制。这种方式多用于定额不够准确合理，管理制度不够健全或企业工资总额受到控制等情况。其有利的一面是可保证工资增长速度低于产量增长速度，不断降低单位产品的人工成本，不利的一面则在于限制了职工的生产积极性。

③全额计件工资。指企业取消原来按基本工资、奖金加班工资和生产性津贴等分配核算和支付工资的办法，将企业（或车间、班组）全部工资总额一并列入计件工资的分配形式，但非工资性津贴、物价补贴和劳保福利费等不得列入。此种形式适用于产品单一，劳动定额水平比较先进，企业管理较健全，经济效益较好且稳定的企业，并多与工资总额同经济效益挂钩方法同时实施。

④超额计件工资。又称计时计件混合工资，即将工人完成的工作量划分为定额以内和定额以外两部分，分别计发工资。定额以内的工作量按计时工资标准和任务完成程度发给计时工资；超过定额的超额工作量则按预先规定的计件单价和产品量计发计件工资。这种形式较适用于实行基本工资加奖金的企业，以保证工资总额有较严格的控制。

⑤间接计件工资。是对企业中某些辅助工人实行的一种工资分配形式。这类辅助工人不直接参加计件性的生产活动，但其为直接计件工人所提供的服务又是必有可少的，在一定程度上制约和影响着直接计件工人的劳动成效。一般来说，可采取以下几种间接计件工资方式：给辅助工人制定间接计件单价，然后按其所服务对象的计件产品数量计发计件工资；辅助工人领取相当于所服务计件工人单位时间的平均计件工资的收入；以辅助工人所服务的计件工人在单位时间上完成劳动定额的百分比，决定辅助工人应该领取本人标准工资的数额。

⑥经济责任承包计件工资。又称百分考核计件工资，即以企业或车间、班组为单位的集体计件方式，同企业全面承包经营责任制紧密结合，以计件工资制促进企业经济责任制的落实。这种计件工资由当月奖金和定员标准工资为主组成，将各种型号产品分别订出单价合格产品的最高得分，再按照品种、数量

完成白分比、产品质量、消耗、安全、成本等指标完成情况，分别进行加、减，最后按计集体实际得分总和求出分值，个人计件工资由分值和个人得分相乘求出。

⑦联质计件工资。即计件工资收入以产品质量好坏为主要的计算依据。一般有两种方式；一是按质分等计件，即将产品依其质量要求分为不同等级，并对各等级规定不同的计件单价，根据员工完成不同等级的产品量计发工资；二是质量否决计件，即对某种产品只规定一个质量标准（如优等品或一级品），凡在此标准之下的一律不发计件工资，如出现废品或等外品则倒扣计件工资。联质计件适用于对质量要求比较突出的企业，如光学仪器等。

⑧提成工资。这是一种按照企业的销售收入或纯利润的一定比例提取工资总额，然后根据职工的技术水平和实际工作量计发工资的工资形式。此种形式适用于劳动成果难以用事先制定劳动定额的方法计量、不易确定计件单价的工作，目前部分饮食业、服务业和商业企业中多实行这种工资形式，工业企业中则很少采用。其具体形式大体可为两种：一种是扣除一部分现行标准工资作为固定工资，加上提成工资部分，采取适当办法进行分配；另一种是取消固定工资，职工收入完全随着从利润或销售收入中提成的数额浮动。实行前一种方法的企业较多，实行后一种方法的企业则较少。提成工资制能够把职工的工资收入直接同本单位的销售状况或盈利状况联系起来，有利于调动职工的积极性，也有利于促进职关心企业的经营状况和提高自己的技术熟练程度。实行这种工资形式的企业，应该有健全的管理制度和严格的考核、检查制度，能够处理好国家、企业、职工、消费者四方面的利益关系。

3. 不定时工时制

（1）定义。

不定时工作制是针对因生产特点、工作特殊需要或职责范围的关系，无法按照标准工作时间衡量或需要机动作业的职工而采取不确定工作时间的一种工时制度。

如企业中的高级管理人员、外勤人员、推销人员、部分值班人员、从事交通运输的工作人员以及其他因生产特点、工作特殊需要或职责范围的关系，适合实行不定时工作制的职工等。

（2）特点。

①工作特殊需要；

②职责范围关系；

③需要机动作业。

经批准实行不定时工作制的职工，不受《劳动法》第四十一条规定的日延长工作时间标准和月延长工作时间标准的限制。但用人单位应采用弹性工作时间等适当的工作和休息方式，确保职工的休息休假权利和生产、工作任务的完成。

（3）实施范围。

企业中的高级管理人员、外勤人员、推销人员、部分值班人员和其他因工作无法按标准工时衡量的职工；

企业中长途运输人员、出租车司机和铁路、港口、仓库的部分装卸人员以及因工作性质特殊，需要机动作业的职工；

其他因生产特点、工作特殊需要或职责范围的关系，适合实行不定时工作制的职工。

4. 综合计算工时制

（1）定义。

综合计算工时工作制是指因工作性质特殊或受季节及自然条件限制，需在一段时间内连续作业，采用以周、月、季、年等为周期综合计算工作时间的一种工时制度。

（2）特点。

①需连续作业的；

②受资源、自然条件限制，生产任务不均衡的；

③在一定的周期内综合计算工时与标准工时基本相同。

（3）实施范围。

交通、铁路、邮电、水运、航空、渔业等行业因工作性质特殊，需要连续作业的职工；

地质、石油及资源勘探、建筑、制盐、制糖、旅游等受季节和自然条件限制的行业的部分职工；

亦工亦农或由于能源、原材料供应等条件限制，难以均衡生产的乡镇企业职工；

对于在市场竞争中，由于外界因素影响，生产任务不均衡的企业的部分职工也可参照综合计算工时工作制的办法实施。

（4）实行综合计算工时工作制注意事项。

①综合计算工时制的平均工作时间与法定标准工作时间基本相同。

劳动和社会保障部《关于企业实行不定时工作制和综合计算工时工作制的审批办法》第五条规定，"企业对符合下列条件之一的职工，可实行综合计算工时工作制，即分别以周、月、季、年等为周期，综合计算工作时间，但其平均日工作时间和平均周工作时间应与法定标准工作时间基本相同"。

根据劳动和社会保障部《〈国务院关于职工工作时间的规定〉问题解答》第六条规定，综合计算工时工作制"其平均日工作时间和平均周工作时间应与法定标准工作时间基本相同"。

劳动和社会保障部《关于贯彻执行〈中华人民共和国劳动法〉若干问题的意见》第六十五条规定，"经批准实行综合计算工作时间的用人单位，分别以周、月、季、年等为周期综合计算工作时间，但其平均日工作时间和平均周工作时间应与法定标准工作时间基本相同"。

另外，对于三级以上（含三级）体力劳动强度的工作岗位，日工作时间不得超过十一小时，且每周至少休息一天。延长工作时间的小时数平均每月不得超过三十六小时。

②对于因工作性质或生产特点的限制，实行不定时工作制或综合计算工时工作制等其他工作和休息办法的职工，企业都应根据《劳动法》和《国务院关于职工工作时间的规定》的有关条款，在保障职工身体健康并充分听取职工意见的基础上，采取集中工作、集中休息、轮休调休、弹性工作时间等适当的工作和休息方式，确保职工的休息休假权利和生产、工作任务的完成。同时，各企业主管部门也应积极

创造条件，尽可能使企业的生产任务均衡合理，帮助企业解决贯彻《国务院关于职工工作时间的规定》中的实际问题。

③关于工资计发问题。

综合计算周期内的总实际工作时间不能超过法定标准工时，超过部分应视为延长工作时间，并按照《劳动法》第四十四条第一款（《广东省工资支付条例》第二十条）的规定支付加班工资。

周休息日安排工作的，属于正常工作，不计发加班工资；

法定节假日安排工作的，不管在综合计算周期内实际工作时间是否超过法定标准工作时间，均按三倍支付加班工资。

④经批准实施综合计算工时工作制的用人单位，在计算周期内若日（或周）的平均工作时间没超过法定标准工作时间，但某一具体日（或周）的实际工作时间工作超过八小时（或四十小时），"超过"部分是否视为加点（或加班）且受《劳动法》第四十一条的限制？

根据劳动部《关于职工工作时间有关问题的复函》第五条规定，"依据劳动部《关于企业实行不定时工作制和综合计算工时工作制的审批办法》第五条的规定，综合计算工时工作制采用的是以周、月、季、年等为周期综合计算工作时间，但其平均日工作时间和平均周工作时间应与法定标准工作时间基本相同。也就是说，在综合计算周期内，某一具体日（或周）的实际工作时间可以超过8小时（或40小时），但综合计算周期内的总实际工作时间不应超过总法定标准工作时间，超过部分应视为延长工作时间并按《劳动法》第四十四条第一款的规定支付工资报酬，其中法定休假日安排劳动者工作的，按《劳动法》第四十四条第三款的规定支付工资报酬。而且，延长工作时间的小时数平均每月不得超过36小时"。

⑤若甲企业经批准以季为周期综合计算工时。若乙职工在该季的第一、二月份刚好完成了508小时的工作，第三个月整月休息。甲企业这样做是否合法且不存在着延长工作时间问题，该季各月的工资及加班费（若认定为延长工作时间的话）应如何计发？

根据劳动部《关于职工工作时间有关问题的复函》第六条规定，"某企业经劳动行政部门批准以季为周期综合计算工时（总工时应为508小时／季）。该企业因生产任务需要，经商工会和劳动者同意，安排劳动者在该季的第一、二月份刚好完成了508小时的工作，第三个月整月休息。该企业这样做应视为合法且没有延长工作时间。对于这种打破常规的工作时间安排，一定要取得工会和劳动者的同意，并且注意劳逸结合，切实保障劳动者身体健康。

⑥《工资支付暂行规定》第十三条中"其综合计算工作时间超过法定标准工作时间的部分"是指日（或周）平均工作时间超过，还是指某一具体日（或周）实际工作时间超过？

根据劳动部《关于职工工作时间有关问题的复函》第七条规定，实行综合计算工时工作制的企业，在综合计算周期内，如果劳动者的实际工作时间总数超过该周期的法定标准工作时间总数，超过部分应视为延长工作时间。如果在整个综合计算周期内的实际工作时间总数不超过该周期的法定标准工作时间总数，只是该综合计算周期内的某一具体日（或周、或月、或季）超过法定标准工作时间，其超过部分不应视为延长工作时间。

⑦实行综合计算工时工作制度的审批权限。

劳动部1994年12月14日颁布的《关于企业实行不定时工作制和综合计算工时工作制的审批办法》第七条规定，"中央直属企业实行不定时工作制和综合计算工时工作制等其他工作和休息办法的，经国务院行业主管部门审核，报国务院劳动行政部门批准。地方企业实行不定时工作制和综合计算工时工作制等其他工作和休息办法的审批办法，由各省、自治区、直辖市人民政府劳动行政部门制定，报国务院劳动行政部门备案"。

劳动部《关于贯彻执行〈中华人民共和国劳动法〉若干问题的意见》第六十九条规定，"中央直属企业、企业化管理的事业单位实行不定时工作制和综合计算工时工作制等其他工作和休息办法的，须经国务院行业主管部门审核，报国务院劳动行政部门批准。地方企业实行不定时工作制和综合计算工时工作制等其他工作和休息办法的审批办法，由省、自治区、直辖市人民政府劳动行政部门制定，报国务院劳动行政部门备案"。

5. 缩短工时制

（1）概念。

缩短工时制是指劳动者从事少于标准工作时间的工时制度。根据《国务院关于职工工作时间的规定》第四条规定，在特殊条件下从事劳动和因特殊情况需要缩短工作时间的，按照国家规定执行。

（2）适用范围。

我国目前实行缩短工时制的有四种情况：

①从事矿山、井下、高空、高温、低温、有毒有害特别繁重或过度紧张的劳动等职工，每日工作少于八小时。根据《纺织工业部、国家劳动总局关于纺织企业实行"四班三运转"的意见》，纺织部门实行"四班三运转"工时制度。根据《化学工业部、国家劳动总局关于在有毒有害作业工人中改革工时制度的意见》规定，化工行业从事有毒有害作业工人实行"三工一休"制（工作三天，休息一天）、六小时至七小时工作制和"定期轮流脱离接触"制度（即工人每年轮流脱离原作业岗位一个半月，此处的"一个半月"包括公休假日在内，脱离期满后仍回原岗位工作）。煤矿井下实行四班六小时工作制。此外，建筑、冶炼、地质、勘探、森林采伐，装卸搬运等行业和部门均为从事繁重体力劳动，劳动强度高，应依照本行业或部门的特点，实行各种形式的缩短工时制。

②夜班工作时间实行缩短一小时。夜班工作时间一般指当晚10时至次日晨6时从事劳动或工作的时间。夜班工作改变了正常的生活规律，增加了神经系统的紧张状态，因而夜班工作时间比标准工时减少一小时。

③对哺乳未满一周岁婴儿的女职工，用人单位不得延长劳动时间或者安排夜班劳动。

用人单位应当在每天的劳动时间内为哺乳期女职工安排一小时哺乳时间；女职工生育多胞胎的，每多哺乳一个婴儿每天增加一小时哺乳时间。

④根据1991年全国人民代表大会通过的《未成年人保护法》规定，未成年工（年满16岁未满18周岁的劳动者）实行低于8小时工作日。

6．加班

（1）概念。

所谓加班，根据《劳动法》有关规定，一般指用人单位由于生产经营需要，经与工会和劳动者协商后，安排劳动者在法定工作时间以外工作。可见，加班的构成条件包括：第一，劳动者同意；第二，用人单位安排，劳动者没有用人单位加班的，用人单位可以不支付加班费；第三，在法定工作时间以外工作。三者缺一不可。

（2）种类。

①工作日加班。工作日加班是指在工作日正常工作时间之外延长工作时间的加班。

②休息日加班。休息日加班是指工作日和法定节假日之外的加班。例如标准工时制下周日的加班。

③法定节假日加班。法定节假日加班是指法定节假日安排劳动者工作的加班。

（3）关于加班的限制性规定。

①条件限制。用人单位由于生产经营需要，经与工会和劳动者协商后可以延长工作时间。

②时间限制。一般每日不得超过一小时；因特殊原因需要延长工作时间的，在保障劳动者身体健康的条件下延长工作时间每日不得超过三小时，但是每月不得超过三十六小时。除非发生自然灾害、事故或者因其他原因，威胁劳动者生命健康和财产安全，需要紧急处理的，或者生产设备、交通运输线路、公共设施发生故障，影响生产和公众利益，必须及时抢修的以及出现法律、行政法规规定的其他情形。

③主体限制。怀孕7个月以上或哺乳期内的女员工以及未成年工。

（4）法律责任。

《劳动保障监察条例》第二十五条规定，"用人单位违反劳动保障法律、法规或者规章延长劳动者工作时间的，由劳动保障行政部门给予警告，责令限期改正，并可以按照受侵害的劳动者每人100元以上500元以下的标准计算，处以罚款"。

二、专业提示

1. 用人单位在选择工作时间制度方面应当注意的细节问题

（1）综合计算工时制和不定时工时制必须事先获得劳动行政部门的批准，否则无论用人单位的工时制度设计多么完美，都必须折算成标准工时进行加班工作时数的计算。

（2）无论实行不定时工时制还是实行综合计算工时制，在法定节假日工作的，必须视为加班，按工资的300%支付加班工资。

（3）实行综合工时计算工时制的，无论劳动者平时工作时间数为多少，只要在一个综合工时计算周期内的总工作时间数不超过依标准工时制计算的应当工作的总数即不视为加班。

（4）劳动者发生诸如怀孕、哺乳及特殊工种等情况时，其工作时间应当相应缩短。

2. 用人单位选择标准工时制直接面临的成本是加班成本

用人单位选择标准工时直接面临的成本是加班成本。如果用人单位长期要求劳动者在非法定情形下加班，或要求加班超过三小时，每月超过三十六小时的，劳动者就可以依据《劳动合同法》第三十八条，以用人单位"未提供相应劳动条件"为由单方解除劳动合同，并要求用人单位支付相应的经济补偿金。但是，不是所有的延长工作时间都是加班。延长工作时间依劳动者延长工作时间的主动性可分为自愿延长工作时间和被动延长工作时间两种。用人单位依法要求劳动者延长工作时间的属于加班，劳动者主动要求延长工作时间的，凡未经用人单位批准同意的不属于加班。经劳动者自己确认的考勤记录是确认劳动者是否加班的最有效的证据。

3. 用人单位选择单一的标准工时制度的后果

在实践中，很多用人单位不分行业及岗位，都统一选择标准工时制，导致一部分员工在一段时期内加班情况突出,或不符合法律规定的情形,而另一部分员工在同一时期内的工作量远远无法达到饱和的程度,导致用人单位用工成本和管理成本大增。因此,用人单位在选择工时制度时,应当对管理岗位、普通岗位和技术岗位进行区分,并做好相应的工时制度设计。管理岗位和普通岗位一般可以选择不定时工作时间制度,而技术岗位和生产岗位一般可以选择综合计算工时制度。

三、案例分析

案例一:工作时间如何计算

(一)A公司的规章制度规定,公司实行标准工时制度,每天工作8小时,每周工作5天半,合计每周工作44小时。不少员工提出意见,认为每周工作时间应该是40小时而不是44小时。但公司却认为,按照《劳动法》规定,每日工作时间不超过8小时,每周不超过44小时的工作制度。

(二)B公司的规章制度规定,工作时间是周一到周五,每日6小时,周六到周日,每日5小时,合计每周工作40个小时。不少员工提出意见,认为周日的5小时应为加班时间。但公司却认为,员工的每周工作时间正好40个小时,没有违反国家的规定。

(三)C公司因临时接到一宗大单,为了按期交货,公司单方决定,赶工期内,每周工作6日,每日工作12小时,公司按法定标准支付加班费。部分员工坚持了半个月后,提出意见,认为工作量已经超负荷,希望减少加班,通过其他办法来解决按期交货问题。但公司却认为,加班费已经按法定标准支付了,加上赶货的需要,不同意员工的意见。

问题:

(1)每周工作44小时还是40个小时?

(2)是不是每周工作40个小时就不算加班,加班时间应如何认定?

(3)支付加班费就可以安排加班吗?

评析：

（1）关于劳动者每周工作时间的规定，我国有以下相关规定：

①根据国务院于1994年2月3日颁布实施的《关于职工工作时间的规定》第三条规定，职工每日工作八小时、每周工作四十四小时。

②根据1994年7月5日通过公布，1995年1月1日实施的《劳动法》第三十六条规定，国家实行劳动者每日工作时间不超过八小时、平均每周工作时间不超过四十四小时的工时制度。

③根据1994年9月5日实施的《关于〈劳动法〉若干条文的说明》第三十六条规定，国家实行劳动者每日工作时间不超过八小时、平均每周工作时间不超过四十四小时的工时制度。根据《国务院关于职工工作时间的规定》，目前，职工的标准工作时间为每日工作八小时，平均每周工作四十四小时。但企业可以根据实际情况，在标准工作时间范围内合理安排生产和劳动时间。但每日不能超过八小时，平均每周不能超过四十四小时。

④根据1995年3月25日《国务院关于修改〈国务院关于职工工作时间的规定〉的决定》第三条规定，职工每日工作把小时、每周工作四十小时。

⑤根据劳动部于1995年3月26日实施的《贯彻〈国务院关于职工工作时间的规定〉的实施办法》第三条规定，职工每日工作八小时、每周工作四十小时。实行这一工时制度，应保证完成生产和工作任务，不减少职工的收入。

⑥根据劳动部于1995年4月22日颁布的《〈国务院关于职工工作时间的规定〉问题解答》，"一、问：1995年2月17日《国务院关于职工工作时间的规定》（以下简称《规定》）发布后，企业职工每周工作时间不超过40小时，是否一定要每周休息两天？答：有条件的企业应尽可能实行职工每日工作8小时、每周工作40小时这一标准工时制度。有些企业因工作性质和生产特点不能实行标准工时制度的，应将贯彻《规定》和贯彻《劳动法》结合起来，保证职工每周工作时间不超过40小时，每周至少休息1天；有些企业还可以实行不定时工作制、综合计算工时工作制等其他工作和休息办法"。

⑦劳动部于1997年9月10日颁布实施的《关于职工工作时间有关问题的复函》

规定,"一、企业和部分不能实行统一工作时间的事业单位,可否不实行'双休日'而安排每周工作六天,每天工作不超过6小时40分钟?根据《劳动法》和《国务院关于职工工作时间的规定》(国务院令第174号)的规定,我国目前实行劳动者每日工作8小时,每周工作40小时这一标准工时制度。有条件的企业应实行标准工时制度。有些企业因工作性质和生产特点不能实行标准工时制度,应保证劳动者每天工作不超过8小时、每周工作不超过40小时、每周至少休息一天。此外,根据一些企业的生产实际情况还可实行不定时工作制和综合计算工时工作制。实行不定时工作制综合计算工时工作制的企业应按劳动部《关于企业实行不定时工作制和综合计算工时工作制的审批办法》(劳部发〔1994〕503号)的规定办理审批手续"。

对于工作时间上述法律规定的要求都不同,根据法律适用上有个"新法优于旧法"的规定,似乎应当适用四十小时的规定,因为四十小时的规定在后。但是实际上这有待商榷,因为"新法优于旧法"规则的适用必须满足以下条件:新法与旧法必须是同一机关制定的(同位阶的);新法与旧法必须同是有效的(至少旧法尚未明文废止);新旧法的规定不能存在于同一件部门法中。《劳动法》是全国人大制定的,在《中华人民共和国立法法》(以下简称《立法法》)上位阶属于法律,而《国务院关于修改〈国务院关于职工工作时间的规定〉的决定》属于行政法规,位阶低于法律。按照法律冲突的解决规则,不同位阶的法律发生冲突时,高位阶的法律效力优于低位阶的法律效力,似乎应当适用四十四小时的规定才对。不过在实践中,普遍还是按照四十小时的规定操作。

(2)是不是每周工作四十个小时就不算加班,加班时间应如何认定?

根据上述分析,我国目前的标准工时制度是每天工作不超过八小时,每周不能超过四十小时。《劳动法》第三十八条规定,"用人单位应当保证劳动者每周至少休息一日"。综上所述,可见标准工时制度应同时符合下列标准:第一,每天工作不超过八小时;第二,每周不能超过四十小时;第三,每周至少休息一天(至少连续二十四小时不间断)。如果不能同时符合上述三个标准的,一般会认定为在标准工时制度的情况下,存在着加班的现象。这一点也得到了一些地方规定的认可。例如《深圳市中级人民法院关于审理劳动争议案件若干问题的指导意见（试行）》第一百零一条规定，"用人单位实行每周工作六天，每周工作时间不超过40小时的，应予准许。该工作制度属于标准工时制"。南京市中级人民法院《关于加班工资纠纷审理的若干法律适用意见》规定，"用人单位每周至少保证劳动者休息一天，每周工作总数不超过40小时。如果用人单位安排劳动者每周工作6天，每天工作6小时的，可以不认定休息日加班；如劳动者每周工作7天，每天工作6小时，可以认定双休日加班1天，按200%计算6小时加班工资；如劳动者每周工作6天，每天工作7小时，则可酌情认定休息日加班，按200%计算2小时延时加班工资"。又如《北京市高级人民法院、北京市劳动争议仲裁委员关于劳动争议案件法律适用问题研讨会纪要》第二十一条规定，"用人单位因工作性质和生产特点不能实行标准工时制度的，应保证劳动者每天工作时间不超过8小时、每周工作时间不超过40小时，每周至少休息一天，职工少休息的一天，不应视为加班"。

根据上述对标准工时制构成要件的论述，可见，在标准工时制下，只要不符合其中之一者就构成了加班。具体而言，在标准工时制下，以下情形构成加班：第一，在工作日，每天工作超过八小时的部分；第二，每周工作超过四十小时的部分；第三，周日的工作时间。但是同时需要注意的是，《劳动法》第四十一条规定，"用人单位由于生产经营需要，经与工会和劳动者协商后可以延长工作时间，一般每日不得超过一小时；因特殊原因需要延长工作时间的在保障劳动者身体健康的条件下延长工作时间每日不得超过三小时，但是每月不得超过三十六小时"。根据该规定，如何认定加班还得加上"用人单位生产经营需要"的标准。可见，在用人单位劳动定额合理的情况下，劳动者没有经用人单位安排延长工作时间的，不应当认定为加班。为了便于管理，用人单位在合同制定劳动定额的基础，可以实行加班审批制度，加班的流程可以安排如下：劳动者提出书面的加班申请—用人单位批准—劳动者进行加班。延长工作时间一般每天不得超过一小时，最多不超过三小时，每月不得超过三十六小时，《劳动法》第四十二条规定的特殊情况除外。

综上，每周工作时间虽然不超过四十个小时，也可能构成加班。

案例二：特殊工时制度的加班问题

（一）A公司经劳动局审批对销售人员实行不定时工时制度。2009年10月1日—10月7日，A公司为了推广其产品，制订了促销计划，要求全体销售人员要参加促销活动。后来，A公司对全体销售人员进行了调休。部分销售人员认为，节假日加班本身就要支付加班费，调休也必须支付。A公司却认为，已经调休了，则不用支付加班费。

（二）2009年10月，B公司因接到大批订单且交货时间短暂，决定从即日起3个月内，每天加班3小时，休息日也不休息，等到交货后，B公司按照国家综合计算工时制度的标准，给员工放假，让大家集中休息。经过2个月的赶工，B公司按时交货了，然后给员工集中放假1个月。部分员工认为，B公司应该支付加班费。B公司却认为，公司已经宣布实行3个月的综合工时制度，而且也给员工放假了，不用支付加班费。

（三）2009年1月，深圳C建筑公司经劳动局审批对部分建筑工种的职工实行1年周期的综合计算工时制。张先生也在其列，他与C公司的劳动合同期限为2009年1月1日—2009年12月31日。2009年4月—2009年6月，C公司为赶工程，安排张先生等员工连续工作3个月。2009年7月1日，张先生因身体吃不消工作强度，提出辞职并获批准。张先生要求赶工期间的加班费。C公司却认为，公司实行的是综合工时制度，在计算周期之内，张先生并无超时，至于工作时间是休息日还是法定节假日，公司不管。

问题：

（1）实行不定时工时制度，法定节假日安排调休是否还需要支付加班费？
（2）第二个例子中，B公司是否需要支付加班费，为什么？
（3）第三个例子中，C公司是否需要支付加班费，为什么？

评析：

（1）实行不定时工时制度，法定节假日安排调休是否还需要支付加班费？
不定时工时制没有固定工作时间的限制，是针对因生产特点、工作性质特殊需要或职责范围的关系，需要连续上班或难以按时上下班，无法适用标准工作时间或需要机动作业的职工而采用的一种工作时间制度。其工作时间视工作需要而开始或结束，不受《劳动法》第四十一条规定的延长工作时间的限制。但是，这并不意味着用人单位可以任意延长不定时工作制员工的工作时间。用人单位应在保障员工身体健康并充分听取员工意见的基础上，采用集中工作、集中休息、轮休调休、弹性工作时间等适当方式，确保员工的休息权利和生产、工作任务的完成。对于实行不定时工作制的员工在法定休假节日被安排工作的，是否需要支付加班费的问题，根据《工资支付暂行规定》第十三条"实行不定时工时制度的劳动者，不执行上述规定"。

如果用人单位所在地没有特别规定，实行不定时工时制度的劳动者在法定节假日工作的，可以不支付加班费，但是，也有例外情况。上海市和深圳地区立法规定了实行不定时工作制的员工在法定休假节日被安排工作的，要支付加班费。例如《上海市企业工资支付办法》第十三条规定，"用人单位根据实际需要安排劳动者在法定标准工作时间以外工作的，应按以下标准支付工资：……（三）安排劳动者在法定休假节日工作的，按照不低于劳动者本人日或小时工资标准的300%支付工资。……经劳动保障行政部门批准实行不定时工作制的用人单位，在法定休假节日安排劳动者工作的，按本条第（三）项的规定支付工资"。又如，《深圳市员工工资支付条例》第二十条规定，"用人单位安排实行不定时工作制的员工在法定休假节日工作的，按照不低于本人正常工作时间工资的百分之三百支付员工加班工资"。

（2）第二个例子中，B公司是否需要支付加班费，为什么？

《中华人民共和国劳动法》第三十九条规定，"用人单行实行特殊工时工作制，经劳动行政部门批准，可以实行其他工作和休息办法"。可见，用人单位实行综合计算工时工作制必须得到劳动行政部门的批准，否则，将按照标准工时制处理。本案中，B公司自行宣布实行综合计算工时工作制而未经劳动行政部门批准，实际上仍应当按照标准工时工作制计算工作和休息时间。因此B公司可安排员工将休息日加班调休，只需支付员工工作日及法定节假日加班的加班工资即可。

（3）第三个例子中，C公司是否需要支付加班费，为什么？

本案中其实存在两个问题，一是实行综合计算工时工作制，法定节假日是否还需要支付加班费。二是实行综合计算工时工作制，劳动者在计算周期内提前离职的，应如何认定其工作时间。

针对第一个问题，劳动部《关于贯彻执行〈中华人民共和国劳动法〉若干问题的意见》第六十二条规定，"实行综合计算工时工作制的企业职工，工作日正好是周休息日的，属于正常工作；工作日正好是法定节假日时，要依照劳动法第四十四条第（三）项的规定支付职工的工资报酬"。《劳动法》第四十四条第（三）项规定，"法定休假日安排劳动者工作的，支付不低于工资的百分之三百的工资报酬"。根据该规定，实行综合计算工时工作制的企业职工，在法定节假日工作的，用人单位应支付其不低于劳动合同确定的正常工作时间工资的百分之三百的加班工资；在周休息日工作的，用人单位不必支付加班工资。

针对第二个问题，我国法律对此并无统一的规定，实践中的认识可能会有争议。不过，个别地区在制订特殊工时制度审批办法时对此做出了规定。如《深圳市实行不定时工作制和综合计算工时工作制审批管理工作试行办法》规定，"综合计算工作时间的结算周期与企业终止、解除员工劳动合同的时间不一致的，应以终止、解除时间作为结算周期的时间"。又如《北京市企业实行综合计算工时工作制和不定时工作制办法》规定，"实行综合计算工时工作制的职工，综合计算工作时间的计算周期不得超过本人劳动合同尚未履行的时间。如果企业与职工终止、解除劳动合同时，其综合计算工作时间的计算周期尚未结束的，对职工的实际工作时间超过法定标准工作时间的部分，企业应按《劳动法》第四十四条第二款的规定支付劳动报酬"。

第三个例子发生在深圳，C公司实行计算周期为1年的综合计算工时工作制，张先生提前于7月1日离职，依据上述规定，应将7月1日作为计算周期的结束时间，故其实行综合计算工时工作制期间为2009年1月1日—7月1日，在此期间，总实际工作时间超过总法定标准工作时间的，超过部分应视为延长工作时间，按150%的标准支付延长工作时间的加班费。

四、法律依据

《中华人民共和国劳动法》（自1995年1月1日起施行，中华人民共和国主席令第二十八号）

第三十六条　国家实行劳动者每日工作时间不超过八小时、平均每周工作时间不超过四十四小时的工时制度。

第三十八条　用人单位应当保证劳动者每周至少休息一日。

第三十九条　企业因生产特点不能实行本法第三十六条、第三十八条规定的，经劳动行政部门批准，可以实行其他工作和休息办法。

《国务院关于职工工作时间的规定》（国务院令第174号）

第三条　职工每日工作8小时，每周工作40小时。

第五条　因工作性质或者生产特点的限制，不能实行每日工作8小时、每周工作40小时标准工时制的，按照国家有关规定，可以实行其他工作和休息办法。

《劳动部关于职工工作时间有关问题的复函》（劳部发〔1997〕271号）

一、企业和部分不能实行统一工作时间的事业单位，可否不实行"双休日"而安排每周工作六天，每天工作不超过6小时40分钟？

……

应保证劳动者每天工作不超过8小时、每周工作不超过40小时、每周至少休息一天。……

劳动部《关于企业实行不定时工作制和综合计算工时工作制的审批办法》（劳部发〔1994〕503号）

第三条　企业因生产特点不能实行《中华人民共和国劳动法》第三十六条、第三十八条规定的，可以实行不定时工作制或综合计算工时工作制等其他工作和休息办法。

第四条　企业对符合下列条件之一的职工，可以实行不定时工作制。

（一）企业中的高级管理人员、外勤人员、推销人员、部分值班人员和其他因工作无法按标准工作时间衡量的职工；

(二）企业中的长途运输人员、出租汽车司机和铁路、港口、仓库的部分装卸人员以及因工作性质特殊，需机动作业的职工；

（三）其他因生产特点、工作特殊需要或职责范围的关系，适合实行不定时工作制的职工。

第五条 企业对符合下列条件之一的职工，可实行综合计算工时工作制，即分别以周、月、季、年等为周期，综合计算工作时间，但其平均日工作时间和平均周工作时间应与法定标准工作时间基本相同。

（一）交通、铁路、邮电、水运、航空、渔业等行业中因工作性质特殊，需连续作业的职工；

（二）地质及资源勘探、建筑、制盐、制糖、旅游等受季节和自然条件限制的行业的部分职工；

（三）其他适合实行综合计算工时工作制的职工。

第六条 对于实行不定时工作制和综合计算工时工作制等其他工作和休息办法的职工，企业应根据《中华人民共和国劳动法》第一章、第四章有关规定，在保障职工身体健康并充分听取职工意见的基础上，采用集中工作、集中休息、轮休调休、弹性工作时间等适当方式，确保职工的休息休假权利和生产、工作任务的完成。

第七条 中央直属企业实行不定时工作制和综合计算工时工作制等其他工作和休息办法的，经国务院行业主管部门审核，报国务院劳动行政部门批准。

地方企业实行不定时工作制和综合计算工时工作制等其他工作和休息办法的审批办法，由各省、自治区、直辖市人民政府劳动行政部门制定，报国务院劳动行政部门备案。

《深圳市实行不定时工作制和综合计算工时工作制审批管理工作试行办法》（深劳社规〔2009〕13号）

第十条 综合计算周期内的总实际工作时间超过总法定标准工作时间的，超过部分应视为延长工作时间，按《深圳市员工工资支付条例》规定支付延长工作时间的工资报酬；综合计算周期内法定休假日安排职工工作的，按《深圳市员工工资支付条例》规定支付工资报酬。

综合计算工作时间的结算周期与企业终止、解除员工劳动合同的时间不一致的,应以终止、解除时间作为结算周期的时间。

第三节 休息休假

一、法定节假日

1. 概念

法定节假日是指根据各国、各民族的风俗习惯或纪念要求,由国家法律统一规定的用以进行庆祝及度假的休息时间。法定节假日制度是国家政治、经济、文化制度的重要反映,涉及经济社会的多个方面,与广大人民群众的切身利益相联系。法定节假日的休假安排,为居民出行、购物和休闲提供了时间上的便利,为拉动内需、促进经济增长做出了积极贡献。

2. 假日种类

根据《劳动法》第四十条规定,用人单位在新年、春节、国际劳动节、国庆节、法律和法规规定的其他休假节日,应当依法安排劳动者休假。

根据国务院发布的《全国年节及纪念日放假办法》规定,我国法定节假日包括三类。

第一类,全体公民的法定节假日。包括新年,放假1天;春节,放假3天;清明节,放假1天;劳动节,放假1天;端午节,放假1天;中秋节,放假1天;国庆节,放假3天。

第二类,部分公民的法定节假日。除了全体公民放假的节日外,还有部分公民放假的节日及纪念日,对于劳动者而言包括:妇女节(3月8日妇女放假半天)、青年节(5月4日14周岁以上、28周岁以下的青年放假半天)。

第三类,少数民族习惯的节日。具体节日由各少数民族聚居地区的地方人民政府,按照该民族习惯,规定放假日期。根据国家有关规定,用人单位在除了全体公民放假的节日外的其他休假节日，也应当安排劳动者休假。

根据有关规定，全体公民放假的假日，如果适逢星期六、星期日，应当在工作日补假。部分公民放假的假日，如果适逢星期六、星期日，则不补假。

另外，二七纪念日、五卅纪念日、七七抗战纪念日和九三抗战胜利纪念日、九一八纪念日、教师节、护士节、记者节、植树节等其他节日和纪念日，均不放假。我国传统的农历重阳节等其他节日，也不放假。

法定节假日如果安排劳动者工作的，由于法定节假日不能以补休替代，用人单位必须从按照日工资标准的300%支付加班工资。因此，除非特殊情况，用人单位最好不要在法定节假日安排劳动者工作。

二、带薪年休假

1. 概念

带薪年休假，是指劳动者连续工作一年以上，就可以享受一定时间的带薪年假。

2. 适用范围

根据《企业职工带薪年休假实施办法》第二条的规定，带薪年休假适用于机关、团体、企业、事业单位、民办非企业单位、有雇工的个体工商户等单位的职工。

3. 享受前提

《职工带薪年休假条例》在第二条"职工连续工作1年以上的，享受带薪年休假"未明确界定"连续工作1年"，即对劳动者连续工作满一年从什么时开始没有界定，是从劳动者进入新用人单位工作日开始，还是从劳动合同签订日开始，或者从劳动者能证明的第一份工作开始。这给用人单位与劳动者在理解上带来分歧。对此，《企业职工带薪年休假实施办法》做了规定，"职工连续工作满一年"指职工连续工作满12个月以上的，即劳动者只要连续工作满12个月以上的，用人单位就应该让劳动者享受带薪年休假的福利。

再根据中华人民共和国人力资源和社会保障部办公厅（以下简称"人社部办公厅"）《关于<企业职工带薪年休假实施办法>有关问题的复函》的规定，"职工连续工作满12个月以上"既包括职工在同一用人单位连续工作满12个月以上的情形，也包括职工在不同用人单位连续工作满12个月以上的情形。可见，劳动者只要连续工作满12个月以上，不论是在同一个单位还是在不同的单位，都可以享受年休假。并非劳动者到新单位入职满一年后才可以享受年休假。

《职工带薪年休假条例》中多处提到"累计工作"，但未对此做出详细说明。因此，劳动者累计工作怎样计算及劳动者在上一家单位的工龄算不算累计工龄，一度成为用人单位争议的焦点。《企业职工带薪年休假实施办法》对此做出了规范，即职工在同一或者不同用人单位工作期间，以及依照法律、行政法规或者国务院规定视同工作期间，应当计为累计工作时间。

4. 劳动者申请休年假，单位有权不批准吗

根据《职工带薪年休假条例》第五条规定，单位根据生产、工作的具体情况，并考虑职工本人意愿，统筹安排职工年休假。

劳动者申请休年假，如果因为工作需要确实不能安排劳动者休年假的，单位有权不批准；如果单位无故不批准劳动者申请休年假，劳动者又执意休假未上班，是否可以作为旷工处理还有待商榷，在新的规定出台之前，用人单位可以自行规定，当地有规定的，按照规定执行。

5. 新入职员工应该享受年休假天数如何计算

根据《企业职工带薪年休假实施办法》第五条规定，职工新进用人单位且符合连续工作满12个月以上的的，当年度年休假天数，按照在本单位剩余日历天数折算确定，折算后不足1整天的部分不享受年休假。其折算方法为：

新入职员工应该享受年休假天数=（当年度在本单位剩余日历天数÷365天）×职工本人全年应当享受的年休假天数。

6. 年休假天数的确定

根据《职工带薪年休假条例》第三条规定，职工累计工作已满1年不满10年的，年休假5天；已满10年不满20年的，年休假10天；已满20年的，年休假15天。

再根据人社部办公厅《关于〈企业职工带薪年休假实施办法〉有关问题的复函》，"累计工作时间"包括职工在机关、团体、企业、事业单位、民办非企业单位、有雇工的个体工商户等单位从事全日制工作期间，以及依法服兵役和其他按照国家法律、行政法规和国务院规定可以计算为工龄的期间（视同工作期间）。职工的累计工作时间可以根据档案记载、单位缴纳社保费记录、劳动合同或者其他具有法律效力的证明材料确定。

7. 劳动者未申请休年假，单位也没有安排，超过一年，劳动者可以要求支付未休年假工资吗

根据《企业职工带薪年休假实施办法》第九条规定，用人单位根据生产、工作的具体情况，并考虑职工本人意愿，统筹安排年休假。用人单位确因工作需要不能安排职工年休假或者跨一个年度安排年休假的，应征得职工本人同意。

由上可知，年休假是单位统筹安排，不是以劳动者申请为条件，如果劳动者也没有同意跨年度安排年休假，劳动者可以要求支付未休年假工资。

8. 什么情况下单位可以不支付未休年假工资

根据《企业职工带薪年休假实施办法》第十条第二款规定，用人单位安排职工休年休假，但是职工因本人原因且书面提出不休年休假的，用人单位可以只支付其正常工作期间的工资收入。

9. 未休年假工资计算基数和日工资计算方法

根据《企业职工带薪年休假实施办法》第十一条规定，计算未休年休假工资报酬的日工资收入按照职工本人的月工资除以月计薪天数（21.75天）进行折算。

上述所称月工资是指职工在用人单位支付其未休年休假工资报酬前12个月剔除加班工资后的月平均工资。在本用人单位工作时间不满12个月的，按实际月份计算月平均工资。

职工在年休假期间享受与正常工作期间相同的工资收入。实行计件工资、提成工资或者其他绩效工资制的职工，日工资收入的计发办法按照本条第一款、第二款的规定执行。

10. 未休年假天数工资是按照双倍还是三倍日工资计算

根据《企业职工带薪年休假实施办法》第十条第一款的规定，用人单位经职工同意不安排年休假或者安排职工年休假天数少于应休年休假天数，应当在本年度内

对职工应休未休年休假天数，按照其日工资收入的300%支付未休年休假工资报酬，其中包含用人单位支付职工正常工作期间的工资收入，即按照2倍日工资计算。

11．哪些假期不计入年休假假期

职工依法享受的探亲假、婚丧假、产假等国家规定的假期以及因工伤停工留薪期间不计入年休假假期。国家法定休假日、休息日不计入年休假的假期。

职工有下列情形之一的，不享受当年的年休假：

（1）职工依法享受寒暑假，其休假天数多于年休假天数的。

（2）职工请事假累计20天以上且单位按照规定不扣工资的。

（3）累计工作满1年不满10年的职工，请病假累计2个月以上的。

（4）累计工作满10年不满20年的职工，请病假累计3个月以上的。

（5）累计工作满20年以上的职工，请病假累计4个月以上的。

12．职工已享受当年的年休假，又有下列情形之一的，不享受下一年度的年休假

（1）职工请事假累计20天以上且单位按照规定不扣工资的。

（2）累计工作满1年不满10年的职工，请病假累计2个月以上的。

（3）累计工作满10年不满20年的职工，请病假累计3个月以上的。

（4）累计工作满20年以上的职工，请病假累计4个月以上的。

13．单位规定年休假天数或报酬高于国家规定有效吗

根据《企业职工带薪年休假实施办法》第十三条规定，劳动合同、集体合同约定的或者用人单位规章制度规定的年休假天数、未休年休假工资报酬高于法定标准的，用人单位应当按照有关约定或者规定执行。

14．劳动者自己辞职，可以要求支付未休年假工资吗

根据《企业职工带薪年休假实施办法》第十二条规定，用人单位与职工解除或者终止劳动合同时，当年度未安排职工休满应休年休假的，应当按照职工当年已工作时间折算应休未休年休假天数并支付未休年休假工资报酬，但折算后不足1整天的部分不支付未休年休假工资报酬。

具体的折算方法为：（当年度在本单位已过日历天数÷365天）×职工本人全年应当享受的年休假天数－当年度已安排年休假天数。

用人单位当年已安排职工年休假的，多于折算应休年休假的天数不再扣回。

由上可知，年休假主要由单位安排并考虑职工意愿，如果劳动者以个人原因辞职，单位还没有安排，是否应支付未休年假工资有待商榷，在没有新规定出台之前，用人单位可以自行规定，当地有规定的，按照规定执行。

15. 劳务派遣关于年休假的特殊规定

劳务派遣单位的职工符合连续工作满12个月以上条件的，享受年休假；被派遣职工在劳动合同期限内无工作期间由劳务派遣单位依法支付劳动报酬的天数多于其全年应当享受的年休假天数的，不享受当年的年休假；少于其全年应当享受的年休假天数的，劳务派遣单位、用工单位应当协商安排补足被派遣职工年休假天数。

16. 未休年假工资有一年时效吗

根据《企业职工带薪年休假实施办法》第十六条规定，职工与用人单位因年休假发生劳动争议的，依照劳动争议处理的规定处理。

根据《劳动争议调解仲裁法》第二十七条规定，劳动争议申请仲裁的时效期间为一年。仲裁时效期间从当事人知道或者应当知道其权利被侵害之日起计算。

这里规定的仲裁时效，因当事人一方向对方当事人主张权利，或者向有关部门请求权利救济，或者对方当事人同意履行义务而中断。从中断时起，仲裁时效期间重新计算。

因不可抗力或者有其他正当理由，当事人不能在本条第一款规定的仲裁时效期间申请仲裁的，仲裁时效中止。从中止时效的原因消除之日起，仲裁时效期间继续计算。

劳动关系存续期间因拖欠劳动报酬发生争议的，劳动者申请仲裁不受本条第一款规定的仲裁时效期间的限制；但是，劳动关系终止的，应当自劳动关系终止之日起一年内提出。

未休年假工资如果不属于劳动报酬，就有一年时效限制；如果属于劳动报酬，就不受一年时效限制，但也要自劳动关系终止之日起一年内提出。

17. 船员是否适用年休假条例和办法

根据《职工带薪年休假条例》第二条规定，机关、团体、企业、事业单位、民办非企业单位、有雇工的个体工商户等单位的职工连续工作一年以上的,享受带薪年休假。

根据《企业职工带薪年休假实施办法》第十七条规定,除法律、行政法规或者国务院另有规定外,机关、事业单位、社会团体和与其建立劳动关系的职工,依照本办法执行。船员的年休假按《中华人民共和国船员条例》执行。

18. 用人单位不能安排劳动者休假的法律责任

如果用人单位不能安排劳动者休假,应当与劳动者协商进入下一个年度安排。既没有安排年休假,也未与劳动者协商一致纳入下一年度安排的,用人单位应当主动按照日工资标准300%向劳动者支付年休假的补偿;否则,劳动者可依法向劳动监察部门投诉,并要求用人单位按照日工资标准的600%承担赔偿责任。

三、婚丧假

根据《国家劳动总局、财政部关于国营企业职工请婚丧假和路程假问题的通知》规定,婚丧假1～3天,结婚双方不在一地的,职工在外地的直系亲属死亡时需要职工本人去外地料理丧事的,另外给予路程假。此文件当时针对国营企业,通常我们都按最长3天计算。全国各地不一致,在各地人口与计划生育条例中有规定,大部分省市是延长或增加婚假天数,也有的直接规定了符合晚婚的婚假天数。所谓晚婚,按照1982年《中共中央关于进一步做好计划生育工作的指示》的规定,按法定结婚年龄推迟3年以上结婚为晚婚;妇女24周岁以上生育的为晚育。我国《婚姻法》规定的法定结婚年龄,男子为满22周岁、女子为满20周岁。因此晚婚就是在法定婚龄基础上,男女青年超过法定结婚年龄3年以上初次结婚,即男子年满25周岁或者女子年满23周岁结婚的;晚育,就是适当地推迟婚后初育的年龄,即妇女24周岁以上生育子女的。

在批准的婚丧假和路程假期间,职工的工资照发。途中的车船费等,全部由职工自理。另根据《对企业单位工人职员在加班加点、事假、病假和停工期间工资待遇的意见》,超过三个工作日的,其超过天数,不发给工资。

各地婚假政策一览表

地区	假期	法律规定
北京	婚假3天＋晚婚假7天=10天	第二十条 机关、社会团体、企业事业组织的职工晚婚的，除享受国家规定的婚假外，增加奖励假7天。晚育的女职工，除享受国家规定的产假外，增加奖励假30天，奖励假也可以由男方享受，休假期间不得降低其基本工资或者解除劳动合同；不休奖励假的，按照女方一个月基本工资的标准给予奖励。
上海	婚假3天＋晚婚假7天=10天	第三十三条 晚婚的公民，除享受国家规定的婚假外，增加晚婚假七天。符合本条例规定生育的晚婚妇女，除享受国家规定的产假外，增加晚育假30天，其配偶享受晚育护理假3天。晚婚假期间享受婚假同等待遇，晚育假、晚育护理假期间享受产假同等待遇。
天津	婚假3天＋晚婚假7天=10天	第二十三条 国家工作人员和企业事业组织职工晚婚的，婚假增加7日。 国家工作人员和企业事业组织职工晚育的，男方所在单位给予7日护理假，女方所在单位增加产假30日；不能增加产假的，给予1个月基本工资或者实得工资的奖励。实行生育保险制度后参加保险的，按照保险的规定执行。晚婚、晚育期间工资照发，其他福利待遇与国家规定的婚假、产假相同。
重庆	婚假3天＋晚婚假10天=13天	第二十八条 鼓励公民晚婚、晚育。 男年满25周岁、女年满23周岁以上初婚的为晚婚，已婚妇女24周岁以上生育第一个子女的为晚育。 晚婚的职工，增加婚假10个工作日；晚育的妇女，增加产假20个工作日。增加的婚假、产假视为工作时间。晚婚、晚育的职工，所在单位可给予一次性奖励或其他福利待遇。 晚育并只生育一个子女的女职工，经本人申请，单位批准，产假期满后可连续休假至子女1周岁止，休假期间的月工资按不低于休假前本人上年月平均工资的百分之七十五发给。 晚育者产假期间，男方所在单位应给护理假7个工作日，护理假视为工作时间。"
安徽	婚假3天＋晚婚假20天=23天	第三十九条 男25周岁、女23周岁登记结婚为晚婚。已婚妇女满24周岁初次生育为晚育。 国家机关、社会团体、企业事业单位应当给予晚婚、晚育的职工以下奖励： （一）晚婚的初婚者，延长婚假20天。 （二）晚育的初产妇，延长产假30天。 （三）在产假期间申请领取独生子女父母光荣证的，延长产假30天，男方享受10天护理假；夫妻异地生活的，护理假为20天。 职工在前款规定的婚假、产假、护理假期间，享受其在职在岗的工资、奖金、福利待遇。

(续)

地区	假期	法律规定
福建	晚婚的婚假=15天	第三十八条　机关、企业事业单位工作人员晚婚的,婚假为15日;晚育又领取独生子女父母光荣证的,女方产假为135日至180日,男方照顾假为7日至10日。婚假、产假、照顾假期间,工资照发,不影响晋升。
甘肃	晚婚的婚假=30天	第二十五条　男25周岁、女23周岁以上初婚的为晚婚;已婚妇女晚婚后生育或者24周岁以上生育第一个子女的为晚育。实行晚婚、晚育的夫妻双方,享受下列优待: （一）国家工作人员和企业事业单位职工实行晚婚的,其婚假为30天;实行晚育的,其产假为105天,并给男方护理假15天。 （二）农村居民实行晚婚或者晚育的,免去夫妻双方两年本村内集体生产公益事业所筹劳务。
广东	婚假3天＋晚婚假10天=13天	第三十六条　职工实行晚婚的,增加婚假10日;实行晚育的,增加产假15日。城镇其他人员实行晚婚、晚育的,可由当地人民政府给予表扬和奖励。
广西	婚假3天＋晚婚假12天=15天	第二十九条　男25周岁、女23周岁以上初婚的职工,除国家规定的假期外,另增加晚婚假12天;已婚女职工在24周岁以上生育第一胎的,增加产假14天,同时给男方护理假10天;在产假期间领取《独生子女父母光荣证》的,另增加产假20天;对晚婚晚育者,婚假、产假期间,工资、奖金照发,不影响其应享受的福利及评奖评优。
贵州	婚假3天＋晚婚假10天=13天	第五十二条　国家机关工作人员、企业事业单位职工晚婚的,除享受国家规定的婚假外,增加婚假10天;晚育的,除享受国家规定的产假外,女方增加产假30天,男方享受护理假7天;在产假期间办理《独生子女父母光荣证》的,增加产假90天;接受节育手术的,按照规定享受休假。在享受以上规定假期间的工资照发,福利待遇不变,不影响考勤、考核和晋级、晋职、提薪。
河北	婚假3天＋晚婚假15天=18天	第三十二条　公民晚婚晚育,应当获得奖励。 按法定结婚年龄推迟3年以上结婚的为晚婚;已婚妇女24周岁以上第一次生育的为晚育。实行晚婚的,奖励婚假15天;实行晚育的,奖励产假45天,并给予男方护理假10天。奖励婚假、产假期间,享受正常婚、产假待遇。
河南	婚假3天＋晚婚假18天=21天	第三十三条　国家机关、社会团体、企业事业单位职工,实行晚婚的,除国家规定的婚假外,增加婚假18天;实行晚育的,除国家规定的产假外,增加产假3个月,给予其配偶护理假1个月;婚假、产假、护理假期间视为出勤。

（续）

地区	假期	法律规定
黑龙江	婚假3天+晚婚假15天=18天	第四十六条　职工晚婚的，增加婚假15日，假期工资照发。 　　职工晚育的，女职工产假可以延长至180日，假期工资照发，不影响聘任、工资调整、职级晋升；男职工享受护理假5至10日，特殊情况可以参照医疗单位意见适当延长，护理假期间工资照发。
湖北	婚假3天+晚婚假15天=18天	第三十七条　晚婚公民除享受国家规定的婚假外，增加婚假15天；已婚妇女晚育的，除享受国家规定的产假外，增加产假30天，并给予其配偶10天护理假；婚假、产假和护理假视同出勤，工资、奖金照发。接受节育手术的，其工作单位应当凭节育手术证明，按有关规定给予假期，并发给假期期间的工资、奖金。
湖南	婚假3天+晚婚假12天=15天	第二十四条　职工晚婚的，除国家规定的婚假外增加婚假12天；晚育的，除国家规定的产假外增加产假30天；在产假期间领取《独生子女父母光荣证》的，另增加产假30天，男方享受护理假15天。增加的产假和护理假视为出勤。
吉林	婚假3天+晚婚假12天=15天	第四十八条　实行晚婚晚育的职工，按照下列规定给予奖励或者福利待遇： 　　（一）晚婚的职工，凭《结婚证》增加婚假12天。 　　（二）晚育的女职工，凭《生殖保健服务证》增加产假30天，同时给予男方护理假7天。 　　（三）农村村民凭《结婚证》或者《生殖保健服务证》，享受当地乡（镇）人民政府规定的优惠待遇。 　　（四）本条前三项以外的人员，凭《结婚证》或者《生殖保健服务证》，享受当地人民政府规定的优惠待遇。 　　晚婚晚育的职工，在享受婚假、产假、护理假期间，按其正常工作对待，工资、奖金照发，其他福利待遇不变。
江苏	婚假3天+晚婚假10天=13天	第三十条　对晚婚的，延长婚假10天。夫妻双方晚婚的，双方享受；一方晚婚的，一方享受。 　　对晚育的，延长女方产假30天，给予男方护理假10天。 　　前两款规定的假期视为出勤，不影响工资、奖金及福利待遇。
江西	婚假3天+晚婚假15天=18天	第四十二条　国家工作人员、事业单位和各类企业职工晚婚、晚育的，除享受国家规定的假期外，晚婚的增加婚假15日；晚育的增加产假30日，并给予男方护理假10日。假期工资和奖金照发，福利待遇不变。 　　农民实行晚婚晚育的，由当地乡（镇）人民政府给予表彰、奖励；村民委员会优先安排宅基地。 　　本条例所称晚婚，指男方年满25周岁，女方年满23周岁的初婚；晚育，指已婚妇女年满24周岁生育第一胎。

(续)

地区	假期	法律规定
辽宁	婚假3天＋晚婚假7天=10天	第三十条　男满25周岁、女满23周岁初次结婚的为晚婚，已婚妇女满23周岁后怀孕生育第一个子女的为晚育。 职工晚婚的，婚假增加7天；晚育并领取《独生子女父母光荣证》的，产假增加60日，男方护理假为15日。休假期间工资照发，福利待遇不变。
内蒙古	婚假3天＋晚婚假15天=18天	第四十二条　公民比法定婚龄推迟3年以上初婚者为晚婚。已婚妇女比法定婚龄推迟4年以上初育者为晚育。 晚婚者增加婚假15日；晚育者增加产假30日，并给予男方护理假10日。对晚婚晚育者还可以给予其他形式的奖励。
宁夏	婚假3天＋晚婚假15天=18天	第三十一条　（二）国家机关和企业事业单位职工在产假期间领取《独生子女父母光荣证》的，可以增加产假40天，并给予男方护理假十天，工资、奖金照发。夫妻不在一地的，除探亲假外，另外给予男方护理假30天，享受探亲假待遇。 第三十五条　国家机关和企业事业单位职工晚婚的，增加婚假15天，晚育的增加产假14天，晚婚、晚育假期内工资、奖金照发。农民夫妻晚婚、晚育的免去当年的无报酬农村用工。
青海	婚假3天＋晚婚假15天=18天	第十九条　国家工作人员、企业事业组织从业人员晚婚的，增加婚假15天；晚育的妇女增加产假30天，其配偶享受10日看护假。公民接受计划生育手术享受国家规定的休假。 增加的婚假、产假、计划生育假以及看护假期间按出全勤发工资，不影响调资、晋级、福利待遇和评奖。
山东	婚假3天＋晚婚假14天=17天	第三十条　男女双方晚婚的，除国家规定的婚假外，增加婚假14日。女方晚育的，除国家规定的产假外，增加产假60日，并给予男方护理假7日。增加的婚假、产假、护理假，视为出勤，工资照发，福利待遇不变。
山西	晚婚的婚假=1个月	第四十二条　符合晚婚规定的，享受婚假1个月；一方晚婚的一方享受，双方晚婚的双方享受。符合晚婚规定的，女方享受产假4个月，男方享受护理假15日；产假期间采取长效节育措施的，享受产假6个月。婚假、产假、护理假期间，工资、奖金照发。
陕西	婚假3天＋晚婚假20天=23天	第三十六条　男25周岁以上、女23周岁以上初婚的为晚婚。24周岁以上的已婚妇女生育第一个子女的为晚育。 职工实行晚婚的，增加婚假20天；实行晚育的，增加产假十五天，同时给予男方护理假10天；在产假期间领取《独生子女父母光荣证》的，另增加产假30天。 职工在婚假、产假、护理假期间按出勤对待，享受相应的工资、福利待遇；所在单位参加生育保险的，由生育保险经办机构发给生育津贴。

(续)

地区	假期	法律规定
四川	婚假3天+晚婚假20天=23天	第三十二条 实行晚婚的，除国家规定的婚假外增加婚假20天；已婚妇女晚育的，除国家规定的产假外增加产假30天，给予男方护理假15天。婚假、产假、护理假视为出勤，工资、奖金照发。
新疆	婚假3天+晚婚假20天=23天	第二十五条 国家机关工作人员和社会团体、企业事业单位职工晚婚的，除国家规定的婚假外，增加婚假20天。女职工晚育的，除国家规定的产假外，增加30天产假，给予男方护理假15天。婚假、产假、护理假期间，工资、奖金照发。
云南	婚假3天+晚婚假15天=18天	第二十六条 男25周岁、女23周岁以上的公民，依法登记初婚的为晚婚，已婚妇女24周岁以上生育第一个子女的为晚育。 机关、企业事业单位、社会团体和其他组织的工作人员晚婚的，在国家规定的婚假外增加婚假15天；晚育的给予女方增加产假30天，男方护理假7天；在产假期间办理《独生子女父母光荣证》的，给予女方增加产假15天。 前款规定的休假视同出勤。
浙江	婚假3天+晚婚假12天=15天	第三十六条 晚婚晚育的，应当给予奖励和照顾。具体办法由县（市、区）人民政府规定。 机关、团体、企业、事业单位和其他组织职工晚婚的，增加婚假12天，工资、奖金和其他福利待遇照发；晚育的，男方可享受7天护理假，工资、奖金和其他福利待遇照发。

注：晚婚的具体婚假时间，现在一般依据的是各省或者直辖市根据《中华人民共和国人口与计划生育法》，一般在《××省（市）人口与计划生育条例》有规定。上述表格中引用的法律规定即出自各地的人口与计划生育条例。

四、探亲假

探亲假，是指职工享有保留工作岗位和工资而同分居两地，又不能在公休日团聚的配偶或父母团聚的假期。它是职工依法探望与自己不住在一起，又不能在公休假日团聚的配偶或父母的带薪假期。《国务院关于职工探亲待遇的规定》是1981年出台的，探亲假是指职工与配偶、父母团聚的时间，根据实际情况可以给予路程假。

1. 享受探亲假的条件

根据《国务院关于职工探亲待遇的规定》，享受探亲假必须具备以下条件：

（1）主体条件。只有在国家机关、人民团体和全民所有制企业、事业单位工作的职工才可以享受探亲假待遇。

（2）时间条件。工作满一年。

（3）事由条件。一是与配偶不住在一起，又不能在公休假日团聚的，可以享受探望配偶的待遇；二是与父亲、母亲都不住在一起，又不能在公休假日团聚的，可以享受探望父母的待遇。"不能在公休假日团聚"是指不能利用公休假日在家居住一夜和休息半个白天。职工与父亲或与母亲一方能够在公休假日团聚的，不能享受本规定探望父母的待遇。需要指出的是，探亲假不包括探望岳父母、公婆和兄弟姐妹。新婚后与配偶分居两地的从第二年开始享受探亲假。此外，学徒、见习生、实习生在学习、见习、实习期间不能享受探亲假。

2. 探亲假的期限

根据《国务院关于职工探亲待遇的规定》第四条规定，探亲假期分为以下几种：

（1）探望配偶，每年给予一方探亲假一次，30天。

（2）未婚员工探望父母，每年给假一次，20天，也可根据实际情况，2年给假一次，45天。

（3）已婚员工探望父母，每4年给假一次，20天。探亲假期是指职工与配偶、父母团聚的时间，另外，根据实际需要给予路程假。上述假期均包括公休假日和法定节日在内。

（4）凡实行休假制度的职工（例如学校的教职工），应该在休假期间探亲；如果休假期较短，可由本单位适当安排，补足其探亲假的天数。

3. 探亲假的待遇

《国务院关于职工探亲待遇的规定》第五条规定，"职工在规定的探亲假期和路程假期内，按照本人的标准工资发给工资"。

《国务院关于职工探亲待遇的规定》第六条规定，"职工探望配偶和未婚职工探望父母的往返路费，由所在单位负担。已婚职工探望父母的往返路费，在本人月标准工资30%以内的，由本人自理，超过部分由所在单位负担"。

需要指出的是，对非国有企事业单位的职工是否有探亲假，国家并无规定。因此，这类用人单位可根据本单位的实际情况，决定是否参考国务院有关规定制定本单位有关探亲假的规章制度。

4．地方性规定

根据《广东省企业职工假期待遇死亡抚恤待遇暂行规定》第五条的规定，在一个单位连续工作满一年以上的职工，与配偶或父母不住在一地，又不能在公休假日内回家居住一个白天和一个晚上的，应在年休假期间安排探亲。其中，国有单位职工探亲时，年休假天数不足于原规定的探亲假天数部分可给予补齐。旅途车船费按财政部门有关规定执行。

该条规定确定了探亲假与带薪年休假之间的关系和连接，且适用范围从国企扩大到一般企业，可与新的《职工带薪年休假条例》一起执行，不过仅适用于广东省地区。

五、事假

员工因个人或家庭原因需要请假的，可以请事假，事假为无薪假，事假以天或小时为计算单位。关于事假的待遇，国家没有明确规定，是由企业和劳动者签订劳动合同时，在合同中约定，同时在用人单位的规章制度规定的。例如《北京市工资支付规定》第二十二条规定，"劳动者在事假期间，用人单位可以不支付其工资"。

六、病假

病假工资由用人单位依据《中华人民共和国劳动保险条例》及各地工资支付政策制定具体的病假工资支付标准支付。如果没有相应的标准，用人单位应按照劳动者平均工资的80%支付。

第四节 女职工劳动保护

一、产假待遇

1. 基本规定

女员工生育符合国家规定者（即非未婚生育），可申请九十天假期。不得降低其基本工资，也不得依据《劳动合同法》第四十条、第四十一条的规定解除劳动合同。即用人单位不得对其进行非过错性解除和经济性裁员。根据《劳动合同法》第四十五条的规定，劳动合同期满，如遇女职工"三期"，则应当顺延至相应的情形消失时终止。在深圳，属于国家规定的晚育（已婚妇女二十四周岁以上生育第一个子女为晚育）者，可增加十五天；难产的，增加十五天；领取独生子女证的，增加三十五天；多胞胎每多生一个婴儿增加十五天。男员工在妻子生育时可享受十天有薪看护假期。在广东其他地方，晚育的女职工增加产假十五天。

2. 特殊规定

（1）如何理解"孕妇产前检查算作劳动时间"？

为了保证孕妇和胎儿的健康，应按卫生部门的要求做产前检查。女职工产前检查应按出勤对待，不能按病假、事假、旷工处理。对在生产第一线的女职工，要相应地减少生产定额，以保证产前检查时间。

（2）如何理解产前休假十五天的规定？

女职工产假九十天，分为产前假、产后假两部分。即产前假十五天，产后假七十五天。所谓产前假十五天，指预产期前十五天的休假。产前假一般不得放到产后使用，若孕妇提前生产，可将不足的天数和产后假合并使用；若孕妇推迟生产，可将超出的天数按病假处理。

（3）休产假能否提前或推后？教师产假正值寒暑假期间，是否能延长寒暑假休假时间?

国家规定产假九十天,是为了能保证产妇恢复身体健康。因此,休产假不能提前或推后。至于教师产假正值寒暑假期间,能否延长寒暑假的时期,则由主管部门确定。

(4) 女职工流产应休息多长时间?

女职工流产休假按《关于女职工生育待遇若干问题的通知》执行,即"女职工怀孕不满四个月流产时,应当根据医务部门的意见,给予十五天至三十天的产假;怀孕满四个月以上流产者,给予四十二天产假。产假期间,工资照发"。

(5) 如何理解女职工违反了国家有关计划生育规定,应当按照国家有关计划生育规定办理?

对于女职工的生育保护,我国《女职工劳动保护规定》和《劳动法》规定了其孕期、产期、哺乳期的特殊待遇与解雇保护政策。但是,对女职工的生育保护待遇的全部适用,应当有一个前提:即该女职工的生育是符合国家计划生育政策的。我国的计划生育政策目前有两个基本原则:一是生育以结婚为前提;二是一对夫妻只能生育一胎,除非符合当地生育二胎的条件。违反这两个原则的,则应当属于违反计划生育政策。依据《女职工劳动保护规定》第十五条的规定,"女职工违反国家有关计划生育规定的,其劳动保护应当按照国家有关计划生育规定办理,不适用本规定"。对此,不少人甚至有些律师都据此认为,违反计划生育政策的女职工,不享受任何相关的劳动保护待遇。

事实上,从《劳动合同法》、《女职工劳动保护规定》和《妇女权益保障法》的相关规定中不难看出,法律对"三期"女职工的解雇保护是不具体区分系何种原因导致的怀孕,是否违反国家的计划生育政策也在所不问,因此,只要有怀孕和生育的事实,用人单位就不能以此为由与女职工解除劳动合同。但是一些地方性法规规定,在此情形下,用人单位有权解雇辞退,例如《广东省人口与计划生育条例》第四十三条规定,"对拒不履行避孕节育和孕情检查义务的流动人口育龄夫妻,有关单位和业主应当依照合同规定停止承包或者租赁、辞退解雇、收回房屋"。《深圳经济特区计划生育管理办法》(2004年修订) 第四十七条也规定,"对拒不落实节育措施、拒交计划外生育费或拒缴罚款的，当地公安、工商、劳动等行政部门可采取暂扣营业执照、车辆驾驶执照、暂住证、务工许可证等行政措施；对暂住人员，有关单位和业主还应停止承包或租赁、辞退解雇、收回房屋。暂扣的证照待当事人落实节育措施或缴款后发还"。

在司法实践中，有的地方认为如果用人单位把女职工违反计划生育政策在规章制度中规定为严重违反规章制度，则可以劳动者严重违反规章制度为由解除劳动合同并且无须支付解除劳动合同经济补偿。

另外，未婚先孕和未婚生育是两个概念，女职工只要在孩子出生之前办理了结婚登记并取得了准生证等相关法律手续，就不违反国家计划生育政策，应享有全部相关的劳动保护待遇。不过未婚先孕的，解雇保护之外的政策不享受，例如其需要休养的时间可以不发给工资。对于生活有困难的，可以由企业行政方面酌情给予补助。

（6）难产的怎么处理？

生育时遇有难产的（如剖宫产等），可增加产假三十天。

（7）女职工产假期满，因身体原因仍不能工作的，如何处理？

女职工产假期满，因身体原因仍不能工作的，经过医务部门证明后，其超过产假期间的待遇，按照职工患病的有关规定处理。

二、孕期待遇

第一，不得降低其基本工资，也不得依据《劳动合同法》第四十条、第四十一条的规定解除劳动合同。即用人单位不得对其进行非过错性解除和经济性裁员。根据《劳动合同法》第四十五条的规定，劳动合同期满，如遇女职工"三期"，则应当顺延至相应的情形消失时终止。

第二，女职工在怀孕期间，所在单位不得安排其从事国家规定的第三级体力劳动强度的劳动和孕期禁忌从事的劳动，不得在正常劳动日以外延长劳动时间；从事立位作业的女职工，其工作场所应设工间休息座位。对不能胜任原劳动的，应当根据医务部门的证明予以减轻劳动量或者暂时安排其他劳动。

第三，女职工怀孕七个月以上（含七个月），每天享受工间休息一小时，算作劳动时间，并不得安排其从事夜班劳动、加班加点。

第四，怀孕的女职工，在劳动时间内进行产前检查，应当算作劳动时间。

第五，在本单位的医疗机构或指定的机构进行产前检查和分娩时，其检查费、接生费、手术费、住院费和药费，所在单位应全部负担。费用由原医疗经费渠道开支。参加员工医疗保险的，在医疗保险费用中支付。

第六，女职工产假期满上班，应允许有一至两周的适应时间，使其逐渐恢复原劳动定额。因身体原因仍不能工作的，经过医务部门证明后，其超过产假期间的待遇，按照职工患病的有关规定办理。根据以上关于产假的论述，未婚先孕的，上述待遇不受影响。

三、哺乳期待遇

第一，有不满一周岁婴儿的女职工，其所在单位应当在每班劳动时间内给予其两次哺乳（含人工喂养）时间，每次30分钟。多胞胎生育的，每多哺乳一个婴儿，每次哺乳时间增加三十分钟。女职工每班劳动时间内的两次哺乳时间，可以合并使用。哺乳时间和在本单位内哺乳往返途中的时间，算作劳动时间。

第二，女职工在哺乳期内，所在单位不得安排其从事国家规定第三级体力劳动强度的劳动和哺乳期禁忌从事的劳动，不得延长其劳动时间，一般不得安排其从事夜班劳动。

第三，女职工假期满后，若有实际困难，经本人申请，领导批准的，可请哺乳假至婴儿一周岁。哺乳假期间，所在单位应按不低于本人标准工资的75%发给工资。

第四，不得降低其基本工资，也不得依据《劳动合同法》第四十条、第四十一条的规定解除劳动合同，即用人单位不得对其进行非过错性解除和经济性裁员。根据《劳动合同法》第四十五条的规定，劳动合同期满，如遇女职工"三期"，则应当顺延至相应的情形消失时终止。

四、女职工劳动禁忌范围

1．女职工禁忌从事的劳动范围

（1）矿山井下作业；

（2）体力劳动强度分级标准中规定的第四级体力劳动强度的作业；

（3）每小时负重6次以上、每次负重超过20公斤的作业，或者间断负重、每次负重超过25公斤的作业。

2．女职工在经期禁忌从事的劳动范围

（1）冷水作业分级标准中规定的第二级、第三级、第四级冷水作业；

（2）低温作业分级标准中规定的第二级、第三级、第四级低温作业；

（3）体力劳动强度分级标准中规定的第三级、第四级体力劳动强度的作业；

（4）高处作业分级标准中规定的第三级、第四级高处作业。

3．女职工在孕期禁忌从事的劳动范围

（1）作业场所空气中铅及其化合物、汞及其化合物、苯、镉、铍、砷、氰化物、氮氧化物、一氧化碳、二硫化碳、氯、己内酰胺、氯丁二烯、氯乙烯、环氧乙烷、苯胺、甲醛等有毒物质浓度超过国家职业卫生标准的作业；

（2）从事抗癌药物、己烯雌酚生产，接触麻醉剂气体等的作业；

（3）非密封源放射性物质的操作，核事故与放射事故的应急处置；

（4）高处作业分级标准中规定的高处作业；

（5）冷水作业分级标准中规定的冷水作业；

（6）低温作业分级标准中规定的低温作业；

（7）高温作业分级标准中规定的第三级、第四级的作业；

（8）噪声作业分级标准中规定的第三级、第四级的作业；

（9）体力劳动强度分级标准中规定的第三级、第四级体力劳动强度的作业；

（10）在密闭空间、高压室作业或者潜水作业，伴有强烈振动的作业，或者需要频繁弯腰、攀高、下蹲的作业。

4. 女职工在哺乳期禁忌从事的劳动范围

（1）孕期禁忌从事的劳动范围的第一项、第三项、第九项；

（2）作业场所空气中锰、氟、溴、甲醇、有机磷化合物、有机氯化合物等有毒物质浓度超过国家职业卫生标准的作业。

五、案例分析

案例一："三期"女职工违纪都可以辞退吗

张小姐于2008年5月22日入职某商场做服务员，月工资为2800元，劳动合同期限至2010年5月21日止。2009年8月，张小姐怀孕。

2010年2月5日，有位顾客拿婴儿手推车到商场要求退货，张小姐在没有征得管理人员同意以及没有电脑小票的情况下，只是因为该顾客为商场员工的家属，擅自决定退货，给商场造成经济损失90元。

2010年2月6日，商场以张小姐严重违反公司规章制度为由，解除了与张小姐的劳动合同。张小姐认为，其违规还没有达到即时辞退的严重程度，而且其还在怀孕，要求商场支付其解除劳动合同之日至哺乳期满的工资42000元（15个月，按2800元计算）作为"三期"的保护费。

问题：

（1）张小姐给公司造成损失90元，公司能否辞退怀孕的张小姐？

（2）假使公司辞退张小姐不当，张小姐的三期工资待遇应该按什么标准支付？案件中张小姐的请求能否支持？

（3）对于医疗期满而不能上班的怀孕女职工，用人单位应当如何处理？

（4）劳动合同终止后女职工发现怀孕，用人单位应如何处理呢？

（5）基于本案，如何管理违纪的"三期"女职工？

评析：

（1）给公司造成损失90元，公司能否辞退怀孕的张小姐？

根据案情，企业解除张小姐的劳动合同的理由是"严重违反用人单位的规章制度"。对此分析如下，企业能否以违纪解除与张小姐的劳动合同需要满足两个条件：第一在程序上要满足《劳动合同法》第四条的规定，即该规章制度须经过民主程序制定，并告知或公示，第二须在内容上也要合法、合理，即必须达到严重违反劳动纪律的程度。本案案情部分没有告知我们该公司的规章制度是否通过民主程序制定，单看第二个条件，该公司解除张小姐的理由就不成立，因为没有征得管理人员同意以及没有电脑小票的情况下，只是因为该顾客为商场员工的家属，擅自决定退货虽然违反了规章制度，但是仅仅90元的损失无论如何也无法认定为严重违反规章制度，这明显有失公平合理原则。所以，公司如此辞退怀孕的张小姐是很可能会被认定为违法解除劳动合同。

（2）假使解除合同违法，张小姐的工资待遇应该如何支付？张小姐的请求能否得到支持？

用人单位非法解除劳动合同的，劳动者可以要求撤销解除劳动合同的决定，继续履行劳动合同到"三期"期满之日。至于解除劳动合同期间工资待遇按何标准支付，各地审判实践的处理有不一致的地方。如深圳，根据《深圳中院关于审理劳动争议案件若干问题的指导意见》的精神，用人单位违法解除与"三期"内女职工的劳动合同，如女职工要求继续履行劳动合同，则应撤销用人单位解除劳动合同的决定，双方继续履行劳动合同。造成劳动者工资收入损失的，用人单位还要支付工资。如在案件处理过程中劳动合同期限届满的，则应在撤销用人单位解除劳动合同决定的同时，认定双方劳动合同终止，并判令用人单位支付至劳动合同终止之日的工资待遇和经济补偿金。

至于"三期"女职工被解除劳动合同之日至恢复劳动合同关系期间，工资待遇如何计算的问题，全国还没有统一的规定。在深圳，孕期工资可参照《深圳经济特区企业工资管理暂行规定》第五十四条规定的停工津贴确定，"生产经营正常的企业非因职工本身过失造成停工，在停工期间未能调配职工做其他工作的情况下，停工企业应按下列标准发给职工停工津贴：（一）停工在六个工作日以内（含六个工作日）的，按职工停工前一个月职工本人平均实得日工资的百分之八十支付给职工；（二）停工超过连续六个工作日以上的，从第七日起按停工前三个月职工本人平均实得日工资的百分之六十支付给职工"。产假期间的工资，按原工资待遇照发；哺乳期工资依《广东省女职工劳动保护实施办法》规定按不低于本人标准工资的百分之七十五发给工资。而在北京，则有不一样的处理办法，《北京市劳动和社会保障局、北京市高级人民法院关于劳动争议案件法律适用问题研讨会会议纪要》规定，"用人单位作出的与劳动者解除劳动合同的处理决定，被劳动仲裁委或人民法院依法撤销后，如劳动者主张用人单位给付上述处理决定作出后至仲裁或诉讼期间的工资，应按以下原则把握：……（2）用人单位作出的处理决定因在实体方面存在问题而被依法撤销的，用人单位应按劳动者正常劳动时的工资标准向劳动者支付上述期间的工资"。

如果张小姐未要求继续履行劳动合同或劳动合同已经不能履行的，应认定双方劳动合同解除，并依照《劳动合同法》第四十八条和第八十七条的规定，由用人单位支付相当于经济补偿两倍的赔偿金。

（3）对于医疗期满而不能上班的怀孕女职工，用人单位应当如何的处理？

根据《劳动合同法》第四十条第一项规定，劳动者患病或者非因工负伤，在规定的医疗期满后不能从事原工作，也不能从事由用人单位另行安排的工作的，用人单位提前三十日以书面形式通知劳动者本人或者额外支付劳动者一个月工资后，可以解除劳动合同。实践中，如果在医疗期满后，劳动者依然不能上班的，可以认定这种情形属于"不能从事原工作，也不能从事由用人单位另行安排的工作"。因此，在一般情形下，如果劳动者在医疗期满后仍然不能上班的，用人单位可以与之解除劳动合同。

对于在医疗期内的怀孕女职工，同时享有医疗期和孕期的解雇保护，构成解雇保护的一种竞合状态，用人单位不得对其进行非过错性解雇和经济性裁员。在医疗期满后，劳动者还在孕期的，虽然不再享受医疗期，但是由于还在"三期"内，用人单位也不能对其进行非过错性解雇和经济性裁员。

（4）劳动合同终止后女职工发现怀孕，用人单位应如何处理呢？

对于这一问题，仁者见仁，智者见智，司法实践中亦有不同判决。这里认为，劳动合同终止以后女职工发现怀孕的，劳动合同是否可以恢复，不可一概而论，要结合怀孕的时间点和劳动合同终止的原因加以具体分析。女性的怀孕过程是一个复杂的过程，从最初受孕到知道自己怀孕，中间有一个时间的间隔。如果是女职工在劳动合同终止后发现自己怀孕，但怀孕的时间点是在劳动合同终止前，那么，倘若是用人单位不与其续签的，劳动关系应当恢复；倘若是劳动者不愿意与用人单位续签的，则劳动关系不应恢复。如果女职工在劳动合同终止后怀孕的，不管是哪方的不续签均不可导致劳动关系的恢复。

（5）如何处理违纪"三期"女员工？

①处理要人性化。要给予违纪的"三期"女职工申辩解释的权利和渠道，职工拥有了自我辩解的权利，在平等平和的对话中，即使解除劳动合同，也能减少对立和对簿公堂的几率。

②要注意保留和收集证据。首先是职工违反的企业规章的具体规定，这就要求企业要建立健全的规章制度，同时，规章制度的内容和程序要合法。其次是职工的违纪行为的证据，如违纪职工的检讨书、求情书、申辩书、违纪情况说明，有违纪职工本人签字的违纪记录，其他职工及知情者的证明，有关书证、物证及视听资料，政府有关部门的处理意见、处理记录及证明等。

③要注意处理违纪职工的时限。

④要注意程序上要合法。

案例二：女职工违反计划生育政策，能否被辞退

黄小姐于2008年5月应聘到某公司做前台文员，劳动合同期限为两年。可是黄小姐进入公司不到一年，与同居男友未婚先孕。

公司制度中明确规定了女职工未婚先孕属于严重公司规章制度的行为，公司有权单方解除劳动合同。并书面通知黄小姐：因其未婚先孕，已违反我国的计划生育政策，也是严重违反了公司的规章制度，因此，公司与黄小姐解除了劳动合同并不支付任何经济补偿金。黄小姐不服，申请劳动仲裁。

问题：

（1）未婚先孕是否违反我国的计划生育政策？女职工违反计划生育政策的，能享受什么生育待遇？

（2）案件中，公司以黄小姐未婚先孕，以违反计划生育政策及严重违反了公司的规章制度为由予以辞退是否合法？

（3）基于此案，用人单位应如何管理违反计划生育政策的女职工？

评析：

（1）未婚先孕是否违反我国的计划生育政策？

违反计划生育政策是指未经结婚登记而生育或无计划生育的超生。未婚先孕和未婚生育是两个不同的概念，时至今日，我国，还没有任何一部法律法规规定未婚先孕构成违法，因此，未婚先孕后，只要及时结婚生育或者终止妊娠的，就并未违反计划生育政策规定。

女职工违反计划生育政策的，能享受什么生育待遇？

在《女职工劳动保护规定》修改之前，国家规定产假90天，目的是为了能够保障女职工恢复身体健康。享受产假不以是否符合计划生育政策为前提条件，因此，女职工只要有生产的事实，就应当享受90天的产假。但鉴于女职工违反国家有关计划生育的规定，其劳动保护应当按照国家有关计划生育规定办理，不适用《女职工劳动保护规定》的规定，不能按照生育保险条例的规定享受生育待遇（孕检生育费用不能由社保部门或单位报销），女职工需要休养期间，不应发给工资。

（2）用人单位能否辞退违反计划生育的女职工？

《妇女权益保障法》、《劳动法》、《劳动合同法》、《女职工劳动保护规定》等法律法规规定用人单位不得解除与怀孕女职工的劳动合同，但这些规定均没有区分女职工怀孕是已婚的还是未婚的，是符合计划生育的还是违反计划生育的，似乎只要是女职工怀孕的，就享有法律法规规定的就业保障权。而且女职工违反计划生育政策性质上属于违反的是行政法，与劳动法属于不同的法律部门。因此，在用人单位所在地或者用工所在地没有特别规定的情形下，用人单位不能辞退违反计划生育的女职工。但如果一些地方性法规有规定，在此情形下，用人单位有权解雇辞退，例如《广东省人口与计划生育条例》第四十三条规定，"对拒不履行避孕节育和孕情检查义务的流动人口育龄夫妻，有关单位和业主应当依照合同规定停止承包或者租赁、辞退解雇、收回房屋"。《深圳经济特区计划生育管理办法》（2004年修订）第四十七条也规定，"对拒不落实节育措施、拒交计划外生育费或拒缴罚款的，当地公安、工商、劳动等行政部门可采取暂扣营业执照、车辆驾驶执照、暂住证、务工许可证等行政措施；对暂住人员，有关单位和业主还应停止承包或租赁、辞退解雇、收回房屋。暂扣的证照待当事人落实节育措施或缴款后发还"。

在司法实践中，有的地方认为如果用人单位把女职工违反计划生育政策在规章制度中规定为严重违反规章制度，则可以劳动者严重违反规章制度为由解除劳动合同，并且无须支付解除劳动合同经济补偿。但是，在司法实践中，也有地方法院判定用人单位败诉的。因此，相同个案的处理结果在不同的地区可能会有不同的处理结果。

（3）用人单位应如何管理违反计划生育政策的女职工？

首先，用人单位本身应该纠正一个观念，事实上对于普通的工作岗位而言，怀孕并不影响员工的正常工作和表现。

其次，用人单位应该正面面对员工未婚先孕。在入职前应该审核员工的结婚证，在员工请求休假尤其是"三期"假时，应该核实员工的结婚证和准生证。

第三，用人单位有责任也应该提醒未婚先孕的员工去办理相应的结婚和准生等一系列手续。

第四，用人单位如因为实际情况确实无法接纳怀孕的员工，应该和员工进行协商解除劳动合同，如果员工表示认可，一般不会发生争议。

第五，未婚先孕的员工不是不能解除劳动合同，但只能依据《劳动合同法》第三十九条的规定，前提是用人单位合法履行解除程序，有解除依据。当然了，如果用人单位十分忌讳，完全可以从源头上切断这种事情发生的可能，即尽量招聘录用已婚已育的员工。

六、法律依据

《中华人民共和国劳动合同法》（自2008年1月1日起施行，中华人民共和国主席令第六十五号）

第三十五条 用人单位与劳动者协商一致，可以变更劳动合同约定的内容。变更劳动合同，应当采用书面形式。

变更后的劳动合同文本由用人单位和劳动者各执一份。

第四十条 有下列情形之一的，用人单位提前三十日以书面形式通知劳动者本人或者额外支付劳动者一个月工资后，可以解除劳动合同：

（一）劳动者患病或者非因工负伤，在规定的医疗期满后不能从事原工作，也不能从事由用人单位另行安排的工作的；

（二）劳动者不能胜任工作，经过培训或者调整工作岗位，仍不能胜任工作的；

（三）劳动合同订立时所依据的客观情况发生重大变化，致使劳动合同无法履行，经用人单位与劳动者协商，未能就变更劳动合同内容达成协议的。

《女职工劳动保护规定》（自1988年9月1日起施行，中华人民共和国国务院令第9号）

第四条 不得在女职工怀孕期、产期、哺乳期降低其基本工资，或者解除劳动合同。

第七条 女职工在怀孕期间，所在单位不得安排其从事国家规定的第三级体力劳动强度的劳动和孕期禁忌从事的劳动，不得在正常劳动日以外延长劳动时间；对不能胜任原劳动的，应当根据医务部门的证明，予以减轻劳动量或者安排其他劳动。

怀孕七个月以上（含七个月）的女职工，一般不得安排其从事夜班劳动；在劳动时间内应当安排一定的休息时间。

怀孕的女职工，在劳动时间内进行产前检查，应当算作劳动时间。

《中华人民共和国妇女权益保障法》（自2005年12月1日起施行，中华人民共和国主席令第四十号）

第二十七条 任何单位不得因结婚、怀孕、产假、哺乳等情形，降低女职工的工资，辞退女职工，单方解除劳动（聘用）合同或者服务协议。但是，女职工要求终止劳动（聘用）合同或者服务协议的除外。

《关于贯彻执行〈中华人民共和国劳动法〉若干问题的意见》（劳部发〔1995〕309号）

三、工资

（一）最低工资

……

58．企业上岗待工人员，由企业依据当地政府的有关规定支付其生活费，生活费可以低于最低工资标准，下岗待工人员中重新就业的，企业应停发其生活费。女职工因生育、哺乳请长假而下岗的，在其享受法定产假期间，依法领取生育津贴；没有参加生育保险的企业，由企业照发原工资。

……

《北京市企业职工生育保险规定》（自2005年7月1日起实施，北京市人民政府令第154号）

第十二条 生育保险基金支付范围包括：

（一）生育津贴；

（二）生育医疗费用；

（三）计划生育手术医疗费用；

（四）国家和本市规定的其他费用。

第二十三条 企业未按照本规定参加生育保险的，职工生育保险待遇由企业按照本规定的标准支付。

企业欠缴生育保险费的，欠缴期间职工生育保险待遇由企业按照本规定的标准支付。

《广东省人口与计划生育条例》（自2002年9月1日起施行，广东省第九届人民代表大会常务委员会公告第136号）

第四十三条 对拒不履行避孕节育和孕情检查义务的流动人口育龄夫妻，有关单位和业主应当依照合同规定停止承包或者租赁、辞退解雇、收回房屋。

《深圳经济特区计划生育管理办法》（1994年5月19日深圳市人民政府令第26号发布，根据2004年8月26日深圳市人民政府令第135号修订）

第四十六条 对拒不落实节育措施、拒交计划外生育费或拒缴罚款的，当地公安、工商、劳动等行政部门可采取暂扣营业执照、车辆驾驶执照、暂住证、务工许可证等行政措施；对暂住人员，有关单位和业主还应停止承包或租赁、辞退解雇、收回房屋。暂扣的证照待当事人落实节育措施或缴款后发还。

第五节 劳动保护、劳动条件和职业危害防护

一、法律解读

1. 用人单位的告知义务

在实践中，用人单位在订立劳动合同时，应如实履行告知义务，更重要的是，要保留好已履行告知义务的证据。

2. 用人单位的健康检查义务

（1）用人单位应当在终止劳动合同前组织原告进行离岗健康检查。

一方面，根据我国《劳动合同法》第四十二条规定，从事接触职业病危害作业的劳动者未进行离岗前职业健康检查，或者疑似职业病病人在诊断或者医学观察期间的，用人单位不得依照本法第四十条、第四十一条的规定解除劳动合同；《劳动合同法》第四十五条规定，劳动合同期满，有本法第四十二条规定情形之一的，劳动合同应当续延至相应的情形消失时终止；《劳动合同法》第四十八条规定，"用人单位违反本法规定解除或者终止劳动合同，劳动者要求继续履行劳动合同的，用人单位应当继续履行；劳动者不要求继续履行劳动合同或者劳动合同已经不能继续履行的，用人单位应当依照本法第八十七条规定支付赔偿金"；而《劳动合同法》

第八十七条规定，"用人单位违反本法规定解除或者终止劳动合同的，应当依照本法第四十七条规定的经济补偿标准的二倍向劳动者支付赔偿金"。

另一方面，《职业病防治法》第三十二条规定，"对从事接触职业病危害的作业的劳动者，用人单位应当按照国务院卫生行政部门的规定组织上岗前、在岗期间和离岗时的职业健康检查，并将检查结果如实告知劳动者。职业健康检查费用由用人单位承担。对在职业健康检查中发现有与所从事的职业相关的健康损害的劳动者，应当调离原工作岗位，并妥善安置；对未进行离岗前职业健康检查的劳动者，不得解除或者终止与其订立的劳动合同"。

（2）用人单位没有组织原告进行健康检查产生的法律后果。

《劳动合同法》第四十八条规定，"用人单位违反本法规定解除或者终止劳动合同，劳动者要求继续履行劳动合同的，用人单位应当继续履行；劳动者不要求继续履行劳动合同或者劳动合同已经不能继续履行的，用人单位应当依照本法第八十七条规定支付赔偿金"。《劳动合同法》第八十七条规定，"用人单位违反本法规定解除或者终止劳动合同的，应当依照本法第四十七条规定的经济补偿标准的二倍向劳动者支付赔偿金"。

《职业病防治法》第三十二条规定，"对从事接触职业病危害的作业的劳动者，用人单位应当按照国务院卫生行政部门的规定组织上岗前、在岗期间和离岗时的职业健康检查，并将检查结果如实告知劳动者。职业健康检查费用由用人单位承担。用人单位不得安排未经上岗前职业健康检查的劳动者从事接触职业病危害的作业；不得安排有职业禁忌的劳动者从事其所禁忌的作业；对在职业健康检查中发现有与所从事的职业相关的健康损害的劳动者，应当调离原工作岗位，并妥善安置；对未进行离岗前职业健康检查的劳动者不得解除或者终止与其订立的劳动合同"。

二、劳动安全卫生、劳动防护用品

1. 用人单位在劳动安全卫生方面的职责

《劳动法》第五十二条规定，"用人单位必须建立、健全职业安全卫生制度，严格执行国家劳动安全卫生规程和标准，对劳动者进行安全卫生教育，防止劳动过程中的事故，减少职业危害"。根据本条款的规定，职业安全卫生制度包括以下几项内容：用人单位必须建立、健全职业安全卫生制度；用人单位必须执行国家职业安全卫生规程和标准；用人单位必须对劳动者进行职业安全卫生教育。《劳动法》第五十三条规定，"劳动安全卫生设施必须符合国家规定的标准。新建、改建、扩建工程的职业安全卫生设施必须与主体工程同时设计、同时施工、同时投入生产和使用"。"职业安全卫生设施"是指安全技术方面的设施、劳动卫生方面的设施、生产性辅助设施（如女职工卫生室、更衣室、饮水设施等）。"国家规定的标准"是指行政主管部门和各行业主管部门制定的一系列技术标准。劳动防护用品是保护劳动者在生产过程中的人身安全与健康所必需的一种防护性装备，对于减少职业危害，防止事故发生起着重要作用。对此，国家劳动法律、法规都有明确规定。

2. 关于劳动防护用品方面的规定

《劳动法》第五十四条规定，"用人单位必须为劳动者提供符合国家规定的劳动安全卫生条件和必要的劳动防护用品"。另根据《工厂安全卫生规程》第七十四条和第七十七条规定，"在有灼伤、烫伤或者容易发生机械外伤等危险场所进行操作以及在有噪音、强光、辐射热和飞溅火花、碎片、刨屑的场所操作的工人，工厂应供给工人工作服、工作帽、口罩、手套、护腿、鞋盖、护耳器、防护眼镜、面具等防护用品"。

3. 建立伤亡事故和职业病统计报告和处理制度

在劳动生产过程中，由于各种原因发生伤亡事故，产生职业病是不可避免的，为了真实地掌握情况，有效地采取对策，预防或防止事故隐患和职业病的发生。在《劳动法》中特别提出了"建立伤亡事故和职业病统计报告的处理制度"。

4. 对劳动者的职业培训

《劳动法》第五十五条规定，"从事特种作业的劳动者必须经过专门培训并取得特种作业资格"。

5. 法律责任

第一，对劳动者的工伤赔偿责任。

第二，对劳动者的民事补偿赔偿责任。

《中华人民共和国安全生产法》（以下简称《安全生产法》）第四十八条规定，"因生产安全事故受到损害的从业人员，除依法享有工伤社会保险外，依照有关民事法律尚有获得赔偿的权利的，有权向本单位提出赔偿要求"。《安全生产法》第九十五条规定，"生产经营单位发生生产安全事故造成人员伤亡、他人财产损失的，应当依法承担赔偿责任；拒不承担或者其负责人逃匿的，由人民法院依法强制执行。生产安全事故的责任人未依法承担赔偿责任，经人民法院依法采取执行措施后，仍不能对受害人给予足额赔偿的，应当继续履行赔偿义务；受害人发现责任人有其他财产的，可以随时请求人民法院执行"。

第三，行政和刑事责任。

《安全生产法》第七十七条规定，"负有安全生产监督管理职责的部门的工作人员，有下列行为之一的，给予降级或者撤职的行政处分；构成犯罪的，依照刑法有关规定追究刑事责任：（一）对不符合法定安全生产条件的涉及安全生产的事项予以批准或者验收通过的；（二）发现未依法取得批准、验收的单位擅自从事有关活动或者接到举报后不予取缔或者不依法予以处理的；（三）对已经依法取得批准的单位不履行监督管理职责，发现其不再具备安全生产条件而不撤销原批准或者发现安全生产违法行为不予查处的"。

《安全生产法》第七十八条规定，"负有安全生产监督管理职责的部门，要求被审查、验收的单位购买其指定的安全设备、器材或者其他产品的，在对安全生产事项的审查、验收中收取费用的，由其上级机关或者监察机关责令改正，责令退还收取的费用；情节严重的，对直接负责的主管人员和其他直接责任人员依法给予行政处分"。

《安全生产法》第七十九条规定，"承担安全评价、认证、检测、检验工作的机构，出具虚假证明，构成犯罪的，依照刑法有关规定追究刑事责任；尚不够刑事处罚的，没收违法所得，违法所得在五千元以上的，并处违法所得二倍以上五倍以下的罚款，没有违法所得或者违法所得不足五千元的，单处或者并处五千元以上二万元以下的罚款，对其直接负责的主管人员和其他直接责任人员处五千元以上五万元以下的罚款；给他人造成损害的，与生产经营单位承担连带赔偿责任。对有前款违法行为的机构，撤销其相应资格"。

《安全生产法》第八十条规定，"生产经营单位的决策机构、主要负责人、个人经营的投资人不依照本法规定保证安全生产所必需的资金投入，致使生产经营单位不具备安全生产条件的，责令限期改正，提供必需的资金；逾期未改正的，责令生产经营单位停产停业整顿。有前款违法行为，导致发生生产安全事故，构成犯罪的，依照刑法有关规定追究刑事责任；尚不够刑事处罚的，对生产经营单位的主要负责人给予撤职处分，对个人经营的投资人处二万元以上二十万元以下的罚款"。

《安全生产法》第八十一条规定，"生产经营单位的主要负责人未履行本法规定的安全生产管理职责的，责令限期改正；逾期未改正的，责令生产经营单位停产停业整顿。生产经营单位的主要负责人有前款违法行为，导致发生生产安全事故，构成犯罪的，依照刑法有关规定追究刑事责任；尚不够刑事处罚的，给予撤职处分或者处二万元以上二十万元以下的罚款。生产经营单位的主要负责人依照前款规定受刑事处罚或者撤职处分的，自刑罚执行完毕或者受处分之日起，五年内不得担任任何生产经营单位的主要负责人"。

《安全生产法》第八十二条规定，"生产经营单位有下列行为之一的，责令限期改正；逾期未改正的，责令停产停业整顿，可以并处二万元以下的罚款：（一）未按照规定设立安全生产管理机构或者配备安全生产管理人员的；（二）危险物品的生产、经营、储存单位以及矿山、建筑施工单位的主要负责人和安全生产管理人员未按照规定经考核合格的；（三）未按照本法第二十一条、第二十二条的规定对从业人员进行安全生产教育和培训，或者未按照本法第三十六条的规定如实告知从业人员有关的安全生产事项的；（四）特种作业人员未按照规定经专门的安全作业培训并取得特种作业操作资格证书，上岗作业的"。

《安全生产法》第八十三条规定，"生产经营单位有下列行为之一的，责令限期改正；逾期未改正的，责令停止建设或者停产停业整顿，可以并处五万元以下的罚款；造成严重后果，构成犯罪的，依照刑法有关规定追究刑事责任：（一）矿山建设项目或者用于生产、储存危险物品的建设项目没有安全设施设计或者安全设施设计未按照规定报经有关部门审查同意的；（二）矿山建设项目或者用于生产、储存危险物品的建设项目的施工单位未按照批准的安全设施设计施工的；（三）矿山建设项目或者用于生产、储存危险物品的建设项目竣工投入生产或者使用前，安全设施未经验收合格的；（四）未在有较大危险因素的生产经营场所和有关设施、设备上设置明显的安全警示标志的；（五）安全设备的安装、使用、检测、改造和报废不符合国家标准或者行业标准的；（六）未对安全设备进行经常性维护、保养和定期检测的；（七）未为从业人员提供符合国家标准或者行业标准的劳动防护用品的；（八）特种设备以及危险物品的容器、运输工具未经取得专业资质的机构检测、检验合格，取得安全使用证或者安全标志，投入使用的；（九）使用国家明令淘汰、禁止使用的危及生产安全的工艺、设备的"。

《安全生产法》第八十四条规定，"未经依法批准，擅自生产、经营、储存危险物品的，责令停止违法行为或者予以关闭，没收违法所得，违法所得十万元以上的，并处违法所得一倍以上五倍以下的罚款，没有违法所得或者违法所得不足十万元的，单处或者并处二万元以上十万元以下的罚款；造成严重后果，构成犯罪的，依照刑法有关规定追究刑事责任"。

《安全生产法》第八十五条规定，"生产经营单位有下列行为之一的，责令限期改正；逾期未改正的，责令停产停业整顿，可以并处二万元以上十万元以下的罚款；造成严重后果，构成犯罪的，依照刑法有关规定追究刑事责任：（一）生产、经营、储存、使用危险物品，未建立专门安全管理制度、未采取可靠的安全措施或者不接受有关主管部门依法实施的监督管理的；（二）对重大危险源未登记建档，或者未进行评估、监控，或者未制定应急预案的；（三）进行爆破、吊装等危险作业，未安排专门管理人员进行现场安全管理的"。

《安全生产法》第八十六条规定，"生产经营单位将生产经营项目、场所、设备发包或者出租给不具备安全生产条件或者相应资质的单位或者个人的，责令限期改正，没收违法所得；违法所得五万元以上的，并处违法所得一倍以上五倍以下的罚款；没有违法所得或者违法所得不足五万元的，单处或者并处一万元以上五万元以下的罚款；导致发生生产安全事故给他人造成损害的，与承包方、承租方承担连带赔偿责任。生产经营单位未与承包单位、承租单位签订专门的安全生产管理协议或者未在承包合同、租赁合同中明确各自的安全生产管理职责,或者未对承包单位、承租单位的安全生产统一协调、管理的,责令限期改正;逾期未改正的,责令停产停业整顿"。

《安全生产法》第八十七条规定,"两个以上生产经营单位在同一作业区域内进行可能危及对方安全生产的生产经营活动,未签订安全生产管理协议或者未指定专职安全生产管理人员进行安全检查与协调的,责令限期改正;逾期未改正的,责令停产停业"。

《安全生产法》第八十八条规定,"生产经营单位有下列行为之一的,责令限期改正;逾期未改正的,责令停产停业整顿;造成严重后果,构成犯罪的,依照刑法有关规定追究刑事责任:(一)生产、经营、储存、使用危险物品的车间、商店、仓库与员工宿舍在同一座建筑内,或者与员工宿舍的距离不符合安全要求的;(二)生产经营场所和员工宿舍未设有符合紧急疏散需要、标志明显、保持畅通的出口,或者封闭、堵塞生产经营场所或者员工宿舍出口的"。

《安全生产法》第八十九条规定,"生产经营单位与从业人员订立协议,免除或者减轻其对从业人员因生产安全事故伤亡依法应承担的责任的,该协议无效;对生产经营单位的主要负责人、个人经营的投资人处二万元以上十万元以下的罚款"。

《安全生产法》第九十条规定,"生产经营单位的从业人员不服从管理,违反安全生产规章制度或者操作规程的,由生产经营单位给予批评教育,依照有关规章制度给予处分;造成重大事故,构成犯罪的,依照刑法有关规定追究刑事责任"。

《安全生产法》第九十一条规定,"生产经营单位主要负责人在本单位发生重大生产安全事故时,不立即组织抢救或者在事故调查处理期间擅离职守或者逃匿的,给予降职、撤职的处分,对逃匿的处十五日以下拘留;构成犯罪的,依照刑法有关规定追究刑事责任。生产经营单位主要负责人对生产安全事故隐瞒不报、谎报或者拖延不报的,依照前款规定处罚"。

《安全生产法》第九十二条规定,"有关地方人民政府、负有安全生产监督管理职责的部门,对生产安全事故隐瞒不报、谎报或者拖延不报的,对直接负责的主管人员和其他直接责任人员依法给予行政处分;构成犯罪的,依照刑法有关规定追究刑事责任。

《安全生产法》第九十三条规定，"生产经营单位不具备本法和其他有关法律、行政法规和国家标准或者行业标准规定的安全生产条件，经停产停业整顿仍不具备安全生产条件的，予以关闭；有关部门应当依法吊销其有关证照"。

《安全生产法》第九十四条规定，"本法规定的行政处罚，由负责安全生产监督管理的部门决定；予以关闭的行政处罚由负责安全生产监督管理的部门报请县级以上人民政府按照国务院规定的权限决定；给予拘留的行政处罚由公安机关依照治安管理处罚条例的规定决定。有关法律、行政法规对行政处罚的决定机关另有规定的，依照其规定"。

三、未成年工劳动保护方面的规定

1. 未成年工的劳动禁忌范围

根据《劳动法》第六十四条和《未成年工特殊保护规定》的规定，未成年工禁忌劳动的范围包括：

（1）《生产性粉尘作业危害程度分级》国家标准中第一级以上的粉尘作业；生产性粉尘是指在生产过程中产生的能长时间飘浮在作业环境空气中的固体微粒。在生产环境中，长期吸入生产性粉尘能引起尘肺。目前对尘肺尚无理想的治疗方法。

（2）《有毒作业分级》国家标准中第一级以上的有毒作业。

（3）《高处作业分级》国家标准中第二级以上的高处作业。

（4）《冷水作业分级》国家标准中第二级以上的冷水作业。

（5）《高温作业分级》国家标准中第三级以上的高温作业。

（6）《低温作业分级》国家标准中第三级以上的低温作业。

（7）《体力劳动强度分级》国家标准中第四级体力劳动强度的作业。

（8）矿山井下及矿山地面采石作业。

（9）森林业中的伐木、流放及守林作业。

（10）工作场所接触放射性物质的作业。

（11）有易燃易爆、化学性烧伤和热烧伤等危险性大的作业。

（12）地质勘探和资源勘探的野外作业。

（13）潜水、涵洞、涵道作业和海拔3000米以上的高原作业（不包括世居高原者）。

（14）连续负重每小时在6次以上并每次超过20千克，间断负重每次超过25千克的作业。

（15）使用凿岩机、捣固机、气镐、气铲、铆钉机、电锤的作业。

（16）工作中需要长时间保持低头、弯腰、上举、下蹲等强迫体位和动作频率每分钟大于50次的流水线作业。

（17）锅炉司炉。

2. 未成年工用工登记

根据《未成年工特殊保护规定》第九条规定，对未成年工的使用和特殊保护实行登记制度。

（1）用人单位招收使用未成年工，除符合一般用工要求外，还须向所在地的县级以上劳动行政部门办理登记。劳动行政部门根据《未成年工健康检查表》《未成年工登记表》，核发《未成年工登记证》。

（2）各级劳动行政部门须按本规定第三、四、五、七条的有关规定，审核体检情况和拟安排的劳动范围。

（3）未成年工须持《未成年工登记证》上岗。

（4）《未成年工登记证》由国务院劳动行政部门统一印制。

四、医疗期间的劳动保护

1. 医疗期的定义

医疗期是指企业职工因患病或非因公负伤停止工作治病休息不得解除劳动合同的时限。

2. 医疗期的长短

劳动部《关于发布〈企业职工患病或非因工负伤医疗期的规定〉的通知》第三条规定,"企业职工因患病或非因工负伤,需要停止工作医疗时,根据本人实际参加工作年限和在本单位工作年限,给予三个月到二十四个月的医疗期:(一)实际工作年限十年以下的,在本单位工作年限五年以下的为三个月;五年以上的为六个月。(二)实际工作年限十年以上的,在本单位工作年限五年以下的为六个月,五年以上十年以下的为九个月;十年以上十五年以下为十二个月;十五年以上二十年以下的为十八个月;二十年以上的为二十四个月"。

3. 医疗期如何计算

根据原劳动部《关于发布〈企业职工患病或非因工负伤医疗期的规定〉的通知》第四条规定,医疗期三个月的,按六个月内累计病休时间计算;六个月的,按十二个月内累计病休时间计算;九个月的,按十五个月内累计病休时间计算;十二个月的,按十八个月内累计病休时间计算;十八个月的,按二十四个月内累计病休时间计算;二十四个月的,按三十个月内累计病休时间计算。

医疗期计算应从病休第一天开始,累计计算。如享受三个月医疗期的职工,如果从1995年3月5日起第一次病休,那么该职工的医疗期应在3月5日至9月5日之间确定,在此期间累计病休三个月即视为医疗期满。其他依此类推。

4. 医疗期能否延长

根据《关于贯彻〈企业职工患病或非因工负伤医疗期的规定〉的通知》规定,对某些患特殊疾病(如癌症、精神病、瘫痪等)的职工,在24个月内尚不能痊愈的,经企业和当地劳动部门批准,可以适当延长医疗期。

5. 医疗期内的待遇如何规定

根据《劳动部关于发布〈企业职工患病或非因工负伤医疗期的规定〉的通知》第五条规定,企业职工在医疗期内,其病假工资、疾病救济费和医疗待遇按照有关规定执行。

根据《关于贯彻执行〈中华人民共和国劳动法〉若干问题的意见》第五十九条的规定,职工患病或非因工负伤治疗期间,在规定的医疗期内由企业按有关规定支付其病假工资或疾病救济费，病假工资或疾病救济费可以低于当地最低工资标准支付，但不能低于最低工资标准的80%。

根据《劳动合同法》第四十二条第三项规定，劳动者患病或者非因工负伤，在规定的医疗期内的，用人单位不得依照本法第四十条、第四十一条的规定解除劳动合同。

6. 医疗终结，不能从事原工作的怎么办

根据劳动部《关于发布〈企业职工患病或非因工负伤医疗期的规定〉的通知》第六条规定，企业职工非因工致残和经医生或医疗机构认定患有难以治疗的疾病，在医疗期内医疗终结，不能从事原工作，也不能从事用人单位另行安排的工作的，应当由劳动鉴定委员会参照工伤与职业病致残程序鉴定标准进行劳动能力的鉴定。被鉴定为一至四级的，应当退出劳动岗位，终止劳动关系，办理退休、退职手续，享受退休、退职待遇；被鉴定为五至十级的，医疗期内不得解除劳动合同。

根据劳动部《关于发布〈企业职工患病或非因工负伤医疗期的规定〉的通知》第七条规定，企业职工非因工致残和经医生或医疗机构认定患有难以治疗的疾病，医疗期满，应当由劳动鉴定委员会参照工伤与职业病致残程度鉴定标准进行劳动能力的鉴定。被鉴定为一至四级的，应当退出劳动岗位，解除劳动关系，并办理退休、退职手续，享受退休、退职待遇。

根据劳动部《关于印发〈违反和解除劳动合同的经济补偿办法〉的通知》规定，劳动者患病或者非因工负伤，经劳动鉴定委员会确认不能从事原工作、也不能从事用人单位另行安排的工作而解除劳动合同的，用人单位应按其在本单位的工作年限，每满一年发给一个月工资的经济补偿金，同时还应发给不低于六个月工资的医疗补助费。患重病和绝症的，还应增加医疗补助费，患重病的增加部分不低于医疗补助费的50%，患绝症的增加部分不低于医疗补助费的100%。

根据《劳动合同法》第四十条规定，劳动者患病或者非因工负伤，在规定的医疗期满后不能从事原工作，也不能从事由用人单位另行安排的工作的，用人单位提前三十天以书面形式通知劳动者本人或者额外支付劳动者一个月工资后，可以解除劳动合同。劳动者的经济补偿按照《劳动合同法》第四十六、四十七条执行。

五、职业病防范

1. 职业病的概念

根据修订后的《中华人民共和国职业病防治法》第二条第二款，职业病是指企业、事业单位和个体经济组织等用人单位的劳动者在职业活动中，因接触粉尘、放射性物质和其他有毒、有害因素而引起的疾病。

在我国，法律规定职业病患者，在治疗休息期间，以及确定为伤残或治疗无效而死亡时，按照国家有关规定，享受工伤保险待遇或职业病待遇。

2. 职业病的构成要件

根据《中华人民共和国职业病防治法》规定，构成职业病必须同时具备四个条件：

第一，患病主体是企业、事业单位或个体经济组织的劳动者；

第二，必须是在从事职业活动的过程中产生的；

第三，必须是因接触粉尘、放射性物质和其他有毒、有害物质等职业病危害因素引起的；

第四，必须是国家公布的职业病分类和目录所列的职业病。

3. 职业病的类型

按照2002年5月1日施行的《中华人民共和国职业病防治法》的规定，职业病包括十大类，分别是：

（1）尘肺，有硅肺、煤工尘肺等；

（2）职业性放射病，有外照射急性放射病外、照射亚急性放射病、外照射慢性放射病、内照射放射病等；

（3）职业中毒，有铅及其化合物中毒、汞及其化合物中毒等；

（4）物理因素职业病，有中暑、减压病等；

（5）生物因素所致职业病，有炭疽、森林脑炎等；

（6）职业性皮肤病，有接触性皮炎、光敏性皮炎等；

（7）职业性眼病，有化学性眼部烧伤、电光性眼炎等；

（8）职业性耳鼻喉口腔疾病，有噪声聋、铬鼻病；

（9）职业性肿瘤，有石棉所致肺癌、间皮癌，联苯胺所致膀胱癌等；

（10）其他职业病，有职业性哮喘、金属烟热等。

对职业病的诊断，应由省级以上人民政府卫生行政部门批准的医疗卫生机构承担。

4．职业病待遇

（1）对从事接触职业病危害作业的劳动者，用人单位应当按照国务院卫生行政部门的规定组织上岗前、在岗期间和离岗时的职业健康检查，并将检查结果如实告知劳动者。职业健康检查费用由用人单位承担。

（2）用人单位和医疗卫生机构发现职业病病人或者疑似职业病病人时，应当及时向所在地疾病预防控制中心报告。确诊为职业病的，用人单位还应当向所在地劳动保障行政部门报告。

（3）职业病病人依法享受国家规定的职业病待遇。

用人单位应当按照国家有关规定，安排职业病病人进行治疗、康复和定期检查。

用人单位对不适宜继续从事原工作的职业病病人，应当调离原岗位，并妥善安置。

用人单位对从事接触职业病危害的作业的劳动者，应当给予适当岗位津贴。

（4）职业病病人除依法享有工伤社会保险外，依照有关民事法律，享有获得赔偿的权利的，有权向用人单位提出赔偿要求。

（5）劳动者被诊断患有职业病，但用人单位没有依法参加工伤保险的，其医疗和生活保障由该用人单位承担。

（6）医疗卫生机构发现疑似职业病病人时，应当告知劳动者本人并及时通知用人单位。

用人单位应当及时安排对疑似职业病病人进行诊断；在疑似职业病病人诊断或

者医学观察期间，不得解除或者终止与其订立的劳动合同。

疑似职业病病人在诊断、医学观察期间的费用，由用人单位承担。

（7）职业病病人的诊疗、康复费用，伤残以及丧失劳动能力的职业病病人的社会保障，按照国家有关工伤社会保险的规定执行。

（8）职业病病人变动工作单位，其依法享有的待遇不变。

用人单位发生分立、合并、解散、破产等情形的，应当对从事接触职业病危害的作业的劳动者进行健康检查，并按照国家有关规定妥善安置职业病病人。

5．职业病预防

（1）认真做好前期预防工作。工作场所必须符合国家卫生标准和卫生要求。新建、扩建和技术改造建设项目可能产生职业危害的，必须进行职业危害评价，并向有关部门提交预评价报告，提出职业危害的预防与治理措施。建设项目的职业卫生防护设施应当纳入建设项目工程预算，并与主体工程同时设计、同时施工，经有关部门验收合格后方可正式运行、使用。

（2）必须建立职业危害档案和职业卫生管理制度，制定职业卫生操作规程、职业危害事故应急救援措施。对从事接触职业危害作业的劳动者，必须建立健康监护制度，记录其职业病接触史和职业性健康检查结果。同时，职工上岗前必须进行职业性健康检查，调离接触职业危害作业岗位也要进行离岗前职业性健康检查。

（3）用人单位应当建立职业卫生宣传、培训教育制度，对劳动者进行上岗前的职业卫生培训、健康教育，普及职业卫生知识，督促劳动者遵守职业病防治法律、规章制度、操作规程，指导劳动者正确使用职业卫生防护设备、个人职业卫生防护用品。

（4）劳动者应当学习和掌握相关的职业卫生知识，遵守职业病防治法律、法规、规章和操作规程，正确使用、维护职业卫生防护设备和个人职业卫生防护用品，发现职业危害事故隐患及时报告。

六、案例分析

案例一：停止员工工作是否须支付停工损失

成某于2008年12月到某食品公司工作，不久被该公司派至某超市担任促销员，工作期间能力十分出众，深得食品公司领导的器重。2010年1月，食品公司告知成某因超市要求将他更换，所以要停止其在该超市的工作。成某认为这实际是食品公司与其解除劳动关系的行为，便到当地劳动仲裁委员会提出申请，要求该食品公司和超市支付解除劳动合同经济补偿。成某在申诉时提供了一份录音资料，该录音资料系其与食品公司法定代表人的对话。

该食品公司表示，公司只是应超市方面的要求，停止了成某的工作，成某也没有与公司办理解除劳动关系的书面手续。由于与成某存在劳动关系，公司需要对成某负责，所以停止工作后一直在给他寻找合适的工作岗位，但成某自己不来上班。该录音资料是成某与公司法定代表人的对话，但其中并未明确该公司与成某做出解除劳动关系的意思表示，同时录音中还显示由于食品公司没有合适岗位，一直努力为成某安排新的工作地点，所以，公司只是变更职工的工作地点，不需要给付赔偿金。

而超市相关负责人也表示，由于成某年龄超标，超市只是通知食品公司要求更换工作人员，因为超市与成某并无劳动关系，所以没有赔偿成某的理由。

问题：

（1）公司和超市是否应该支付停工期间的工资损失？

（2）成某理解的"停止工作就是解除劳动关系"是否正确，食品公司是否须支付解除劳动合同的经济补偿？

（3）基于此案，用人单位如何做好员工停工工作？

评析：

（1）关于公司、超市是否应支付停工期间的工资损失。

首先，须判断成某的劳动关系所在单位，根据案情，成某的用人单位应是食品公司，而超市则只是成某工作的地点。超市虽对成某行使一定的管理权，但这种管理权不同于用人单位的用人管理权，而应当看做类似劳务派遣中用工单位对劳务派遣工的用工管理权。所以，超市与成某之间不存在劳动关系，因此，超市无须支付成某停工期间的工资损失。

其次，食品公司是否应该支付成某停工期间工资损失。《工资支付暂行规定》第十二条规定，非因劳动者原因造成单位停工、停产在一个工资支付周期内的，用人单位应按劳动合同规定的标准支付劳动者工资。超过一个工资支付周期的，若劳动者提供了正常劳动，则支付给劳动者的劳动报酬不得低于当地的最低工资标准；若劳动者没有提供正常劳动，应按国家有关规定办理。本案中，成某停工是因为超市认为成某年龄超标造成的，不是成某造成的，因此食品公司须支付成某停工期间的工资损失。

(2) 对成某的"停止工作就是解除劳动关系"应具体分析。

就本案而言，食品公司确无解除与成某劳动关系的主观意图，对此，成某提供的录音可予以证明，况且，成某的待业状态也是起因于超市的行为；但从客观上看，食品公司的行为的确造成了成某无事可做的状态。客观上造成成某无法正常工作引致收入下降，此种情况在国外被叫做推定解雇，我国被称为被迫辞职。成某提起仲裁并诉求违法解除合同经济赔偿金的行为，即表明其做出了被迫辞职并主张权利的意思表示。而且成某在超市担任促销员期间"工作期间能力十分出色，深得食品公司领导的器重"，也就是说，其十分胜任工作，并不具备《劳动合同法》第四十条第二款所规定的调整工作岗位的条件，况且，按超市的说法，之所以要更换他，也只是因为成某年龄超标，而非不胜任工作。由于工作地点和工作岗位是劳动合同约定的劳动条件之一，加上食品公司未支付停工期间的工资，成某可以食品公司拖欠工资，未按照劳动合同约定提供劳动条件为由，解除与食品公司之间的劳动合同，并要求支付解除劳动合同经济补偿。则食品公司的行为并未损害成某的权益，成某因此诉求经济赔偿金不应获得支持。

不过，这里需要说明的一点是，成某的诉求弄混了经济赔偿金和经济补偿金。首先，两者适用的条件不同。经济赔偿金适用于违法解除或终止劳动合同的情况，而经济补偿金适用于合法解除或终止劳动合同的情况。其次，两者的数额不同。根据《劳动合同法》第四十七条的规定，经济补偿金只需按工作年限1年补1个月，不满半年补半个月。根据《劳动合同法》第八十七条"用人单位违反本法规定解除或者终止劳动合同的，应当依照本法第四十七条规定的经济补偿标准的2倍向劳动者支付赔偿金"的规定，赔偿金则是经济补偿金的2倍。本案中成某自己提出辞职（虽然过错在食品公司），并非食品公司主动解除，所以食品公司依法只需支付经济补偿金，但如是单方解雇，则可能支付2倍的赔偿金，两害相权取其轻，用人单位因此可采取单方调岗、降薪等的方式逼员工自己辞职，虽需补偿，但可减少解雇成本。

（3）基于此案，用人单位应做好以下工作。

首先，涉及劳动派遣或类似于劳务派遣的情况时，应与第三方明确约定员工的退回条件、违约责任等条款，以遏制第三方随意退工的行为。

其次，涉及员工可能异地工作或被派遣的情况时，应在劳动合同中对可能存在的工作地点做概括性的约定，对调岗的条件及待岗期间的待遇也应予以明确。因用人单位原因导致的停工，在停工期间，应当按照规定支付停工期间的工资；因员工不胜任工作而导致的停工，则可根据劳动合同或用人单位依法制定的相关规定执行。

第六节　社会保险

一、法律解读

1. 社会保险概述

社会保险是指国家通过立法强制实行的，多渠道筹集资金，对劳动者因年老、工伤、疾病、生育、残废、失业、死亡等原因丧失劳动能力或暂时失去工作等情况下，依法从国家和社会获得物质帮助的权利。

社会保险包括：养老保险、医疗保险、失业保险、工伤保险、生育保险，其中职工基本养老保险、职工基本医疗保险。失业保险的缴费义务由用人单位与职工共同承担，工伤保险、生育保险的缴费义务全部由用人单位承担。

社会保险的特征有：

第一，社会保险的客观基础，是劳动领域中存在的风险，保险的标的是劳动者的人身；

第二，社会保险的主体是特定的，包括劳动者（含其亲属）与用人单位；

第三，社会保险属于强制性保险；

第四，社会保险的目的是维持劳动力的再生产；

第五，保险基金来源于用人单位和劳动者的缴费及财政的支持。

保险对象范围限于职工，不包括其他社会成员。保险内容范围限于劳动风险中的各种风险，不包括此外的财产、经济等风险。有些公司计算五险一金并不是按照员工实际工资，而是另外设置基数计算缴纳的。

2．基本养老保险

养老保险是劳动者在达到法定退休年龄退休后，从政府和社会得到一定的经济补偿物质帮助和服务的一项社会保险制度。

国有企业、集体企业、外商投资企业、私营企业和其他城镇企业及其职工，实行企业化管理的事业单位及其职工必须参加基本养老保险。

新的参统单位（指各类企业）单位缴费费率确定为10%，个人缴费费率确定为8%，个体工商户及其雇工，灵活就业人员及以个人形式参保的其他各类人员，根据缴费年限实行的是差别费率。参加基本养老保险的个人劳动者，缴费基数在规定范围内可高可低，多缴多受益。职工按月领取养老金必须是达到法定退休年龄，并且已经办理退休手续的；所在单位和个人依法参加了养老保险并履行了养老保险的缴费义务；个人缴费至少满15年。

目前中国的企业职工法定退休年龄为：男职工60岁；女职工50岁，从事管理和科研工作的女干部55岁。基本养老金由基础养老金和个人账户养老金组成，职工达到法定退休年龄且个人缴费满15年的，基础养老金月标准为省（自治区、直辖市）

或市（地）上年度职工月平均工资的20%。个人账户养老金由个人账户基金支付，月发放标准根据本人账户储存额除以120。个人账户基金用完后，由社会统筹基金支付。

3. 城镇职工基本医疗保险

城镇职工基本医疗保险制度，是根据财政、企业和个人的承受能力所建立的保障职工基本医疗需求的社会保险制度。

所有用人单位，包括企业（国有企业、集体企业、外商投资企业和私营企业等）、机关、事业单位、社会团体、民办非企业单位及其职工，都要参加基本医疗保险，城镇职工基本医疗保险基金由基本医疗保险社会统筹基金和个人账户构成。

基本医疗保险费由用人单位和职工个人账户构成。基本医疗保险费由用人单位和职工个人共同缴纳，其中：单位按8%比例缴纳，个人缴纳2%。用人单位所缴纳的医疗保险费一部分用于建立基本医疗保险社会统筹基金，这部分基金主要用于支付参保职工住院和特殊慢性病门诊及抢救、急救。发生的基本医疗保险起付标准以上、最高支付限额以下符合规定的医疗费，个人也要按规定负担一定比例的费用。个人账户资金主要用于支付参保人员在定点医疗机构和定点零售药店就医购药符合规定的费用，个人账户资金用完或不足部分，由参保人员个人用现金支付，个人账户可以结转使用和依法继承。参保职工因病住院先自付住院起付额，再进入统筹基金和职工个人共付段。

参加基本医疗保险的单位及个人，必须同时参加大额医疗保险，并按规定按时足额缴纳基本医疗保险费和大额医疗保险费，才能享受医疗保险的相关待遇。

4. 失业保险

失业保险是国家通过立法强制实行的，由社会集中建立基金，对因失业而暂时中断生活来源的劳动者提供物质帮助的制度。

各类企业及其职工、事业单位及其职工、社会团体及其职工、民办非企业单位及其职工，国家机关与之建立劳动合同关系的职工都应办理失业保险。失业保险基金主要是用于保障失业人员的基本生活。城镇企业、事业单位、社会团体和民办非企业单位，按照本单位工资总额的2%缴纳失业保险费，其职工按照本人工资的1%缴纳失业保险费。无固定工资额的单位以统筹地区上年度社会平均工资为基数缴纳失业保险费。单位招用农牧民合同制工人本人不缴纳失业保险费。

当前中国失业保险参保职工的范围包括：在岗职工；停薪留职、请长假、外借外聘、内退等在册不在岗职工；进入再就业服务中心的下岗职工；其他与本单位建立劳动关系的职工（包括建立劳动关系的临时工和农村用工）。城镇企业事业单位失业人员，按照有关规定具备以下条件的失业职工可享受失业保险待遇：按照规定参加失业保险，所在单位和本人已按照规定履行缴费义务满1年的，其次不是因本人意愿中断就业的，还有已经办理失业登记，并有求职要求的。

5. 工伤保险

工伤保险也称职业伤害保险。劳动者由于工作原因并在工作过程中受意外伤害，或因接触粉尘、放射线、有毒害物质等职业危害因素引起职业病后，由国家和社会给负伤、致残者以及死亡者生前供养亲属提供必要物质帮助。

工伤保险费由用人单位缴纳，对于工伤事故发生率较高的行业工伤保险费的征收费率高于一般标准，一方面是为了保障这些行业的职工发生工伤时，工伤保险基金可以足额支付工伤职工的工伤保险待遇；另一方面，是通过高费率征收，使企业有风险意识，加强工伤预防工作以降低伤亡事故率。

职工上了工伤保险后，职工住院治疗工伤的，由所在单位按照本单位因公出差伙食补助标准的70%发给住院伙食补助费；经医疗机构出具证明，报经办机构同意，工伤职工到统筹地区以外就医的，所需交通、食宿费用由所在单位按照本单位职工因公出差标准报销。另外，工伤职工因日常生活或者就业需要，经劳动能力鉴定委员会确认可以安装假肢、矫形器、假眼、假牙和配置轮椅等辅助器具，所需费用按照国家规定的标准从工伤保险基金中支付。工伤参保职工的工伤医疗费一至四级工伤人员伤残津贴、一次性伤残补助金、生活护理费、丧葬补助金、供养亲属抚恤金、工伤康复费、劳动能力鉴定费、辅助器具等都应从工伤保险基金中支付。

6. 生育保险

生育保险是针对生育行为的生理特点，根据法律规定，在职女性因生育子女而导致劳动者暂时中断工作、失去正常收入来源时，由国家或社会提供物质帮助。

生育保险待遇包括生育津贴和生育医疗服务两项内容。生育保险基金由用人单位缴纳的生育保险费及其利息以及滞纳金组成。女职工产假期间的生育津贴、生育发生的医疗费用、职工计划生育手术费用及国家规定的与生育保险有关的其他费用都应该从生育保险基金中支出。

所有用人单位（包括各类机关、社会团体、企业、事业、民办非企业单位）及其职工都要参加生育保险。生育保险由用人单位统一缴纳，职工个人不缴纳生育保险费。生育保险费由用人单位按照本单位上年度职工工资总额的0.7%缴纳。享受生育保险待遇的职工，必须符合以下三个条件：用人单位参加生育保险在6个月以上，并按时足额缴纳了生育保险费；计划生育政策有关规定生育或流产的；在本市城镇生育保险定点医疗服务机构，或经批准转入有产科医疗服务机构生产或流产的（包括自然流产和人工流产）。

二、专业提示

在实际工作中，很多用人单位愿意缴纳社会保险费，但劳动者却以"工资本身低，再扣了社会保险工资就更少了"为由不肯缴纳，也有不少劳动者提出可以书面承诺证明自己不愿参加社会保险。用人单位假如强制代扣代缴，很多劳动者就不愿继续做下去。现在劳动招工也难，用人单位提出把社会保险费单位负担的部分补贴给个人，这种做法是不是合法？

《劳动法》第七十二条明确规定，"用人单位和劳动者必须依法参加社会保险，缴纳社会保险费"。《社会保险费征缴暂行条例》第十一条规定，"缴费单位和缴费个人应以货币形式全额缴纳社会保险费。缴纳个人应当缴纳的社会保险费，由所在单位从其本人工资中代扣代缴。社会保险费不得减免"。参加社会保险，缴纳社会保险费是用人单位和劳动者的法定义务，不得以任何形式逃避和放弃。用人单位和劳动者任何关于放弃缴纳社会保险费的协议都是无效的，这些协议违反了法律的强制规定。《劳动法》第十八条规定，"（一）违反法律、行政法规的劳动合同无效；……无效的劳动合同，从订立之日起，就没有法律约束力"。

即使单位出示了工资中包含社会保险的有效证据,其做法仍是不规范的,因为社会保险是要由单位进行代扣代缴的,社会保险费不能直接发给个人,单位也应履行为职工办理社会保险手续。

关于劳动者本人不愿意缴纳社会保险的问题,也涉及归责原则中过错责任原则的认定。这里也需要用人单位加强证据意识,《江苏省高级人民法院江苏省劳动争议仲裁委员会关于审理劳动争议案件的指导意见》规定,"因劳动者自身不愿缴纳等不可归责于用人单位的原因,导致用人单位未为其缴纳或未足额缴纳社会保险费,或者未参加某项社会保险险种,劳动者请求解除劳动合同并主张用人单位支付经济补偿的,不予支持"。可见,《劳动法》本身也出自民法体系,虽然劳动关系有其特殊性,比如劳动关系的人身性和从属性等,但如果用人单位已尽到其最大努力仍不能使之回归公平的话,法律是不会偏袒任何一方的。因此,如果用人单位确实需要那些不愿意办理社会保险的劳动者,让其留下自愿不办理社保费的声明还是有用的。

三、法律风险

社会保险有别于商业保险的自愿性,属于强制保险。劳动者和用人单位均无权对社保的是否缴纳以及如何缴纳予以协商或单方变更,任何违背社保法律规定的协商都是没有法律效力的。《社会保险法》实施后,用人单位违背劳动法律的规定,不缴纳或不按规定缴纳都是违法行为,均需要承担相应的法律责任:

第一,依据《劳动合同法》第三十八条第三项和第四十六条第一项的规定,劳动者有权解除劳动合同,用人单位应支付经济补偿金。

上述法律赋予劳动者对于用人单位未依法为劳动者缴纳社会保险费的,有权立即解除劳动合同,不用书面通知,不用提前通知,并且用人单位还应当向劳动者支付经济补偿。当然,各地对《劳动合同法》第三十八条第三项规定的"未依法为劳动者缴纳社会保险费的"有不同的理解,现在全国也没有统一的规定和解释,例如在深圳,《深圳市中级人民法院关于审理劳动争议案件若干问题的指导意见(试行）》第九十四条规定，"用人单位未依法为劳动者缴纳社会保险费的，劳动者应当依法要求用人单位缴纳，用人单位未在劳动者要求之日起一个月内按规定缴纳的，劳动者有权提出解除劳动合同，用人单位应支付经济补偿金，但经济补偿金的支付年限应从2008年1月1日起计算"。在《劳动合同法》实施前，用人单位未依法为劳动者缴纳社会保险费并不是劳动者可以提出解除劳动合同的法定理由。《劳动合同法》第三十八条将此事项作为劳动者可依法解除劳动合同的法定理由之一。因此，不应支持劳动者以用人单位在《劳动合同法》实施前未为其缴纳社会保险费为由提出解除劳动合同的。

对于在《劳动合同法》实施后，用人单位未依法为劳动者缴纳社会保险费的，《广东省高级人民法院、广东省劳动争议仲裁委员会关于适用〈劳动争议调解仲裁法〉、〈劳动合同法〉若干问题的指导意见》与《深圳经济特区劳动关系促进条例》的有关规定存在一定的冲突。因社会保险费的缴纳标准与劳动者每月工资数额相挂钩，其缴费标准亦随着劳动者工资数额每月发生变化，无法统一确定，而用人单位是否足额缴纳社会保险费还涉及社会保险行政部门的审查问题。因此，上述指导意见从方便审判操作考虑，将未按规定的险种建立社会保险关系与已建立社会保险关系，但未足额缴纳或欠缴社会保险费的情况进行了区分，对前者赋予劳动者解除劳动合同的权利，而对于因后者提出解除劳动合同则不予支持。但《深圳经济特区劳动关系促进条例》则将两种情况统一处理，对于用人单位未在劳动者要求之日一个月内按规定缴纳的，劳动者均有权提出解除劳动合同。后来又把两者统一修改为《深圳市中级人民法院关于审理劳动争议案件若干问题的指导意见（试行）》第九十四条的规定。

第二，劳动者有权以用人单位未为其办理社会保险手续，且社会保险经办机构不能补办导致其无法享受社会保险待遇为由，要求用人单位赔偿损失。依据在《最高人民法院关于审理劳动争议案件适用法律若干问题的解释（三）》第一条的规定，劳动者以用人单位未为其办理社会保险手续，且社会保险经办机构不能补办导致其无法享受社会保险待遇为由，要求用人单位赔偿损失而发生争议的，人民法院应予受理。在本条司法解释出台之前，劳动仲裁机构和法院一般对于劳动者要求用人单位将未缴纳的社保直接补偿给劳动者的请求，予以驳回。而对于劳动者要求用人单位补交社保费用的请求虽会支持，但由于社保机构明确不办理补交业务，导致劳动者的诉求实质上无法实现。

第三，社保机构对用人单位的行政处罚。

《中华人民共和国社会保险法》（以下简称《社会保险法》）第八十四条规定，"用人单位不办理社会保险登记的，由社会保险行政部门责令限期改正；逾期不改正的，对用人单位处应缴社会保险费数额一倍以上三倍以下的罚款，对其直接负责的主管人员和其他直接责任人员处五百元以上三千元以下的罚款"。

《社会保险法》第八十六条规定，"用人单位未按时足额缴纳社会保险费的，由社会保险费征收机构责令限期缴纳或者补足，并自欠缴之日起，按日加收万分之五的滞纳金；逾期仍不缴纳的，由有关行政部门处欠缴数额一倍以上三倍以下的罚款"。

四、案例分析

案例一：补缴社会保险纠纷，人民法院是否受理

甲公司2011年12月为补缴社会保险分别与五名员工发生纠纷，其具体情况为：

（一）员工A自2006年3月进入公司，2008年1月公司为其开始缴纳社会保险至今，A要求公司补缴2006年3月至2007年12月期间的社会保险。

（二）员工B自2005年11月进入公司，但当时未与原单位解除劳动合同，由原单位缴纳社会保险至2008年12月，之后自己在个人流动窗口缴纳社会保险至今。B要求公司将其社会保险转入单位窗口，并由公司承担自己在个人流动窗口缴纳的社会保险费用。

（三）员工C自2006年1月进入公司任部门经理，月工资为5000元以上。但公司只按当年的社会平均工资为其缴纳社会保险。由于缴纳基数低于本人实际工资，C要求公司按实际工资补缴社会保险基数。

（四）员工D自2009年3月进入公司，由于个人资料一直没有完整提供，公司一直没有为其缴纳社会保险，D要求公司为其补缴2009年3月至今的社会保险。

（五）员工E与其他单位存在劳动关系，由于公司发生工伤概率较大，而原单位缴纳的社会保险不适用于甲公司，E要求公司按规定单独为其缴纳工伤保险。

问题：

（1）五名员工能否以公司未依法缴纳社会保险为由解除劳动合同，要求经济补偿？

（2）如果五名员工同时申请劳动仲裁，他们要求补缴社会保险的要求是否会得到支持？

（3）如果他们对仲裁结果不服向人民法院起诉，他们要求补缴社会保险的要求人民法院是否会受理？

（4）对用人单位未缴纳社会保险，员工如何举证？

（5）公司没有为他们缴纳住房公积金，补缴住房公积金的要求是否属于劳动争议范畴？

评析：

（1）五名员工能否以公司未依法缴纳社会保险为由解除劳动合同，要求经济补偿？

综合上述案情，根据现在的司法实践，他们的请求一般情况下不会被支持。原因具体分析如下：

第一，员工A于2011年12月与单位发生社保纠纷，根据只能补交纠纷发生之日两年内的社会保险费的规定，要求补缴2006年3月至2007年12月期间的社会保险费的请求已过时效。而2008年1月公司为其开始缴纳社会保险至纠纷发生之日，即在纠纷发生之日前两年内，公司不存在未依法缴纳社会保险的情形，员工A自然不能以公司未依法缴纳社会保险为由解除劳动合同，要求经济补偿。

第二，员工B于2005年11月进入公司，但当时未与原单位解除劳动合同，由原单位缴纳社会保险至2008年12月，之后自己在个人流动窗口缴纳社会保险。一般情况下，劳动者在同一地区，无法缴纳两份保险，因此公司未为其缴纳社会保险费过错完全在员工B自己。

第三,根据规定,用人单位按照劳动者的实际工资为基数缴纳社会保险费,在员工C案例中,公司未按照其实际工资,只按当年的社会平均工资为基数为其缴纳社会保险。由于缴纳基数低于本人实际工资,C有权要求公司按实际工资为基数补缴纠纷发生之日两年内的社会保险费用。但是,在现在的司法实践中,用人单位未足额缴纳社会保险费,一般不会认定为《劳动合同法》第三十八条第三项规定的"未依法为劳动者缴纳社会保险费",劳动者以为为由解除劳动合同的,一般不会支持其解除劳动合同、要求经济补偿的请求。但是在深圳,《深圳市中级人民法院关于审理劳动争议案件若干问题的指导意见(试行)》第九十四条规定,用人单位未依法为劳动者缴纳社会保险费的,劳动者应当依法要求用人单位缴纳,用人单位未在劳动者要求之日起一个月内按规定缴纳的,劳动者有权提出解除劳动合同,用人单位应支付经济补偿金。

第四,依法缴纳社会保险,不但是用人单位的法定义务,也是劳动者的法定义务,所以,作为劳动者有义务配合用人单位办理社会保险。员工D案例中,公司未为其缴纳社会保险费,是由于其个人一直没有完整提供资料导致,过错完全在D。

第五,员工E与其他单位存在劳动关系,该单位已经为其办理社会保险,由于在同一地区,同一劳动者无法缴纳两份保险,公司没有过错。

(2)如果五名员工同时申请劳动仲裁,他们要求补缴社会保险的要求是否会支持?

根据上述分析,员工A要求补缴2006年3月至2007年12月期间的社会保险费的请求已过时效,员工D如果提供完整的个人资料给公司,其补缴社会保险的要求会得到支持。

(3)如果他们对仲裁结果不服向人民法院起诉,他们要求补缴社会保险的要求人民法院是否会受理?

关于这个问题,最高人民法院民事审判第一庭庭长杜万华就《关于审理劳动争议案件适用法律若干问题的解释(三)》答记者问,说到"《调解仲裁法》确定了社会保险争议属于劳动争议,但是否应把所有的社会保险争议不加区别地纳入人民法院受案范围,确是一个在实践中争议广泛的问题,需要司法解释进一步明确。我们研究认为,用人单位、劳动者和社保机构就欠费等发生争议,是征收与缴纳之间的纠纷,属于行政管理的范畴,带有社会管理的性质,不是单一的劳动者与用人单位之间的社保争议。因此,对于那些已经由用人单位办理了社保手续,但因用人单位欠缴、拒缴社会保险费或者因缴费年限、缴费基数等发生的争议,应由社保管理部门解决处理,不应纳入人民法院受案范围。对于因用人单位没有为劳动者办理社会保险手续,且社会保险经办机构不能补办导致劳动者不能享受社会保险待遇,要求用人单位赔偿损失的,则属于典型的社保争议纠纷,人民法院应依法受理"。本题五个案例,都不是因为用人单位的原因导致没有为劳动者办理社会保险手续,因此,这五个劳动者的请求,不会得到法院的受理。

(4)对用人单位未缴纳社会保险,员工如何举证?

员工可以提供工资单、社会保险缴纳记录进行举证。

(5)公司没有为他们缴纳住房公积金,补缴住房公积金的要求是否属于劳动争议范畴?

虽然个别省市劳动部门文件规定,缴纳住房公积金为劳动合同约定内容,该纠纷为劳动争议范畴。但现阶段人民法院未将缴纳(补缴)住房公积金列入劳动争议范畴。例如《广东省高级人民法院、广东省劳动争议仲裁委员会关于适用〈劳动争议调解仲裁法〉、〈劳动合同法〉若干问题的指导意见》第三条规定,"劳动者与用人单位因住房公积金产生的争议,不作劳动争议处理"。又如《深圳市中级人民法院关于审理劳动争议案件若干问题的指导意见(试行)》第一条第三款也做出了同样的规定,"劳动者与用人单位因住房公积金发生的争议,不作劳动争议处理"。根据《住房公积金条例》规定,用人单位缴纳住房公积金属于强制性规定。用人单位不缴纳的,员工可到住房公积金管理部门进行举报,要求用人单位补缴。

案例二:未依法转移社保是否该赔偿

老王于1997年4月在北京某公司工作,2008年11月,公司与老王解除了劳动关系。老王称公司与自己解除劳动关系之后,没有按相关规定为自己转移档案及社会保险关系,致使社会保险中断,失业金无法领取,于是申诉要求该公司为其转移档案及社会保险关系,并赔偿2008年12月至2009年12月期间的失业金损失6000余元。

而公司辩称,公司曾多次通知老王到公司办理档案及社会保险转移相关手续,但老王未到单位办理,致使单位无法为老王办理档案转移及社会保险转移手续,老王要求支付失业金损失没有依据。

问题:

(1)老王要求原公司为其转移档案及社会保险关系是否合理?

(2)公司是否应该赔偿老王的失业金损失?

(3)基于此案,用人单位如何做好离职员工的档案和社保工作?

评析:

(1)老王要求原公司为其转移档案及社会保险关系是否合理?

《劳动合同法》第五十条规定,"用人单位应当在解除或者终止劳动合同时出具解除或者终止劳动合同的证明,并在十五日内为劳动者办理档案和社会保险关系转移手续"。虽然,本案中公司"多次通知老王到公司办理档案及社会保险转移相关手续,但老王未到单位办理",但是,公司为劳动者办理档案和社会保险关系转移手续是用人单位的法定义务,这是法律的强制性规定,并不因为劳动者前面的不配合而取消,因此,只要老王前来公司办理并提供相应的材料,就仍然可以办理,而且应当办理。

(2)公司是否应该赔偿老王的失业金损失?

用人单位未按《劳动合同法》规定在十五日内为劳动者办理档案和社会保险关系转移手续的,是否应当赔偿因此给劳动者造成的损失,《劳动合同法》等全国性法律和行政法规没有规定。但是各地对此有相关规定,比如《广东省失业保险条例》第四十一条第二款规定,"因单位不及时为失业人员或者农民合同制工人出具终止或者解除劳动关系的证明,导致失业人员、农民合同制工人不能按规定享受失业保险待遇或者一次性生活补助的,由单位负责赔偿"。《北京市失业保险规定》第三十一条也规定,"用人单位不按规定缴纳失业保险费或不按规定及时为失业人员转移档案关系,致使失业人员不能享受失业保险待遇或影响其再就业的,用人单位应当赔偿由此给失业人员造成的损失"。又如上海市劳动和社会保障局《关于实施<上海市劳动合同条例>若干问题的通知(二)》第五条也明确指出,"劳动合同关系已经解除或者终止,用人单位未按《条例》规定出具解除或者终止劳动合同关系的有效证明或未及时办理退工手续,影响劳动者办理失业登记手续造成损失的,用人单位应当按照失业保险金有关规定予以赔偿;给劳动者造成其他实际损失的,用人单位应当按照劳动者的请求,赔偿其他实际损失,但不再承担法定失业保险金的赔偿责任"。

公司可以要求老王到公司办理工作交接。《劳动合同法》第五十条第二款规定,"劳动者应当按照双方约定,办理工作交接。用人单位依照本法有关规定应当向劳动者支付经济补偿的,在办结工作交接时支付"。但无论怎样,公司不能以老王未办理工作交接为由而拒绝为其办理转移档案及社会保险关系手续。实际操作中可能需要员工配合或提供相应资料,用人单位应及时与员工沟通,避免因此给双方造成损害,对此,用人单位可以和劳动者在劳动合同中约定,"因劳动者原因造成用人单位未能及时办理退工手续的,其损失由劳动者承担"。

(3)基于此案,用人单位如何做好离职员工的档案和社保工作?

通过制度规范和合同约定,规避法律风险,以切实保护用人单位和劳动者的自身权益。用人单位可以如此操作:第一,在劳动合同中约定好如何办理工作交接和离职手续;第二,用人单位为员工提供专项培训费用进行专业技术培训的,可与其订立协议约定服务期;第三,对负有保密义务的员工,用人单位可以在劳动合同或者保密协议中与其约定竞业限制条款;第四,依法约定违约金;第五,明确规定如果违反劳动合同约定,给对方造成损失的,另一方要承担赔偿责任。

案例三:员工不愿意办理社会保险的,公司需要补缴在职期间的社会保险吗

郭某于2010年6月1日入职A公司,并签订了为期一年的劳动合同,无试用期。签订合同时,郭某还提出不愿意公司为其购买社会保险,并签下不愿意购买社会保险承诺书。2011年2月15日，郭某向公司提出辞职，辞职原因为母亲病重，急需马上回老家，公司视其情况特殊，同意了郭某的离职，为郭某办理了离职相关手续，结清了所有工资事项。

2011年5月1日，郭某向A公司所在地的仲裁委提起仲裁，请求裁决A公司补缴在职期间的社会保险，并支付劳动合同赔偿金。

问题：

公司与郭某签订的不购买社会保险承诺是否有效？公司是否需要给郭某补缴社会保险？

评析：

《劳动法》第七十二条规定，"社会保险基金按照保险类型确定资金来源，逐步实行社会统筹。用人单位和劳动者必须依法参加社会保险，缴纳社会保险费"。可见，参加社会保险不仅是用人单位的法定义务，也是劳动者的法定义务，双方都不能通过任何形式和理由免除参加社会保险的义务。本案中，公司与郭某双方自愿签订的承诺书，虽然是双方真实意思的表示，但因为违反了法律的强制性规定，因而是无效的。如果郭某要求公司补缴，公司须为其进行补缴。

案例四：正常上班时间发病是否就认定为工伤

马先生是一家工厂的职工，工作勤勤恳恳，兢兢业业。前不久在正常上班时间因突发高血压而引起中风，工厂迅速组织人手、派出车辆，将其送到了医院。马先生因抢救及时而保住了生命，但是却留下了半身不遂的后遗症。工厂领导亲自到马先生的病房探病，表示慰问，但是当马先生的家人和工厂交涉要求享受工伤待遇时，工厂明确拒绝按工伤处理，只同意按非因工负伤而享受相应的待遇。

在双方交涉中，马先生表示工厂常年实行12小时工作制，还不给工人上社保，本身就违反《劳动合同法》的有关规定，他之所以突发高血压是由于工作量大、时间长，自己身体承受不了而造成，这种在工作时间受到的伤害属于认定工伤范畴。

由于未能达成一致，马先生及其家人向劳动仲裁委员会申请劳动仲裁，要求工厂按工伤标准给予相关待遇。同时由于工厂一直未能上社保，故要求工厂给予赔偿金。

问题：

（1）马先生在工作时间发病是否算工伤？

（2）职工因病或非因工负伤在医疗期内享受哪些待遇？

（3）职工因病或非因工负伤，用人单位是否可以解除劳动合同？用人单位解除劳动关系的，应当支付哪些劳动待遇？

（4）马先生要求的经济赔偿金能否得到支持？

（5）基于此案，用人单位如何预防和应对员工工作时间发病？

评析：

（1）上班时间发病是否就认定为工伤？

工伤，是指劳动者在从事职业活动或者与工作有关的活动时，所遭受的外在不良因素的伤害和职业病伤害。根据我国修订后的《工伤保险条例》第十四条规定，引起工伤的原因有：①在工作时间和工作场所内，因工作原因受到事故伤害的；②工作时间前后在工作场所内，从事与工作有关的预备性或者收尾性工作受到事故伤害的；③在工作时间和工作场所内，因履行工作职责受到暴力等意外伤害的；④患职业病的；⑤因工外出期间，由于工作原因受到伤害或者发生事故下落不明的；⑥在上下班途中，受到机动车事故伤害的；⑦法律、行政法规规定应当认定为工伤的其他情形。《工伤保险条例》第十五条规定，"职工有下列情形之一的，视同工伤：（一）在工作时间和工作岗位，突发疾病死亡或者在48小时之内经抢救无效死亡的；（二）在抢险救灾等维护国家利益、公共利益活动中受到伤害的；（三）职工原在军队服役，因战、因公负伤致残，已取得革命伤残军人证，到用人单位后旧伤复发的"。由此可见，员工受伤或发病是否属于工伤，应看其是否是在工作时间、工作场所，因工作原因而受到伤害，即工伤的认定应符合《工伤保险条例》第十四条关于认定工伤的三个要件。

本案中，依据《工伤保险条例》第十四条规定，排除马先生被认定为应当属于工伤的可能性。那么，马先生是在正常上班时间发病，是否属于视同工伤呢？本案中马先生突发高血压中风，最后留下了半身不遂的后遗症，但是没有立即死亡也没有在48小时之内经抢救无效死亡，与规定不符，但是马先生在发病之前，长时间加班，从医学上讲，对其高血压有一定的诱导作用，高血压确实与工作有一定的关系。但是对此等问题，依照劳动部办公厅《关于在工作时间发病不作工伤处理的复函》的规定，"……高血压病为一种常见病，发病原因及发病时间很难确定，现行政策也没有按工伤处理的规定。我们认为，即使在工作现场、工作时间内发病，也不应作工伤处理，而应按因病或非因工负伤处理"。因此，马先生在正常上班时间突发高血压，正常情况下，依法不能被认定为工伤，只能享受因病或非因工负伤的相关待遇。

但是按照《关于在工作时间发病是否可比照工伤处理的复函》精神，劳动者在发病前，有连续加班加点工作的具体情节，这在一定程度上影响了高血压病的复发的，应按比照工伤待遇处理。因此，如果马先生家属有证据证明马先生在发病前有连续加班加点工作的情况，而影响了马先生高血压病的复发的，则有权要求用人单位比照工伤待遇，同样有法可依，有权要求申请工伤认定，享受工伤待遇，但是司法实践中，由于该函仅仅是原劳动部办公厅的一个规范性文件，司法机关可以不适用该规定，一般不会被认定为工伤。

（2）职工因病或非因工负伤在医疗期内享受哪些待遇？

劳动者因病或非因工负伤在医疗期内的，用人单位不得依据《劳动合同法》第四十条、四十一条规定单方解除劳动合同关系。

医疗期，是指企业职工因患病或非因公负伤停止工作治病休息不得解除劳动合同的时限。国家对患病或者非因工负伤，依劳动者在其所在单位工作时间的长短规定了相对合理的医疗期以及相应的医疗待遇。《企业职工患病或非因工负伤医疗期规定》第三条规定，"企业职工因患病或非因工负伤，需要停止工作医疗时，根据本人实际参加工作年限和在本单位工作年限，给予三个月到二十四个月的医疗期：（一）实际工作年限十年以下的，在本单位工作年限五年以下的为三个月；五年以上的为六个月。（二）实际工作年限十年以上的，在本单位工作年限五年以下的为六个月；五年以上十年以下的为九个月；十年以上十五年以下的为十二个月;十五年以上二十年以下的为十八个月;二十年以上的为二十四个月"。

除依法享受相应的医疗期外,因病或非因工负伤,职工依法还享受病假工资或疾病救济费。依据《关于贯彻执行〈中华人民共和国劳动法〉若干问题的意见》第五十九条规定,职工患病或非因工负伤治疗期间,在规定的医疗期内由企业按有关规定支付其病假工资或疾病救济费,病假工资或疾病救济费可以低于当地最低工资标准支付,但不能低于最低工资标准的百分之八十。

(3)职工因病或非因工负伤,用人单位是否可以解除劳动合同?用人单位解除劳动关系的,应当支付哪些劳动待遇?

在医疗期内能否解除劳动关系?

依照《劳动合同法》第四十条、四十一条、四十二条规定,劳动者患病或非因工负伤,在规定的医疗期内的,用人单位不得以提前三十日以书面形式通知劳动者本人或者额外支付劳动者一个月工资的方式,解除劳动合同;也不得适用裁员方式解除与该劳动者的劳动合同关系。但是,患病或者非因工负伤的员工并非绝对不能解雇,如果该员工存在《劳动合同法》第三十九条规定的情形,用人单位还是可以解除劳动关系并且无须支付解除劳动合同经济补偿。

医疗期满后,用人单位可否解除劳动关系?

职工因病或非因工负伤,医疗期满后,不能从事原工作,也不能从事用人单位另行安排的工作的,此时,该情形符合《劳动合同法》第四十条第一项的规定,用人单位提前三十日以书面形式通知劳动者本人或者额外支付劳动者一个月工资后,可以解除劳动合同。同时,因为是用人单位解除劳动合同,根据《违反和解除劳动合同的经济补偿办法》第六条的规定,"劳动者患病或者非因工负伤,经劳动鉴定委员会确认不能从事原工作、也不能从事用人单位另行安排的工作而解除劳动合同的,用人单位应按其在本单位的工作年限,每满一年发给相当于一个月工资的经济补偿金,同时还应发给不低于六个月工资的医疗补助费。患重病和绝症的还应增加医疗补助费,患重病的增加部分不低于医疗补助费的百分之五十,患绝症的增加部分不低于医疗补助费的百分之百"。

(4) 马先生关于赔偿金的主张能否得到支持？

企业并没有违法解除或终止与马先生之间的劳动关系，也就不存在支付赔偿金一说。但是，由于企业没有依法为马先生缴纳社保，导致马先生不能依法享受医疗保险待遇。《最高人民法院关于审理劳动争议案件适用法律若干问题的解释（三）》第一条的规定，"劳动者以用人单位未为其办理社会保险手续，且社会保险经办机构不能补办导致其无法享受社会保险待遇为由，要求用人单位赔偿损失而发生争议的，人民法院应予受理"。《北京市基本医疗保险规定》第五十八条也规定，"用人单位不按照规定缴纳基本医疗保险费或者大额医疗费用互助资金，致使基本医疗保险基金未能按照规定划入个人账户，职工和退休人员不能享受相关医疗保险待遇的，用人单位应当赔偿职工和退休人员由此造成的损失"。因此，马先生可以主张用人单位赔偿其因病或非因工负伤或工伤未能享受医疗保险待遇的损失。

(5) 基于此案，用人单位如何预防和应对员工工作时间发病？

因病或者非因工负伤是每一个劳动者都难以避免的客观现象，同时又与用人单位没有直接的关系。因此，很多用人单位就认为职工因病或非因工负伤与自己无关，也就无须重视对劳动者的保护，这样一来，往往就会引发更多不必要的纠纷。在此，建议用人单位做好对劳动者上班时间发病的防护工作，以避免不必要的损失。

首先，用人单位应依法为劳动者缴纳社会保险费，这样就能保障劳动者在因病或非因工负伤的情况下，能够得到社会保险基金的救助。避免出现如本案情况，因用人单位未缴纳医疗保险，需承担劳动者不能享受相关医疗保险待遇的损失。有条件的用人单位，或是具有属于高危工种的用人单位，可以考虑为高危作业的员工购买具有工伤补充性质的意外伤害等商业保险。因此类企业出现意外事故的危险性较高，通过购买补充险，能够将相应的经济风险转移到保险机构，但需注意一旦发生意外时，要在规定时间内进行理赔申报。

第二，做好安全生产工作。用人单位要对自身企业的工作条件、工作环境及工作时间做好规范化管理。对工作环境及工作条件的管理，主要是指给员工创造适宜进行安全生产的环境，同时也包含了为员工制定合理的工作量，防止因工作量过大导致员工出现意外。而对工作时间的规范化管理，主要是指用人单位要掌握好企业执行的工时制等，保障员工的休息时间，同时规范加班申请制度，尽量减少员工加班的情况。否则，员工在加班期间犯病的，就很有可能被视同工伤。

第三，定期对员工进行体检，建立相关的健康检查档案。用人单位，尤其是有职业危害的企业或是岗位，应当定期对员工进行身体健康检查，建立健康检查档案。对于患有不适宜在特定岗位工作的员工，应及时进行调岗，以免造成更严重的职业伤害。此外，建立了健康检查档案后，员工发病的，相关记录也能被作为认定或是排除工伤的依据之一。

第四，做好紧急意外应急措施防范工作。用人单位应该有相应的意外事故紧急救护制度，一旦发生类似案件中的意外情况，能及时将发病或受到意外伤害的员工送到医院进行抢救。以免因用人单位的救护不及时而导致劳动者救治延误，用人单位产生赔偿责任。

案例五：究竟谁该负责钟某的工伤赔偿

钟某是某商场专业促销员，2011年5月30日晚商场通知召开员工大会，他在从租房处骑车往商场的途中，不幸被一辆行驶中的汽车撞伤，导致左腿骨折，住院治疗共花费了医药费7000多元。

钟某找商场理论，想申请工伤报销，但是商场予以拒绝，称钟某不是商场的员工。原因是，促销员的工资不是由商场经营者发放，而是由专柜承包人发放。

问题：

钟某的工伤该由商场还是专柜承包人买单？

评析：

工伤买单之所以会成为问题，是因为钟某没有签订劳动合同，劳动关系不明。如果签有劳动合同，劳动关系明确，那工伤的责任主体也应当是明确的，即由合同签订单位承担。本案中，用人单位是商场还是专柜承包人，须看钟某被谁聘用以及专柜承包人是否具有用工主体资格。如果专柜承包人聘用而且属于个人承包，不是个体户或其他具有营业执照的经济组织，此种情况下的损害赔偿责任，依照《劳动合同法》第九十四条规定，"个人承包经营者违法本法规定招用劳动者，给劳动者造成损害的，发包的组织与个人承包经营者承担连带责任"，应由商场和承包人共同承担连带责任。不过因为钟某的工伤是因参加商场的活动产生，承包人承担责任的部分还可以依法向商场追偿。所以，最终应由商场承担赔偿责任。

但如果钟某为承包人聘用且承包人具有用工资格，那承包人就是用人单位，应为钟某的工伤买单，买单后再向商场追偿；如果钟某属于商场聘用，只是因为为专柜促销所以由专柜发放工资，那么钟某的劳动关系所在单位就是商场，因为钟某即为商场聘用，那么钟某为专柜促销的行为就是履行商场的指派，是提供实际劳动的行为，劳动关系所在单位当然是指派人（即商场）。相应地，钟某参加商场的会议而导致的工伤就应当由商场买单。综合本案情况，这种可能性最大。

案例六：职工工作后在宿舍中死亡，单位需要担责吗

某单位有两个锅炉工，两人轮流值守单位锅炉，工作时间从早上八点到晚上八点及晚上八点到早上八点。一天，李某下了早班后回宿舍睡觉，中午吃饭时，工友发现他已经在床上去世了。李某未婚，只有61岁老母尚在。李某的家属、亲戚一帮人聚到该单位要求单位给予死亡赔偿，理由是单位长期让职工违法加班，李某之死与加班过劳有关。单位则认为，李某之死系自身疾病造成，不是工伤，不存在赔偿，但愿意给予少量的人道补偿。

问题：

（1）李某的死，单位应当承担责任吗？

（2）单位对李某的后事该如何处理？

评析：

本案例是关于职工非因工死亡后的补偿问题，对此，《社会保险法》第

十七条规定，"参加基本养老保险的个人，因病或者非因工死亡的，其遗属可以领取丧葬补助金和抚恤金；在未达到法定退休年龄时因病或者非因工致残完全丧失劳动能力的，可以领取病残津贴。所需资金从基本养老保险基金中支付"。

（1）李某的死，单位应当承担责任吗？

本案李某不是在工作期间死亡，因此，不符合工伤构成要件，不能按照工伤处理，而应当按照非因工死亡处理。而对非因工死亡，很多地方有自己的规定，比如《广东省企业职工假期待遇死亡抚恤待遇暂行规定》规定，"职工（含离退休人员）因病或非因工负伤死亡，发给丧葬补助费，供养直系亲属一次性救济金（或供养直系亲属生活补助费）、一次性抚恤金。丧葬补助费的标准：3个月工资（月工资按当地上年度社会月平均工资计，下同）；供养直系亲属一次性救济金标准：6个月工资；一次性抚恤金标准：在职职工6个月工资；离退休人员3个月工资。已参加社会养老保险的离退休人员死亡，由当地社会保险机构按养老保险有关规定发放待遇；在职职工因病或非因工负伤死亡，除有规定纳入社会保险支付的地方外，由企业按上述标准发给死亡抚恤待遇"。

（2）单位对李某的后事该如何处理？

根据《武汉劳动和社会保障局关于调整企业职工死亡后丧葬补助费、一次性抚恤金及遗属生活困难补助费标准的通知规定，武汉市企业职工（含退休人员）死亡后丧葬补助费、一次性抚恤金及遗属生活困难补助费标准为：（1）丧葬补助费，因病或非因工死亡的，发给上年度职工平均工资3个月；（2）一次性抚恤金，因病或非因工死亡的，发给上年度职工平均工资10个月；（3）遗属生活困难补助费。因病或非因工死亡的，每人每月发给上年度企业平均工资的25%；供养3人或3人以上的（不含超计划生育的子女），补助标准不得超过当地上年度企业月平均工资的70%。各地的标准并不相同，而且差距很大。因此，本案应当根据地方规定标准，支付丧葬费、抚恤金，并给予死者母亲遗属困难生活补助费等，而不是单位说的给予人道补助。当然，考虑到本案有违法用工的问题，单位适当支付人道主义补助也是应该的。

五、法律依据

《企业职工患病或非因工负伤医疗期规定》（劳部发〔1994〕479号）

第三条 企业职工因患病或非因工负伤，需要停止工作医疗时，根据本人实际参加工作年限和在本单位工作年限，给予三个月到二十四个月的医疗期：

（一）实际工作年限十年以下的，在本单位工作年限五年以下的为三个月；五年以上的为六个月。

（二）实际工作年限十年以上的，在本单位工作年限五年以下的为六个月；五年以上十年以下的为九个月，十年以上十五年以下的为十二个月；十五年以上二十年以下的为十八个月；二十年以上的为二十四个月。

《劳动部办公厅关于合同制工人在试用期内患病医疗问题给宁波市劳动局的复函》（劳办险字〔1989〕3号）

关于合同制工人在试用期内患病或非因工负伤，应否享受医疗期的问题，根据《国营企业实行劳动合同制暂行规定》第六条和第二十一条的规定，我们认为：合同制工人在试用期内患病或非因工负伤，可以享受医疗待遇，医疗期限为三个月。

《中华人民共和国劳动合同法》（自2008年1月1日起施行，中华人民共和国主席令第六十五号）

第三十九条 劳动者有下列情形之一的，用人单位可以解除劳动合同：

（一）在试用期间被证明不符合录用条件的；

……

第四十二条 劳动者有下列情形之一的，用人单位不得依照本法第四十条、第四十一条的规定解除劳动合同：……（三）患病或者非因工负伤，在规定的医疗期内的；……

《关于贯彻执行〈中华人民共和国劳动法〉若干问题的意见》（劳部发〔1995〕309号）

18. 劳动者被用人单位录用后，双方可以在劳动合同中的约定试用期，试用期应包括在劳动合同期限内。

30．劳动法第二十五条用人单位可以解除劳动合同的条款，即使存在第二十九条规定的情况，只要劳动者同时存在第二十五条规定的四种情形之一，用人单位也可以根据第二十五条的规定解除劳动合同。

59．职工患病或非因工负伤治疗期间，在规定的医疗期间内由企业按有关规定支付其病假工资或疾病救济费，病假工资或疾病救济费可以低于当地最低工资标准支付，但不能低于最低工资标准的80%。

《北京市基本医疗保险规定》（北京市人民政府〔2001〕第68号令）

第五十八条　用人单位不按照规定缴纳基本医疗保险费或者大额医疗费用互助资金，致使基本医疗保险基金未能按照规定划入个人账户，职工和退休人员不能享受相关医疗保险待遇的，用人单位应当赔偿职工和退休人员由此造成的损失。

第七节　劳务派遣

一、概念

劳务派遣又称人才派遣、人才租赁、劳动派遣、劳动力租赁，是指由劳务派遣机构与派遣劳工订立劳动合同，由派遣劳工向要派企业（实际用工单位）给付劳务，劳动合同关系存在于劳务派遣机构与派遣劳工之间，但劳动力给付的事实则发生于派遣劳工与要派企业（实际用工单位）之间。

二、适用范围

《劳动合同法》第六十六条规定，"劳务派遣一般在临时性、辅助性或者替代性的工作岗位上实施"。对于何谓"临时性、辅助性或者替代性的工作岗位"，全国人大常委会法制工作委员会（以下简称"全国人大法工委"）向人力资源和社会保障部给出答复,答复确定了劳务派遣用工形式的三原则:临时性、辅助性和替代性。

所谓辅助性,即可使用劳务派遣工的岗位须为企业非主营业务岗位;替代性,指正式员工临时离开无法工作时,才可由劳务派遣公司派遣一人临时替代;临时性,即劳务派遣期不得超过六个月。

但由于这仅仅是全国人大法工委对人力资源和社会保障部的答复,不是法律法规,没有法律效力,加上法律对同工同酬的规定过于恪守原则,不具有操作性,并且对这些违法违规情形没有规定有威慑力的法律责任,导致在实际执行过程当中有大量用工单位例如大型国有企业、事业单位把不属于劳务派遣用工形式三原则的岗位也实行劳务派遣,随意退回劳务派遣人员,并且不遵守同工同酬的规定,这严重侵害了劳务派遣人员的正当合法权益。

虽然《劳动合同法》第六十五条第二款规定,"被派遣劳动者有本法第三十九条和第四十条第一项、第二项规定情形的,用工单位可以将劳动者退回劳务派遣单位"。《劳动合同法》第六十三条规定,"被派遣劳动者享有与用工单位的劳动者同工同酬的权利。用工单位无同类岗位劳动者的,参照用工单位所在地相同或者相近岗位劳动者的劳动报酬确定"。但是《劳动合同法》并没有针对性地对这两种违法行为规定相应的法律责任。而仅仅是在《劳动合同法》第九十二条泛泛地规定,"劳务派遣单位违反本法规定的,由劳动行政部门和其他有关主管部门责令改正;情节严重的,以每人一千元以上五千元以下的标准处以罚款,并由工商行政管理部门吊销营业执照;给被派遣劳动者造成损害的,劳务派遣单位与用工单位承担连带赔偿责任"。由于该条规定并没有针对性规定是否适用任意退回劳务派遣人员和不同工同酬的情形,鉴于公权力法不规定即禁止的原则,执法实践中,很少有适用该条规定处罚用工单位。

三、案例分析

案例一:用工单位能否随意将劳动者退回至派遣公司

王某于2001与上海某知名派遣公司年签订了无固定期限劳动合同,被派遣至某外资工程公司担任工程师,工作地点在上海本部,月工资20000元,且约定王某的派遣期限为无固定期限的派遣。

2009年2月底,该派遣公司欲将王某再派到广州的一客户处的工程项目上,由于王某家中有病人需要照顾,无法长期到外地工作,与外资公司协商希望能以出差的形式进行工作,遭到公司拒绝,外资公司因此也未将王某派遣成功。

2009年3月6日,这家外资公司遂以客观情况发生重大变化为由,将王某退回至派遣公司,但退回后派遣公司未向王某支付任何劳动报酬。王某遂于2009年8月4日向企业所在地的劳动争议仲裁委员会提起劳动仲裁,要求恢复工程师的岗位,并按照20000元的标准补发2009年3月7日至裁决生效之日的工资,派遣公司与用工单位承担连带责任。

在庭审中,王某与外资公司、派遣公司三方展开了激烈的辩论。

王某认为,根据《劳动合同法》第六十五条第二款之规定,被派遣劳动者有《劳动合同法》第三十九条和第四十条第一项、第二项规定情形的,用工单位可以将劳动者退回劳务派遣单位,劳务派遣单位依照《劳动合同法》有关规定,可以与劳动者解除劳动合同。因此,只有在具有《劳动合同法》第三十九条及第四十条第一项、第二项所规定的八种情形下,用工单位才可以将劳动者退回至派遣公司,除此之外,用工单位不得将派遣员工退回至派遣公司。所以王某认为,派遣员工的退回条件是法定化的,不允许派遣公司与用工单位之间的任意约定。

外资公司与派遣公司的观点完全一致,他们在庭审中辩称,王某的用工单位不想用王某了,因此就将王某退回到派遣公司,而派遣公司也表示只要我们派遣公司愿意接受,用工单位就可以将王某退回来。

问题:

用工单位是否可以将劳动者随意退回给派遣公司?

评析:

本案的争议焦点在于,在劳务派遣用工中,派遣员工的退回条件法定化还是任意化。也就是说,派遣员工是否可以被任意退回,是否只要用工单位想将派遣员工退回,而派遣公司又愿意接受的情况下,就可以将派遣员工退回至派遣公司。

在本案中，用工单位、派遣公司及劳动争议仲裁委员会无疑都认为，派遣员工的退回条件是任意化的。根据相关法律规定，这显然是错误的。

《劳动合同法》第六十五条第二款规定，"被派遣劳动者有本法第三十九条和第四十条第一项、第二项规定情形的，用工单位可以将劳动者退回劳务派遣单位，劳务派遣单位依照本法有关规定，可以与劳动者解除劳动合同"。可见，劳务派遣用工中，劳务派遣的退回条件是法定化的，不允许用工单位与派遣公司之间的任意约定。否则的话，劳动者的合法权益容易被两家单位联合起来加以侵害。

劳务派遣用工中，派遣员工的退回条件就如同在标准劳动关系中劳动者的解除条件一样，都是法定化的，只能是法律规定，不允许当事人的任意约定。

四、法律依据

《中华人民共和国劳动合同法》（自2008年1月1日起施行，中华人民共和国主席令第六十五号）

第五十七条 劳务派遣单位应当依照公司法的有关规定设立，注册资本不得少于五十万元。

第五十八条 劳务派遣单位是本法所称用人单位，应当履行用人单位对劳动者的义务。劳务派遣单位与被派遣劳动者订立的劳动合同，除应当载明本法第十七条规定的事项外，还应当载明被派遣劳动者的用工单位以及派遣期限、工作岗位等情况。

劳务派遣单位应当与被派遣劳动者订立二年以上的固定期限劳动合同，按月支付劳动报酬；被派遣劳动者在无工作期间，劳务派遣单位应当按照所在地人民政府规定的最低工资标准，向其按月支付报酬。

第五十九条 劳务派遣单位派遣劳动者应当与接受以劳务派遣形式用工的单位（以下称用工单位）订立劳务派遣协议。劳务派遣协议应当约定派遣岗位和人员数量、派遣期限、劳动报酬和社会保险费的数额与支付方式以及违反协议的责任。

用工单位应当根据工作岗位的实际需要与劳务派遣单位确定派遣期限，不得将连续用工期限分割订立数个短期劳务派遣协议。

第六十条 劳务派遣单位应当将劳务派遣协议的内容告知被派遣劳动者。

劳务派遣单位不得克扣用工单位按照劳务派遣协议支付给被派遣劳动者的劳动报酬。

劳务派遣单位和用工单位不得向被派遣劳动者收取费用。

第六十一条 劳务派遣单位跨地区派遣劳动者的，被派遣劳动者享有的劳动报酬和劳动条件，按照用工单位所在地的标准执行。

第六十二条 用工单位应当履行下列义务：

（一）执行国家劳动标准，提供相应的劳动条件和劳动保护；

（二）告知被派遣劳动者的工作要求和劳动报酬；

（三）支付加班费、绩效奖金，提供与工作岗位相关的福利待遇；

（四）对在岗被派遣劳动者进行工作岗位所必需的培训；

（五）连续用工的，实行正常的工资调整机制。

用工单位不得将被派遣劳动者再派遣到其他用人单位。

第六十三条 被派遣劳动者享有与用工单位的劳动者同工同酬的权利。用工单位无同类岗位劳动者的，参照用工单位所在地相同或者相近岗位劳动者的劳动报酬确定。

第六十四条 被派遣劳动者有权在劳务派遣单位或者用工单位依法参加或者组织工会，维护自身的合法权益。

第六十五条 被派遣劳动者可以依照本法第三十六条、第三十八条的规定与劳务派遣单位解除劳动合同。

被派遣劳动者有本法第三十九条和第四十条第一项、第二项规定情形的，用工单位可以将劳动者退回劳务派遣单位，劳务派遣单位依照本法有关规定，可以与劳动者解除劳动合同。

第六十六条 劳务派遣一般在临时性、辅助性或者替代性的工作岗位上实施。

第六十七条 用人单位不得设立劳务派遣单位向本单位或者所属单位派遣劳动者。

《中华人民共和国劳动合同法实施条例》（中华人民共和国国务院令第535号）

第二十八条 用人单位或者其所属单位出资或者合伙设立的劳务派遣单位，向本单位或者所属单位派遣劳动者的，属于劳动合同法第六十七条规定的不得设立的劳务派遣单位。

第二十九条 用工单位应当履行劳动合同法第六十二条规定的义务，维护被派遣劳动者的合法权益。

第三十条 劳务派遣单位不得以非全日制用工形式招用被派遣劳动者。

第三十一条 劳务派遣单位或者被派遣劳动者依法解除、终止劳动合同的经济补偿，依照劳动合同法第四十六条、第四十七条的规定执行。

第三十二条 劳务派遣单位违法解除或者终止被派遣劳动者的劳动合同的，依照劳动合同法第四十八条的规定执行。

HUMAN RESOURCE MANAGEMENT

第五章

薪酬管理
法律风险管控

第一节 《劳动合同法》对薪酬管理的影响

在人力资源管理中，薪酬制度、用工制度、绩效制度是三项最核心的基本制度，三者之间存在着内在的紧密联系。用工能进能出，岗位能上能下，工资能高能低是市场经济劳动用工的基本需求。《劳动合同法》出于稳定劳动关系的目的，对企业用工制度、绩效制度做了一定限制，薪酬制度也相应受到影响。薪酬制度可以为用工制度、绩效制度的有效运行提供支持。当用工制度、绩效制度受到限制的时候，薪酬制度的重要性就大大增加。

按照《劳动合同法》规定，企业不能直接解雇胜任工作岗位的员工。但企业可以根据薪资制度调整其薪资水平。此时薪资制度对解雇制度就起到支持作用。当员工业绩不好时，薪资制度可以与之相应配套，通过薪资调整起到绩效改进作用。

薪资调控是用人单位的一种人力资源管理方式。设计薪资制度，通过增强薪资调控能力，从而降低用工管理难度。在《劳动合同法》环境下，薪资制度将成为企业人力资源管理的基础。《劳动合同法》对用人单位的薪资制度从多个方面做出了新的规定。一些原有的薪资管理手段受到限制，具体有以下新的变化：

1. 在薪酬制度设计上对工资水平由原来的底线干预转为全面介入

《劳动法》在薪酬管理上只强调最低工资标准，将最低工资标准作为底线进行强制性规范。至于最低工资标准以上的部分，归到单位的管理权限，由单位自主决定。而《劳动合同法》对工资水平由原来的底线干预转为全面介入。具体表现为：

（1）规范试用期工资水平。

根据《劳动合同法》第十五条的规定，试用期的工资不仅不得低于最低工资标准，而且不得低于同岗位最低档工资或者劳动合同约定工资的80%。立法目的在于限制用人单位随意压低试用期工资的行为。

(2) 规范派遣员工工资水平。

由于自有员工用工风险大,很多用人单位选择了劳动力派遣这种形式来激活用工制度。派遣员工和自有员工工资水平存在差异,以此降低生产成本,应对市场经济的激烈竞争。《劳动合同法》则规定派遣劳动者与直接招用的员工同工同酬。如果用工单位没有同类岗位的其他劳动者,则派遣劳动者的工资不能由劳动者与派遣机构、用工单位自行约定,而是要参照用工单位所在地相同或者相近岗位劳动者的劳动报酬确定。这样,单位通过劳动力派遣进行工资福利改革的做法将可能构成违法行为。

2. 薪酬制度制定、劳动定额管理由单方决定变为双方协商确定

(1)《劳动合同法》将薪资制度由用人单位单方决定的机制改为由工会或职工与单位共同协商决定。

《劳动合同法》规定,制定劳动报酬以及劳动定额管理等规章制度和决定重大事项时,应当经职工代表大会或者全体职工讨论,提出方案和意见,与工会或者职工代表平等协商确定。司法实践中,对该条的理解存在分歧,一种观点认为,根据该条规定,劳动报酬以及劳动定额管理等规章制度和关系劳动者利益的重大事项必须由双方共同决定,用人单位没有单方决定权;另一种观点认为,《劳动合同法》第四条第二款规定的"平等协商确定"主要是指程序上的要求,如果平等协商无法达成一致,最后决定权在用人单位。例如《深圳市中级人民法院关于审理劳动争议案件若干问题的指导意见(试行)第七十九条规定,"《劳动合同法》第四条第二款规定的'平等协商确定'主要是指程序上的要求,如果平等协商无法达成一致,最后决定权在用人单位。如该规章制度违反法律法规的规定,给劳动者造成损害的,劳动者可依据《劳动合同法》第八十条寻求救济"。无论如何,这使用人单位部分丧失了单方自主制定工资制度和劳动定额的权利。

(2)计件工资的劳动定额不能由一方决定。

许多用人单位为了提高员工生产积极性,提高劳动生产效率,实行计件工资制。计件工资制是预先规定计件单价,按照工人完成一定劳动定额来确定劳动报酬的一种劳动形式。计件工资制作为一种按劳分配、多劳多得的计酬模式,对打破计划经济时期工资分配的平均主义、等级工资制起到了重要作用,在我国的工资体制改革中具有重要意义。但计件工资制在实施过程中也出现了抬高劳动定额变相加班、员工过度超时劳动等问题。在计件工资制度中，劳动定额具有重要作用。它是单位制订生产计划的重要依据，也是考核员工的重要指标。

随着我国市场经济体制改革的逐步推进，企业获得了越来越多的生产经营自主权。市场需求已经成为企业制订生产经营计划的重要依据。行政部门对企业的劳动管理不再直接干预。反映在劳动定额上，《劳动法》规定由用人单位合理确定。对劳动定额的标准，规定要按国家工时制度执行，即企业制订的劳动定额标准可以让职工在每日工作时间不超过八小时、平均每周工作时间不超过四十小时情况下完成。

由于员工的劳动技能各不相同，同样的标准可能会出现部分员工完成，部分员工无法完成的情况。为此，各地区对标准如何确定予以细化规定，主要包括两类：

一是按国家标准确定劳动定额。由于劳动部门制定了大量劳动定额标准作为指导，部分地区规定企业要按此制定劳动定额标准。

二是企业按照科学、先进、合理的原则制订劳动定额。在正常生产情况下，经过一定的努力，大多数工人按标准工作时间劳动，能够完成定额。如广东省规定劳动定额原则上应当使本单位同岗位百分之七十以上的劳动者在法定劳动时间内能够完成。在劳动定额确定的程序上，各地一般认为是企业的自主权利，不加行政干预。企业怎么自主确定劳动定额，各地有所不同，如山东省规定制定劳动定额和计件单价，应征求企业工会或者职工代表的意见；浙江省规定劳动定额和计件单价应当通过工资集体协商的方式进行。

《劳动合同法》关于协商确定的规定，无论当地人力资源和社会保障行政部门和司法实践中如何认定，都对劳动定额制定及与劳动定额密切相关的计件工资制的加班待遇问题产生了影响。《劳动合同法》规定劳动定额管理属于涉及劳动者切身利益的重大事项，应当经职工代表大会或者全体职工讨论，提出方案和意见，与工会或者职工代表平等协商确定。劳动定额确定之后，用人单位应当严格执行劳动定额标准，不得变相强迫劳动者加班加点。这种规定取消了用人单位随意单方确定、调整劳动定额的权利。其目的在于保护劳动者的劳动权益，限制企业通过提高定额，强迫劳动者超时劳动又不给予加班工资的行为。

3. 对工资水平进行模糊约定的做法不能使用

由于我国强调书面劳动合同的作用，故《劳动法》将劳动报酬规定为劳动合同的必备条款。但《劳动法》对劳动报酬条款中是否必须约定工资标准未做规定，对劳动报酬如何确认也未做规定。因此在实践中形成了两种做法，一种明确约定工资数额；另一种则不约定数额，只在合同中约定按企业工资制度发放。许多用人单位为便于薪资调控，采取在劳动合同中不明确约定工资标准的做法。

对于劳动报酬约定不明的，各地在实践中一般按用人单位和劳动者实际履行的工资水平予以确认。但也有部分地区规定了特别的处理模式，如部分地区规定按职工平均工资水平予以确认。《广东省工资支付条例》第八条规定，"用人单位与劳动者应当在劳动合同中依法约定正常工作时间工资，约定的工资不得低于所在地政府公布的本年度最低工资标准。未约定的或者约定不明确的，以用人单位所在地县级人民政府公布的上年度职工月平均工资作为正常工作时间工资；实际支付的工资高于当地政府公布的上年度职工月平均工资的，实际支付的工资视为与劳动者约定的正常工作时间工资"。

而《劳动合同法》则要求劳动报酬必须明确约定。约定不明时工资数额不能按双方实际履行的数额确认，而是要由双方重新进行协商。如果用人单位和劳动者协商不成的，则按用人单位集体合同规定的工资水平执行；如果集体合同未做规定的，则实行同工同酬。这些规定迫使用人单位必须在劳动合同中列明工资标准。如果模糊约定可能使企业付出额外的成本。

第二节 工资额度

一、法律解读

1. 定义及其范围

（1）定义：工资是劳动报酬，是指用人单位依据国家有关规定和劳动关系双方的约定，以货币形式支付给员工的劳动报酬。

（2）范围：计时工资、计件工资、奖金、津贴和补贴、加班加点工资、特殊情况下支付的工资。

（3）不属于工资的费用：非劳动报酬不属于工资，如社会保险费、劳动保护费、福利费、计划生育费等；非货币形式支付的劳动报酬，如给付的物品，不属于工资的范围。此外，切不可将住宿补贴、伙食补贴等福利纳入工资范畴。

2. 正常工作时间工资

（1）定义：正常工作时间工资，是指员工在正常工作时间内为用人单位提供正常劳动应得的劳动报酬。

（2）意义：它是计算加班工资、各种假期工资等基数。正常工作时间工资可以约定，只要不低于当地最低工资标准即可。在劳动合同中明确约定此工资作为加班工资、假期工资发放基数。

3. 工资结构

结构工资制又称分解工资制或组合工资制，是在企业内部工资改革探索中建立的一种新工资制度。结构工资制是指基于工资的不同功能划分为若干相对独立的工资单元，各单元又规定不同的结构系数，组成有质的区分和量的比例关系的工资结构。

企业结构工资制的内容和构成，不宜简单照搬国家机关、事业单位的现行办法，各企业可以根据不同情况做出不同的具体规定。其组成部分可以按劳动结构的划分或多或少，各个组成部分的比例，可以依据生产和分配的需要或大或小，没有固定的格式。一般包括五个部分：基础工资、岗位工资或技能工资、效益工资、浮动工资、年功工资。

（1）基础工资。基础工资即保障职工基本生活需要的工资。设置这一工资单元的目的是保证维持劳动力的简单再生产。基础工资主要采取按绝对额或系数两种办法确定和发放。绝对额办法，主要是考虑职工基本生活费用及占总工资水平中的比重，统一规定同一数额的基础工资；系数办法，主要是考虑职工现行工资关系和占总工资水平中的比重，按大体统一的参考工资标准规定的职工本人标准工资的一定百分比确定基础工资。

(2) 岗位（职务）工资或技能工资。岗位工资或技能工资是根据岗位（职务）的技术、业务要求、劳动繁重程度、劳动条件好差、所负责任大小等因素来确定的。它是结构工资制的主要组成部分，发挥着激励职工努力提高技术、业务水平，尽力尽责完成本人所在岗位（职务）工作的作用。岗位（职务）工资有两种具体形式，一种是采取岗位（职务）等级工资的形式，岗（职）内分级，一岗（职）几薪，各岗位（职务）工资上下交叉；另一种是采取一岗（一职）一薪的形式。岗位（职务）工资标准一般按行政管理人员、专业技术人员、技术工人、非技术工人划分。

(3) 效益工资。效益工资是根据企业的经济效益和职工实际完成的劳动的数量和质量支付给职工的工资，发挥着激励职工努力实干、多做贡献的作用。效益工资没有固定的工资标准，一般采取奖金或计件工资的形式，全额浮动，对职工个人上不封顶、下不保底。

(4) 浮动工资。浮动工资是劳动者的劳动报酬随着企业经营状况好坏及劳动者劳动贡献大小而上下浮动的一种工资形式。形式多样。浮动工资的设立有利于调动职工的积极性，促使职工更加关心企业。

(5) 年功工资。年功工资是根据职工参加工作的年限，按照一定标准支付给职工的工资。它是用来体现企业职工逐年积累的劳动贡献的一种工资形式。它有助于鼓励职工在本企业长期工作并多做贡献，同时，又可以适当调节新老职工的工资关系。年功工资采取绝对额或按系数两类形式发放的办法。绝对额可分为按同一绝对额或分年限按不同绝对额的办法发放；按系数可分为按同一系数或按不同系数增长的办法发放。一般来说，增加年功工资，主要决定于职工工龄的增长，同时还应决定于职工的实际劳动贡献大小和企业经济效益好差。只有这样，才能更好地发挥这一工资单元的作用。

上述各个组成部分之间具有内在的联系，互相依存，互相制约，形成一个有机的统一体。

4．停工、停产及待岗期间的工资

劳动部和各地均规定停工、停产在一个工资支付周期内的，用人单位应按劳动合同规定的标准支付劳动者工资。停工、停产时间超过一个工资支付周期的，如果劳动者提供了正常劳动，用人单位支付的劳动报酬可以降低，但不得低于当地的最低工资标准。对停工、停产时间超过一个工资支付周期而且劳动者没有提供正常劳动的，用人单位应如何支付工资，各地规定不一。部分地区，如厦门等，规定应按不低于最低工资标准；部分地区，如北京等，则允许低于最低工资标准支付。关于待岗期间的工资，根据《关于贯彻执行〈中华人民共和国劳动法〉若干问题的意见》第五十八条规定，"企业下岗待工人员，由企业依据当地政府的有关规定支付其生活费，生活费可以低于工资标准，下岗待工人员中重新就业的，企业应停发其生活费"。

而《广东省工资支付条例》第三十五条规定，"非因劳动者原因造成用人单位停工、停产，未超过一个工资支付周期（最长三十日）的，用人单位应当按照正常工作时间支付工资。超过一个工资支付周期的，可以根据劳动者提供的劳动，按照双方新约定的标准支付工资；用人单位没有安排劳动者工作的，应当按照不低于当地最低工资标准的百分之八十支付劳动者生活费，生活费发放至企业复工、复产或者解除劳动关系"。广东省的规定，明确了双方在停工、停产期间可以变更约定的工资，并按双方协议变更的工资予以支付，也更加明确了是用人单位没有安排劳动者工作，并且明确待岗期间的生活费发放至用人单位复工、复产或者解除劳动关系时止。这为企业和劳动者提供一个明确的诉求，能够很好地指引劳动者在提出要求待岗期间的生活费时，准确计算具体费用。而《上海市企业工资支付办法》也做出了与《广东省工资支付条例》一致的规定，不过上海市规定支付的生活费不能低于当地最低工资标准，而不是当地最低工资标准的80%。

因此，对停工、停产及待岗期间的工资，首先要严格遵守当地的规定，其次，若劳动者没有提供正常劳动，劳动者享有的各种津贴及社会保险应按相关规定发放。在实践中，还会发生劳动者因考核不合格等原因而需要作内部待岗处理的情况，我们特别将这部分的工资报酬标准以约定的方式进入劳动合同，以便减少由此引发的劳动争议。

5. 最低工资

（1）最低工资的内涵。

刘某月收入约1000元，包括基本工资600元、加班工资300元、夜班津贴50元、伙食补贴50元。每月还需交社会保险费100元、公积金50元，个人实得850元。当地最低工资标准为600元。刘某合同到期终止后向劳动监察投诉，称工资低于最低工资标准。那么，刘某的工资是否低于最低工资标准？

最低工资标准的含义是，劳动者在法定工作时间或依法签订的劳动合同约定的工作时间内提供了正常劳动的前提下，用人单位依法应支付的最低劳动报酬。

最低工资标准具有三大特点：

一是最低工资标准是指劳动者在"法定工作时间"或依法"约定的工作时间"内提供劳动从而获得的劳动报酬。因此，加班工资不能纳入最低工资标准。

二是最低工资标准是劳动者在"正常劳动"情况下获得的劳动报酬。因此，津贴不能纳入最低工资标准，如中班、夜班、高温、低温、井下、有毒有害等津贴。

三是最低工资标准是"最低劳动报酬"。因此，一些非劳动报酬的福利不能纳入最低工资标准。最低工资标准要剔除一些常见的工资项目。现在各地均认同应当把加班工资和特殊岗位津贴（中班、夜班、高温、低温、井下、有毒有害津贴）从最低工资标准中剔除。用人单位负担的劳动者社会保险费用和住房公积金不列入工资总额，自然也不作为最低工资组成部分。

对于个人缴纳的社会保险费、住房公积金等是否还需要扣除，各地标准不一，主要有以下四种规定：

第一种，不需要再扣除个人缴纳的社会保险费、住房公积金。浙江省等部分地区按照劳动部的规定，认为个人缴纳的社会保险费、住房公积金属于工资的一部分，不应从社会保险费中剔除。按此规定，案例中刘某工资1000元，扣除加班工资300元和夜班津贴50元后还剩余650元，超过最低工资标准50元。

第二种，不需要再扣除个人缴纳的社会保险费，但需要扣除个人缴纳的住房公积金。江苏省即为此类规定。按此规定，案例中刘某工资1000元，扣除加班工资300元、夜班津贴50元和住房公积金50元后还剩余600元，达到最低工资标准。

第三种，需要扣除个人缴纳的社会保险费和住房公积金。部分地区，如北京市等地，沿用了原有的规定。按此规定，案例中刘某工资1000元，扣除加班工资300元、夜班津贴50元、社会保险费100元和住房公积金50元后还剩余500元，低于最低工资标准100元，公司违反了最低工资有关规定。

第四种，需要扣除其他项目。如在劳动部认为还应扣除用人单位支付的住房补贴和伙食补贴外，上海市认为还应扣除上下班交通费补贴。如果按照上海市的规定，案例中刘某工资1000元，扣除加班工资300元、夜班津贴50元、伙食补贴50元、社会保险费100元和住房公积金50元后，还剩余450元，低于最低工资标准150元，公司违反了最低工资有关规定。

（2）最低工资的应用。

劳动者在法定或约定的工作时间内提供了正常劳动的，用人单位支付的工资不应低于最低工资。一般而言，"正常劳动"是从社会角度衡量员工的工作状况。劳动者只要正常出勤并在用人单位指挥下工作，均可认为是正常工作。对于劳动者因工作能力等原因未完成工作任务的，只要劳动者正常工作，其工资也不应低于最低工资标准。劳动部曾规定即使双方当事人约定可低于最低工资标准支付，此类条款也不具有法律效力。如果劳动者缺勤或者没有提供正常劳动的，用人单位支付的工资是可以低于最低工资标准的。劳动者缺勤可以分为三种情况：

其一，劳动者行使法定的休息休假权利而缺勤或者因依法参加社会活动而缺勤的。如劳动者休年假、探亲假、婚假、丧假，参加选举、出任人民法院证明人等，此时用人单位应当正常支付工资。

其二，劳动者因个人原因缺勤的。如旷工、事假等，此时用人单位可以不支付工资。因此导致劳动者月工资低于最低工资标准的亦属合法。

其三，劳动者因病缺勤的。劳动者患病时享有休假的权利。此时用人单位应依法支付病假工资。但由于劳动者是因个人原因缺勤，故病假工资标准可以适度低于最低工资标准。劳动部和各地一般规定病假工资不得低于最低工资标准的百分之八十。

在实践中会出现单位停工、停产导致劳动者不能正常劳动的情况。对此，人力资源和社会保障部和各地均规定停工、停产在一个工资支付周期内的，用人单位应按劳动合同规定的标准支付劳动者工资。停工、停产时间超过一个工资支付周期的，如果劳动者提供了正常劳动，用人单位支付的劳动报酬可以降低，但不得低于当地的最低工资标准。对停工、停产时间超过一个工资支付周期而且劳动者没有提供正常劳动的，用人单位应如何支付工资，各地规定不一。部分地区规定应按不低于最低工资标准支付，如厦门市等；部分地区则允许低于最低工资标准支付，如北京市等。最低工资标准如果定得过低，则劳动者基本生活难以得到保障。反之，最低工资标准如果定得过高，将使企业减少用工，劳动者面临失业，生存权同样受到威胁。

用人单位既要节约成本，也要遵守国家规定，对此企业一般从以下方面着手：

其一，了解各地最低工资标准。各地的最低工资标准并不一致，而且定期更新。企业应当及时予以关注，避免滞后。

其二，了解各地最低工资标准扣除范围。如果企业支付的工资总额较高，但有一部分属于扣除范围，则仍然可能违反最低工资标准。企业需要了解当地的最低工资标准扣除范围，相应地对工资项目予以调整。将属于扣除范围的工资项目调整为扣除范围外的工资项目。

其三，用人单位对各地区是否允许异地适用最低工资标准予以注意。在工资较低地区大量用工时，应尽量使用在当地注册的机构与员工签订劳动合同，避免工资较低地区的员工适用工资较高地区的最低工资标准。

6．工资的协商和调整

《劳动合同法》关于劳动定额的规定使企业的劳动定额制定受到一定限制。为保障企业在劳动管理和工资制定的自主权，企业会对此予以密切关注。由于《劳动合同法》关于劳动定额的内容规定并不明确，只是要求通过集体协商程序制定。企业应当科学计算劳动定额，通过集体协商予以确定，并保留职工代表大会决议、集体合同等文件。

7. 劳务派遣工的工资

被派遣劳动者与用工单位直接招用的劳动者应当同工同酬。如果用人单位没有同类岗位的其他劳动者，被派遣劳动者的工资不能由劳动者与派遣机构、用工单位自行约定，而是要根据社会水平，参照用工单位所在地相同或者相近岗位劳动者的劳动报酬确定。

被派遣劳动者与用工单位没有劳动关系，被派遣劳动者的工资由派遣单位支付。但是，被派遣劳动者的加班工资、绩效工资和福利由用工单位支付，并且要与用工单位直接招用的劳动者实现同工同酬。跨地区派遣的，被派遣劳动者的劳动报酬应当按照用工单位所在地的标准执行。这里最主要的标准是指最低工资标准。同时，如果用人单位没有依照劳动合同向被派遣劳动者及时足额支付工资，损害劳动者利益的，由用人单位依法向劳动者承担赔偿责任，并由用工单位承担连带赔偿责任。所以，新形势下的劳务派遣，对用工单位的好处就只有节省社会保险费和免除劳动者的具体管理工作。这就要求用工单位设计好绩效和加班工资制度。

二、加班工资

1. 加班工资的一般规定

在我国，加班工资作为一种额外劳动的对价，其计算标准也比正常工资水平要高一些。例如，如果劳动者在工作日加班的，用人单位应当按照不低于劳动者本人小时工资标准的150%支付加班工资；如果是在休息日加班同时用人单位又不能安排劳动者补休的，应当按照不低于劳动者本人日或小时工资标准的200%支付加班工资；如果是在法定节假日加班，用人单位则应按照不低于劳动者本人日或小时工资标准的300%支付加班工资。关于加班工资的具体计算方法将在下文中详细叙述。

这里需要特别指出的是，用人单位如果安排劳动者在工作日和法定节假日加班，必须按照法定标准支付加班工资，但如果安排劳动者在休息日加班的，则用人单位有两种选择，既可以安排劳动者补休，也可以按照法定标准向劳动者支付加班工资，选择权在单位。

2. 加班工资的计算

（1）标准工时制下加班工资的计算。

例1　张某在上海S公司处工作，双方在劳动合同中约定每月工资为3000元，工时实行标准工时制，现得知张某2009年11月在工作日共加班10小时，张某11月的加班工资应为多少元？

例2　王某在上海S公司处工作，双方在劳动合同中约定每月基本工资为1500元，奖金为1000元，交通补贴500元，同时双方约定基本工资1500元作为计算加班工资的基数，工时实行标准工时制，现得知王某2009年11月在工作日共加班10小时，王某11月的加班工资应为多少元？

例3　赵某在上海S公司处工作，双方在劳动合同中约定每月工资为3000元，工时实行标准工时制，现得知赵某2009年11月在休息日共加班10小时，赵某11月的加班工资应为多少元？

影响加班工资计算的因素有两个，一个是加班工资的基数，另外一个则是加班工资系数。

计算加班工资最基本的公式为：加班工资=加班工资基数×加班工资系数。

①加班工资基数的确定。

现在用人单位在确定职工加班工资计算基数时，一般有以下几种情形：第一，职工工资分很多细项，但计算加班费时仅以"基本工资"作为基数，这种情况相对较多，偶尔有用人单位以"基本工资"与其他工资项目之和作为基数，但并没有包括所有工资项目。第二，以当地的最低工资标准为计算基数。第三，以劳动合同中双方约定的工资标准为基数。第四，职工无论加班多少，每月固定可得一笔"加班费"，即根本不考虑加班费的计算基数。

根据《劳动法》第四十四条规定，用人单位应当按照劳动者正常工作时间工资报酬的一定比例（150%、200%、300%）支付职工加班工资。另外，根据《劳动部关于贯彻执行〈中华人民共和国劳动法〉若干问题的意见》第五十五条规定，所谓"劳动者正常工作时间工资"是指劳动合同规定的劳动者本人所在工作岗位（职位）相对应的工资。从上述规定看，确定职工加班费的计算基数似乎并不困难，只要以劳动合同中双方约定的劳动者正常工作时间工资数额为准即可。但实际情况却并非如此简单：

首先，相当多的用人单位在劳动合同中对于劳动者正常工作时间工资的约定是不明确的，有的劳动合同在劳动报酬条款中仅约定"工资不低于本市的最低工资标准"，有的劳动合同中仅约定基本工资，但是对加班工资计算基数语焉不详，还有的劳动合同中虽对工资约定了一个具体数，但是却并非职工的真实工资。

其次，即使劳动合同中对职工的工资有明确约定，但是职工的工资常常是随着在用人单位工作年限的增加或工作职务的提升而增加的，许多用人单位都有员工定期增资计划。职工工资变动后，也就意味着劳资双方劳动合同中的工资条款已做了变更，严格地说，双方应该及时地对合同中的工资条款做书面变更，但实际工作中职工增加工资后立即变更劳动合同工资条款的情况非常少。因此，劳资双方在劳动合同中约定的工资报酬标准并不总是与职工正常工作时间所得的劳动报酬相一致，仅以劳动合同中约定的工资标准为计算加班费的基数常常并不可行。

对此，各地有不同的规定，例如根据《上海市企业工资支付办法》的规定，加班工资的基数应当按照以下的方式确定：（1）劳动合同中有约定的，按照劳动合同的约定执行；（2）劳动合同中没有约定的，按照集体合同中的约定执行；（3）劳动合同、集体合同中均未约定的，可按劳动者本人所在岗位（职位）正常出勤的月工资的70%确定。当然，上述所得加班工资基数不得低于上海市人民政府规定的最低工资标准。

例如例2中，双方在劳动合同中明确约定加班工资计算基数为基本工资1500元，此时，在计算王某的加班工资时就应当以1500元为基数；而例1和例3中，双方劳动合同、集体合同均未做任何约定，因此张某、赵某的加班工资计算基数应以3000元×70%即2100元为准。

当然，我们在计算加班费时一般都是以小时工资作为基准，因此，一般首先算出小时工资基数，再计算加班工资，小时工资基数计算方法为：加班工资的计算基数÷（月计薪天数×8）。每月工作时间超过20.83天的就属于加班，但是由于11天法定节假日系国家法定节假，属于带薪休假，所以月计薪日为21.75天.

②加班工资系数的确定。

加班的小时数自然是加班工资的系数,除此之外,前文在加班工资的限制一节中提到的3个比例标准也是其组成部分,即按照工作日加班、休息日加班、法定节假日加班的不同,要分别以150%、200%、300%的比例计算加班工资。

了解了计算方法之后,我们再来看这三个案例。

例1中张某的加班工资应为:

$[3000×70%÷(21.75×8)]×150%×10=181$元

例2中王某的加班工资应为:

$[1500÷(21.75×8)]×150%×10=129.3$元

例3中赵某的加班工资应为:

$[3000×70%÷(21.75×8)]×200%×10=241.4$元

(2)几种特殊情况下加班工资的确定。

①综合工时制加班工资的确定。

实行综合计算工时工作制的,劳动者综合计算工作时间超过法定标准工作时间的应不低于劳动者本人小时工资标准的150%支付劳动者加班工资;用人单位在法定休假节日安排劳动者工作的,应按不低于劳动者本人日或小时工资标准的300%支付加班工资。即综合工时制中没有休息日按200%支付加班工资这一比例。

②不定时工时制加班工资的确定。

实行不定时工时制的,劳动者在工作日和休息日延长工作时间的,不需向其支付加班工资,但在法定休假节日安排劳动者工作的,仍应按300%的标准支付加班工资。

③计件工资制加班工资的确定。

用人单位依法安排实行计件工资制的劳动者在法定标准工作时间以外工作的,应参照标准工时制的加班标准相应的调整计件单价。

3.加班制度管理技巧

由上文可知,我国对加班的限制较为严格,加班的工资成本较高,因此,企业在设计加班制度时应当谨慎,以下提供几点建议供大家参考:

(1)提高正常工作时间的工作效率,同时对加班也进行考核。

从某种程度上讲,加班对公司和员工都是一种损失,因此应当提高工作效率,从而尽量减少加班。另一方面，在加班时，企业也应当对员工进行考核，而且需更为严格，以防止员工出现磨洋工的情况。

（2）选择合理的工时制度减少加班成本。

只要符合法律规定，对于一些特殊岗位，可以申请综合工时制或不定时工时制，这两种工时制度在工作时间安排上比较灵活，对加班费用的支付也较标准工时制度要低，因此可以帮助企业有效降低加班成本。此外，如果安排员工在休息日加班的，应当首先安排补休，如果无法安排的才按法定标准发放加班费。

（3）合理约定加班工资的基数。

通过双方平等协商，确定合理的加班工资基数，这样可以起到有效控制加班工资成本的作用。例如《深圳员工工资支付条例》第四条规定，"本条例所称正常工作时间工资，是指员工在正常工作时间内为用人单位提供正常劳动应得的劳动报酬。正常工作时间工资由用人单位和员工按照公平合理、诚实信用的原则在劳动合同中依法约定，约定的正常工作时间工资不得低于市政府公布的最低工资标准"。

（4）实行严格的加班书面审批制度。

由于《劳动争议调解仲裁法》加大了用人单位的举证责任，因此，企业在设计加班政策时，应当尽量实行书面审批制度，同时在规章制度中明确员工未获审批擅自延长工作时间的，不视为加班，这样，一方面在发生劳动争议时用人单位可以充分举证，另一方面也防止一些员工为获得加班费而恶意加班。

三、专业提示

1. 计时工资的设计

计时工资，是按照计时工资标准和工作时间支付给职工个人的劳动报酬，一般分为月工资标准、日工资标准、小时工资标准三种。三者之间的换算关系为：

日工资标准＝月工资标准÷21.75天

小时工资标准＝日工资标准÷8小时

劳动者全勤，就按月工资标准计发工资。缺勤或加班加点，就按日工资标准或小时工资标准扣发或加发工资。在实行计时工资的条件下，职工完成法定工作时间和劳动定额后，按本人的工资等级和工资标准领取的工资数额，即为标准工资。标准工资是计算工资的其他组成分和计件工资的计件单价的基础或依据。

2．计件工资的设计

计件工资，是根据劳动者完成的合格产品数量或工作量，按计件单价支付的劳动报酬。具体包括：

（1）实行超额累进计件、直接无限计件、限额计件、超定额计件等工资制，按劳动部门或主管部门批准的定额和计件单价支付给个人的工资。

（2）按工作任务包干方法支付给个人的工资。

（3）按营业额提成或利润提成办法支付给个人的工资。其核心是计件单价，即生产某一单位产品或完成某一单位工作的应得工资额。计件单价为单位时间的标准工资与单位时间的劳动定额的商数。所以，计件工资可以看做计时工资的转化形式。无论是计时工资还是计件工资，津贴、补贴和奖金虽然属于劳动报酬的组成部分，但均不是计时工资或计件工资的组成部分。

3．加班工资的设计

加班工资是指用人单位在劳动者完成定额或规定的工作任务后，根据实际需要安排劳动者在法定标准工作时间之外工作，发给劳动者的报酬。加班工资通常是以计时工资即标准工资进行计算的。所以，用人单位应当对劳动者的劳动报酬进行充分设计，将其严格区分为工资、津贴、补贴和不计入工资总额中的福利，以降低劳动者加班工资的计算基数。其中，津贴包括补偿职工特殊或额外劳动消耗的津贴、保健性津贴、技术性津贴、年功性津贴和其他津贴。

加班工资的具体计算就是以月工资标准折算出日工资标准或小时工资标准，并按照以下标准计算具体的加班工资额度：

（1）依法安排劳动者在法定标准工作时间以外延长工作时间的，按照不低于本人小时工资标准的150％支付。

（2）依法安排劳动者在休息日工作，而又不能安排补休的，按照不低于本人日或小时工资标准的200％支付。

（3）依法安排劳动者在法定休假节日工作的，按照不低于本人日工资或小时工资标准的300%支付劳动者工资。

（4）实行计件工资的，在完成计件定额任务后，由用人单位安排延长工作时间的，应根据上述规定的原则，分别按照不低于其本人法定工作时间计件单价的150%、200%、300%支付其工资。

（5）实行综合计算工作时间的，其超过法定标准工作时间的部分，应视为延长工作时间，并按劳动者本人日工资或小时工资标准的150%支付加班工资。实行综合工作制的，工作日正好是周休息日的，属于正常工作；工作日正好是法定节假日的，按不低于劳动者本人工资的300%的工资支付工资报酬。

（6）实行不定时工时制度的，一般不执行上述规定，即无需计发加班工资。但在国家法定节假日安排工作的，则应当按照不低于本人日工资或小时工资标准的300%支付劳动者工资。

（7）加班的补偿方式有两种，一是调休，二是计发加班工资。劳动者加班后，用人单位可首先选择调休方式进行相应的补偿；不过，在法定节假日期间发生加班，则只能通过计发加班工资的方式进行补偿。用人单位在设计工资条款时，应当注意此类细节问题。

4. 用人单位如何设计薪酬制度可以降低应当缴纳的社会保险费

用人单位由于依法承担养老保险、医疗保险、失业保险、工伤保险和生育保险五大保险的缴费责任，一般需要按照工资总额的20%～40%缴纳相应的社会保险费。用人单位降低应当缴纳的社会保险费的有效途径是降低工资总额，即通过对劳动者劳动报酬的有效设计，使得劳动报酬由两部分组成：一部分成为工资总额部分，一部分不计为工资总额。不计入工资总额的劳动报酬，以伙食补贴、住房补贴、上下班交通补贴、通信补贴、生活消费品价格补贴（包括水电补贴、燃气补贴、房租补贴、修理费、书刊费）、独生子女补贴、探亲路费补贴、孝亲补贴、补充社会保险、住房公积金和生活困难补贴等尤为常见。

5. 用人单位在设计工资条款时必须注意的细节

用人单位在设计工资条款时，必须注意以下细节：

（1）与劳动者相关的事假工资、病假工资及其他种类假期工资都需要依用人单位的规章制度进行明确。

（2）无论实行何种工作时间制度，在进行标准工作时间的换算时，用人单位必须把握的是，每月平均工作日数为20.83天，进行日标准工资换算时，月标准计薪日数为21.75天，即我们在计算加班工资、事病假工资时应以月标准工资除以21.75。

（3）考勤是工资计算的基础性数据，为保证用人单位能够准确计算计发工资，用人单位应当要求劳动者对其每月的考勤数据做确认。只要劳动者对考勤数据做了确认，即使最后还是发现工资的计算是因考勤数据不准导致的，亦无需由用人单位对此承担相应的法律责任。

（4）在工资制度的设计及具体的计算过程中，用人单位应当综合考虑上述内容。

（5）事实劳动关系期间，用人单位必须按照劳动者工资标准的两倍向劳动者支付工资。

（6）用人单位必须依法足额向劳动者支付工资。所谓足额是指用人单位应当按照双方约定的工资数额向劳动者支付，在劳动者保质保量完成工作时，用人单位不得以任意借口克扣。用人单位需要特别注意防止因工作人员计算失误而导致的不足额支付情况发生。

（7）用人单位只能以法定货币方式向劳动者支付工资，不得以实物及有价证券代替货币支付。

（8）用人单位应当将工资支付给劳动者本人，并应向劳动者提供工资清单。

（9）如果用人单位与劳动者之间的劳动合同被确认为无效，但是劳动者已经付出劳动的，用人单位应当向劳动者支付劳动报酬，数额参照用人单位相同或相近工作岗位劳动者的劳动报酬确定。

6．实行复合式薪资结构

法律并未对薪资结构做出限定，用人单位可以自行设计。

一般而言，单一工资制工资相对固定，结构单一，强调团队整体和长期考评。复合工资制工资包括多个组成部分，有相对固定的，如岗位、职务、技能工资等；也有相对浮动的，如提成工资、绩效工资、月奖等，注重及时考核，强调对员工激励。《劳动合同法》要求用人单位必须在劳动合同中约定工资标准。而且工资标准一旦约定，用人单位就不能自行调整。

人力资源管理需要保证单位在薪资上的自主权，为了在法律规定和人力资源管理之间保持平衡，复合式薪资结构应成为用人单位的首选。在具体操作上用人单位将劳动报酬一部分作为固定工资，在劳动合同中明确约定，同时增大工资中与业绩考核相关部分的比例。这部分工资并不约定具体数额，而是与员工约定按业绩考核发放。

当用人单位效益下滑或劳动者业绩不佳时，用人单位可以调整工资的业绩考核部分，对固定部分仍然正常发放。劳动合同期限较长或为无固定期限合同时，用人单位可以采用岗位聘任制。岗位聘任制是指用人单位可以将劳动合同期限和工作岗位期限分别予以规定。合同期限可以较长，岗位期限可以较短。如需要调整岗位的，在岗位到期后重新予以聘任原岗位或新的岗位。

岗位聘任制与岗位工资制相结合。用人单位将固定工资分为多个部分，其中一部分为岗位工资，每个岗位的岗位工资各异，待岗人员、脱产人员无岗位工资。在劳动合同中，用人单位和劳动者约定基本工资和在岗位聘期内的岗位工资，并约定岗位工资在岗位到期时重新按照新的岗位约定。同时双方可以在劳动合同中对待岗、脱产期间的工资待遇进行约定。当劳动者正常在岗工作时，用人单位按约定标准支付基本工资、岗位工资，并按考核结果发放业绩工资。在劳动者待岗、脱产期间，则仅发放基本工资。

四、案例分析

案例一：用人单位不能擅自调整工资水平

刘某与单位签订无固定期限劳动合同，约定从事车间工人工作，工资由单位确定并调整。刘某从事车间工人工作期间每月工资约1200元，后公司通知刘某从事销售工作，每月基本工资800元，另根据绩效发放奖金。刘某从事销售工作半年后，由于业绩不佳，常常无法获得销售奖金，于是刘某申请劳动仲裁，称单位单方降低工资标准，请求补发工资，并将工资标准恢复为1200元。

评析：

本案的争议焦点是单位是否可以调整工资标准。劳动合同的履行是一个长期动态的过程，在此过程中，用人单位的经济效益、人工成本和劳动者所提供劳动的价值都会发生变化，因此用人单位可能需要提高或降低劳动者的工资水平。劳动者也可能会与用人单位就工资水平进行协商，这些可能都会使实际履行的工资水平与劳动合同约定不一致。对此，实践中一般有三种处理模式：

第一，不强求在劳动合同中约定工资标准，允许用人单位合理调整。本案中用人单位调整刘某的岗位且告知了工资标准，刘某也予以接受并就任，故单位调整工资属于合理调整，对刘某的请求不予支持。例如《广东省高级人民法院关于审理劳动争议案件若干问题的指导意见》第二十条规定，劳动者明知工资调低而在60日内未提出异议的，视为劳动者同意工资调整，劳动者以此为由提出解除劳动合同并请求经济补偿金的，不予支持。

第二，要求在劳动合同中约定工资标准，但允许实际工资与约定工资不一致。例如《深圳市中级人民法院关于审理劳动争议案件若干问题的指导意见（试行）》第二十三条第三款规定，劳动者主张工资标准高于劳动合同约定或已实际领取的工资数额的，劳动者应就其主张的工资标准举证。

第三，要求实际工资与约定工资一致，如不一致要重新约定。其依据在《劳动合同法》第二十九条（用人单位与劳动者应当按照劳动合同的约定，全面履行各自的义务）和第三十五条（用人单位与劳动者协商一致，可以变更劳动合同约定的内容。变更劳动合同，应当采用书面形式）强调合同的全面履行原则，对合同变更强调要协商一致。劳动报酬属于劳动合同内容之一，如需变更，应当采用书面形式。在变更协商中，劳动者一方不同意用人单位变更劳动报酬要求的，用人单位无权予以单方变更，只能继续履行原合同。即使劳动者同意变更劳动报酬，如果双方没有采用书面形式，变更行为也不能得到法律认可。

上述三种处理模式，从法律适用角度严格来说，只有第三种模式是合法的。但是在司法实践中，也不乏按照第一、二种模式处理的情况。所以，用人单位在人力资源管理实务中，需要了解当地劳动争议仲裁委员会和法院的处理意见。

第三节　工资支付

一、设计范例

甲方每月一日发放工资，工资必须以法定货币支付。如遇节假日或休息日，则需提前到最近的工作日支付。征得乙方同意后，甲方可根据用人单位的经营状况对工资的发放时间做一定的调整，但甲方需提前书面告知乙方，且工资延迟发放不得超过一个月。

二、设计解读

用人单位必须在约定的日期向劳动者支付工资。如果遇节假日或休息日，则应提前在最近的工作日支付。工资至少每月支付一次，实行周、日、小时工资制的可按周、日、小时支付工资。非全日制用工的，应当每十五天结算一次工资。对一次性完成临时劳动或某项具体工作的劳动者，用人单位应当按照有关协议或合同规定在其完成劳动任务后即支付。用人单位支付工资必须向劳动者本人支付，若本人因故不能领取，则可由其亲属或劳动者授权的其他人代领。用人单位可以采取签单的方式直接将工资支付给劳动者，也可委托银行代发工资。无论采用何种支付方式，用人单位都必须书面记录支付工资的数额、时间、领取者姓名以及签字，并保存两年以上备查。用人单位在支付工资时应向劳动者提供一份工资清单。用人单位还应统一劳动合同中工资支付日期与工资制度中工资支付日期。部分用人单位每月分两次甚至是两次以上支付工资，那么用人单位应当在劳动合同或规章制度中对此做明确一致的表述。否则，极有可能构成未及时支付工资的法律风险。

三、专业提示

在实践中，用人单位还需要注意，必须及时支付工资。所谓"及时"是指在约定的日期向劳动者支付工资。为此，用人单位应当统一劳动合同中有关工资支付时间的约定。同时，用人单位还应统一劳动合同中工资支付日期与工资制度中工资支付日期。部分用人单位每月分两次甚至两次以上支付工资，那么用人单位应当在劳动合同或规章制度中对此做明确一致的表述。

四、法律风险

用人单位未及时向劳动者支付工资的，包括没有及时支付合同约定的工资、加班工资和其他劳动报酬，劳动者可依法单方解除合同并要求用人单位支付经济补偿金，同时用人单位仍有义务支付工资差额。用人单位未按照劳动合同的约定或者国家的规定标准支付劳动者劳动报酬的，或者用人单位低于当地最低工资标准支付劳动者工资的，或者是用人单位安排及批准加班不支付加班费的，劳动者可向劳动监察部门举报，由劳动监察部门责令用人单位限期支付劳动报酬、加班工资；劳动报酬低于当地最低工资标准的，用人单位应当支付差额；用人单位逾期不支付的，劳动监察部门责令用人单位按应付金额百分之五十以上、百分之一百以下的标准向劳动者加付赔偿金。

五、案例分析

案例一：能否追诉劳动纠纷发生之日两年之前的加班工资

陈小姐2005年5月12日入职A公司任人力资源部专员，负责培训业务，A公司与她签订了两年合同，试用期三个月，合同到2007年5月11日止，约定试用期薪水为3500元，试用期后薪水为3800元。由于公司领导要求大部分的培训时间安排在晚上进行，所以陈小姐在A公司经常晚上加班到7点半才能回家。因A公司正处于发展阶段，平常工作日的加班都没有计算加班费，也没有作调休。同时，公司只有考勤系统记录陈小姐的上下班时间，无加班申请单据，所以2005年到2007年3月之间陈小姐的加班都没有算过加班费。

另外，由于档案管理同事的疏忽，A公司2007年5月12日至2009年5月11日之间未与陈小姐签订合同，2009年4月12日。A公司人力资源部进行内部稽核时发现陈小姐未签合同，随后公司领导要求与陈小姐补签订一份2007年5月12日至2009年5月11日的合同。陈小姐愿意补签合同，但要求公司签订无固定期限合同。经双方协商后，A公司与其签订了无固定期限合同，并在合同中写上了2009年4月13日补签合同。

2009年6月1日，陈小姐提出辞职，随后到当地人力资源和社会保障局申请仲裁，要求公司补算2005年到2007年3月份之间加班费、2007年5月12日至2009年5月11日未签合同的双倍工资差额24个月薪水以及在公司试用期后每月少发的工资3500÷80%－3800＝575元。

A公司随后辩称：陈小姐加班费申诉时间已经超过法定时间两年，公司不再补算加班费；2007年5月12日至2009年5月11日之间的合同已经在2009年4月13日补签，不存在未签合同的情况，所以公司不必要支付双倍工资差额；公司与陈小姐约定的薪水是3800元，试用期薪水给予3500元，已经超过3800元的80%，所以不存在少发工资的问题。

问题：

（1）陈小姐的三个仲裁请求能否得到仲裁庭的支持？

（2）员工合同如何有效管理，避免出现未签？

评析：

（1）公司无需支付陈小姐2005年至2007年3月间的加班费。

《劳动争议调解仲裁法》第二十七条规定，劳动争议申请仲裁的时效期间为一年。仲裁时效期间从当事人知道或者应当知道其权利被侵害之日起计算。

本案中，陈小姐是在2009年6月份离职并申请仲裁的，根据该规定，其关于加班费的诉求在程序上并未超过仲裁时效，但在实体上失去胜诉权。

所谓"胜诉权"是仲裁机构或法院可以依据实体法对劳动者进行保护的权利。如果超过胜诉权保护期，对方主张该权利超过该期间的，仲裁机构或法院就不能违反程序用实体法保护该权利了。一旦对方主张申请人或者原告丧失了胜诉权，仲裁机构或法院必须就是否丧失胜诉权予以认定，即要查明在诉讼时效有无中止、中断和延长的情况，确实无上述情况后才由仲裁机构或法院判决驳回申请人或原告的诉讼请求，以确认胜诉权的丧失。丧失胜诉权后，诉权（程序性诉权）并未丧失。原债务转化为自然债务，也就是说法律不再予以强制力保护，只能靠个人的信用以及道德来约束。当然也有例外存在，如果债务人重新确认了自然债务，这种确认是受法律所认可的，自然债权人可基于这种新的确认重新请求法律保护。

人们常常将仲裁时效与实体权利的司法保护期间相混淆。一般来说，仲裁时效是指法律所规定的当事人可主张权利的最长时间，超过该时间虽然也可提出仲裁，但这只是有程序上的诉权，实体上则丧失了胜诉权，即会被驳回诉求。

本案中，公司的抗辩即是混淆了两者的区别。根据《劳动争议调解仲裁法》第二十七条第四款规定，劳动关系存续期间因拖欠劳动报酬发生争议的，劳动者申请仲裁不受本条第一款规定的仲裁时效期间的限制。因此，申请仲裁时效在劳动关系存续期间不起算。从理论上讲，加班费的追索期可回溯至入职之日。但在实践中，由于近10多年用工制度的变化，要求用人单位证明某一员工入职以来的工资待遇，显然对用人单位过于苛刻，且存在认定事实上的困难。所以，许多法院在司法操作中确定的保护期为2年，比如《广东省高级人民法院、广东省劳动争议仲裁委员会关于适用〈劳动争议调解仲裁法〉、〈劳动合同法〉若干问题的指导意见》第二十九条就规定，"劳动者追索两年前的加班工资，原则上由劳动者负举证责任，如超过两年部分的加班工资数额确实无法查证的，对超过两年部分的加班工资一般不予保护"。至于其法律依据，有的说是《民法通则》第一百三十五条，"向人民法院请求保护民事权利的诉讼时效期间为二年，法律另有规定的除外"，更多的则认为是《工资支付暂行规定》第六条第三项，"用人单位必须书面记录支付劳动者工资的数额、时间、领取者的姓名以及签字，并保存两年以上备查"。

本案中，陈小姐在2009年6月1日申请仲裁，如前所述，加班费可获得保护的期间为2007年7月至2009年6月，而陈小姐诉求的为2007年3月份回溯至2005年的，明显已超出2年的范围。当然，如在广东，对于2年前的加班费，如劳动者一方如能举证，也可获得保护。

退一步讲，即使未超过两年，陈小姐的加班诉求也难获支持。因为根据《最高人民法院关于审理劳动争议案件适用法律若干问题的解释（三）》第九条规定，劳动者主张加班费的，应当就加班事实的存在承担举证责任。但劳动者有证据证明用人单位掌握加班事实存在的证据，用人单位不提供的，由用人单位承担不利后果。本案中，A公司的考勤系统里并没有陈小姐的加班记录，陈小姐手上也没有领导审批同意加班的加班申请单，故在陈小姐主张加班费时，无法提供其存在加班事实的证据，将承担举证不能的后果。

（2）公司只需支付陈小姐2008年6月2日至2009年12月31日未签合同的双倍工资差额。

①支付未签劳动合同的双倍工资是《劳动合同法》的新规定，根据法不溯及既往的原则，2007年5月12日至《劳动合同法》实施前即2008年1月1日前，不存在要支付双倍工资的问题。

②未签订劳动合同的双倍工资差额，是用人单位不履行与劳动者签订劳动合同的法定义务，侵犯劳动者权益，所应承担的侵权责任，是用人单位所负担的侵权行为之债，其并不是基于劳动者付出劳动而直接产生的工资，因此，从性质上来讲，未签订劳动合同的双倍工资差额具有惩戒性赔偿金的含义，其不属于劳动报酬。因此，仲裁时效方面应当适用《劳动争议调解仲裁法》第二十七条第一至第三款的规定，不适用第四款。

也就是说，仲裁时效期间应当从劳动者知道或者应当知道其权利被侵害之日起计算。那么，确定该权利被侵害之日就是确定仲裁时效的关键。通常认为，用人单位自用工之日的次月还未与劳动者签订劳动合同，劳动者就应当知道自身权益受到侵害，应从此日起计算仲裁时效。也就是说要把每日不签订劳动合同的行为作为独立的侵权行为来看待。所以，陈小姐2009年6月1日申请劳动仲裁，其双倍工资差额的保护期间只能追溯至2008年6月2日。因此，陈小姐2008年1月1日至2008年6月1日期间的双倍工资差额的请求不再受司法保护，但是2008年6月2日至2009年1月1日期间的双倍工资差额还在司法保护期间内，支付这段期间的双倍工资差额的请求应当得到支持。

但是，如果在深圳，根据《深圳市劳动争议仲裁、诉讼实务座谈会纪要》第七条规定，"用人单位未按照法定期限与劳动者签订书面劳动合同，即使后来双方签订了劳动合同，劳动者要求用人单位支付二倍工资至签订之日的，应予支持。但双方均将劳动合同的签字日期倒签在法定期限之内或者双方约定的劳动合同期间包含了已经履行的事实劳动关系期间的，应视为双方自始签订了劳动合同，在此情况下，劳动者要求用人单位支付二倍工资的，不予支持"。如果双方补签劳动合同时，均将劳动合同的签字日期倒签在法定期限之内，或者双方约定的劳动合同期间包含了已经履行的事实劳动关系期间的，支付这段期间的双倍工资差额的请求就无法得到支持。若是如此，陈小姐2008年6月1日至2009年12月31日未签合同的双倍工资差额的请求将得不到支持。

③《劳动合同法》第十四条第三款规定，"用人单位自用工之日起满一年不与劳动者订立书面劳动合同的，视为用人单位与劳动者已订立无固定期限劳动合同"。《劳动合同法实施条例》第七条规定，"用人单位自用工之日起满一年未与劳动者订立书面劳动合同的，自用工之日起满一个月的次日至满一年的前一日应当依照劳动合同法第八十二条的规定向劳动者每月支付两倍的工资，并视为自用工之日起满一年的当日已经与劳动者订立无固定期限劳动合同，应当立即与劳动者补订书面劳动合同"。

本案中，自2009年1月1日起，陈小姐与A公司已经被视为订立无固定期限劳动合同，虽然在2009年4月13日前仍未签劳动合同，但只是要补订书面劳动合同的问题，便无需支付其2009年1月1日以后的二倍工资。关于这一点，已经得到司法实践的承认，例如《深圳市劳动争议仲裁、诉讼实务座谈会纪要》第八条规定，"劳动者以用人单位自用工之日起满一年未与其订立书面劳动合同为由，要求用人单位支付用工之日起满一年之后的二倍工资的,不予支持"。

(3) 公司无需支付陈小姐试用期后每月"少发"的工资575元。

陈小姐与公司在签订劳动合同时,对试用期及其后的工资同时做了明确约定,即分别为3500元和3800元,虽然《劳动合同法》第二十条规定,"劳动者在试用期的工资不得低于本单位相同岗位最低档工资或者劳动合同约定工资的百分之八十,并不得低于用人单位所在地的最低工资标准",但探究该条规定的立法原意,在于遏制试用期内工资过低的现象。在双方已明确约定了试用期工资和转正工资的情况下,"百分之八十"是用来衡量试用期工资是否合法的标准。显然,本案中陈小姐的试用期工资并不违法。当然,如果只是约定了试用期工资,也可据此确定最低的转正工资,而其从试用期工资倒推算出转正工资的做法与法不符,并不需要支付陈小姐试用期后每月"少发"的工资575元。

(4) 作为用人单位,在劳动合同签订问题上要注意以下两个方面:

①先签合同后用工。有的用人单位往往是先用工,试试看,满意后再与员工签劳动合同。这种做法容易引发纠纷,笔者就曾办过此类的案件,在1个月试用期将至时,用人单位因合同的签订问题与员工发生争议或是员工"合法"利用法律恶意索赔双倍工资,此时,用人单位非常容易陷入被动。

②做好劳动合同的续签工作。劳动合同期满后,因工作疏忽导致未及时与员工续签的现象也比较普遍,这种情况下仍然要适用《劳动合同法》、《劳动合同法实施条例》关于支付双倍工资的相关规定。故建议用人单位应有专人负责劳动合同的签订和续签工作,最好在劳动合同期满前就完成劳动合同的续签或终止事宜。

六、法律依据

《中华人民共和国劳动法》(自1995年1月1日起施行,中华人民共和国主席令第二十八号)

第四十四条 有下列情形之一的,用人单位应当按照下列标准支付高于劳动者正常工作时间工资的工资报酬:

（一）安排劳动者延长工作时间的，支付不低于工资的百分之一百五十的工资报酬；

（二）休息日安排劳动者工作又不能安排补休的，支付不低于工资的百分之二百的工资报酬；

（三）法定休假日安排劳动者工作的，支付不低于工资的百分之三百的工资报酬。

《工资支付暂行规定》（劳部发〔1994〕489号）

第十三条 用人单位在劳动者完成劳动定额或规定的工作任务后，根据实际需要安排劳动者在法定标准工作时间以外工作的，应按以下标准支付工资：

（一）用人单位依法安排劳动者在日法定标准工作时间以外延长工作时间的，按照不低于劳动合同规定的劳动者本人小时工资标准的150％支付劳动者工资；

（二）用人单位依法安排劳动者在休息日工作，而又不能安排补休的，按照不低于劳动合同规定的劳动者本人日或小时工资标准的200％支付劳动者工资；

（三）用人单位依法安排劳动者在法定休假节日工作的，按照不低于劳动合同规定的劳动者本人日或小时工资标准的300％支付劳动者工资。

实行计件工资的劳动者，在完成计件定额任务后，由用人单位安排延长工作时间的，应根据上述规定的原则，分别按照不低于其本人法定工作时间计件单价的150％、200％、300％支付其工资。

经劳动行政部门批准实行综合计算工时工作制的，其综合计算工作时间超过法定标准工作时间的部分，应视为延长工作时间，并应按本规定支付劳动者延长工作时间的工资。

实行不定时工时制度的劳动者，不执行上述规定。

劳动部《对〈工资支付暂行规定〉有关问题的补充规定》（劳部发〔1995〕226号）

二、关于加班加点的工资支付问题

1.《规定》第十三条第（一）、（二）、（三）款规定的符合法定标准工作时间的制度工时以外延长工作时间及安排休息日和法定休假节日工作应支付的工资,是根据加班加点的多少,以劳动合同确定的正常工作时间工资标准的一定倍数所支付的劳动报酬,即凡是安排劳动者在法定工作日延长工作时间或安排在休息日工作而又不能补休的,均应支付给劳动者不低于劳动合同规定的劳动者本人小时或日工资标准150%、200%的工资;安排在法定休假节日工作的,应另外支付给劳动者不低于劳动合同规定的劳动者本人小时或日工资标准300%的工资。

《广东省工资支付条例》(自2005年5月1日起施行,2005年1月19日广东省第十届人民代表大会常务委员会第十六次会议通过)

第二十条 用人单位安排劳动者加班或者延长工作时间,应当按照下列标准支付劳动者加班或者延长工作时间的工资报酬:

(一)工作日安排劳动者延长工作时间的,支付不低于劳动者本人日或者小时正常工作时间工资的百分之一百五十的工资报酬;

(二)休息日安排劳动者工作又不能安排补休的,支付不低于劳动者本人日或者小时正常工作时间工资的百分之二百的工资报酬;

(三)法定休假日安排劳动者工作的,支付不低于劳动者本人日或者小时正常工作时间工资的百分之三百的工资报酬。

第二十一条 实行计件工资的,用人单位应当科学合理确定劳动定额和计件单价,并予以公布。

确定的劳动定额原则上应当使本单位同岗位百分之七十以上的劳动者在法定劳动时间内能够完成。

用人单位在劳动者完成劳动定额后,安排劳动者在正常工作时间以外工作的,应当依照本条例第二十条规定支付加班或者延长工作时间的工资。

第二十二条 经劳动保障部门批准实行综合计算工时工作制的,劳动者在综合计算周期内实际工作时间超过该周期内累计法定工作时间的部分,视为延长工作时间,用人单位应当依照本条例第二十条第(一)项的规定支付工资。在法定休假日安排劳动者工作的,用人单位应当依照本条例第二十条第(三)项的规定支付工资。

第二十三条 经劳动保障部门批准实行不定时工作制的，不适用本条例第二十条的规定。

《深圳市员工工资支付条例》（2009年5月21日深圳市第四届人民代表大会常务委员会第二十八次会议修正，2009年7月30日广东省第十一届人民代表大会常务委员会第十二次会议批准）

第十八条 用人单位有下列情形之一的，应当按照下列标准支付员工加班工资：

（一）安排员工在正常工作时间以外工作的，按照不低于员工本人正常工作时间工资的百分之一百五十支付；

（二）安排员工在休息日工作，又不能安排补休的，按照不低于员工本人正常工作时间工资的百分之二百支付；

（三）安排员工在法定休假节日工作的，按照不低于员工本人正常工作时间工资的百分之三百支付。

第十九条 实行综合计算工时工作制的员工，在综合计算工时周期内，员工实际工作时间达到正常工作时间后，用人单位安排员工工作的，视为延长工作时间，按照不低于员工本人正常工作时间工资的百分之一百五十支付员工加班工资。

用人单位安排实行综合计算工时工作制的员工在法定休假节日工作的，按照不低于员工本人正常工作时间工资的百分之三百支付员工加班工资。

第二十条 用人单位安排实行不定时工作制的员工在法定休假节日工作的，按照不低于员工本人正常工作时间工资的百分之三百支付员工加班工资。

《最高人民法院关于审理劳动争议案件适用法律若干问题的解释（三）》（法释〔2010〕12号）

第九条 劳动者主张加班费的，应当就加班事实的存在承担举证责任。但劳动者有证据证明用人单位掌握加班事实存在的证据，用人单位不提供的，由用人单位承担不利后果。

《深圳市中级人民法院关于审理劳动争议案件若干问题的指导意见（试行）》（2009年4月15日起施行）

23．当事人因工资支付发生争议的，举证责任如下分配：

……

（6）劳动者主张加班工资，用人单位否认有加班的，用人单位应对劳动者未加班的事实负举证责任；用人单位以已经劳动者确认的电子考勤记录证明劳动者未加班的，对用人单位的电子考勤记录应予采信；用人单位不能就加班具体时间举证的，应采信劳动者主张的时间，但劳动者主张明显超出合理范围的应做出相应的调整。

用人单位考勤记录虽无劳动者签名，但有其他证据（如工资支付资料等）相佐证的，可作为认定劳动者工作时间的证据。

第四节　试用期工资

一、设计范例

乙方的试用期工资按照国家有关规定及甲方依法制定的规章制度执行。乙方的劳动报酬为税前收入。

二、设计解读

试用期的最低工资标准决定正式用工期间工资的最低标准。试用期工资实际上是当地的最低工资标准、用人单位同岗位最低工资或者劳动合同约定工资的百分之八十这三种工资标准中最高者。故正式用工期间的工资或者与试用期工资一样，或者是以试用期工资除以百分之八十。

三、法律风险

试用期工资不得低于转正后工资的百分之八十，否则，劳动者可以用人单位未足额支付劳动报酬为由解除劳动合同并要求解除劳动合同经济补偿。

四、法律依据

《中华人民共和国劳动合同法》（自2008年1月1日起施行，中华人民共和国主席令第六十五号）

第二十条 劳动者在试用期的工资不得低于本单位相同岗位最低档工资或者劳动合同约定工资的百分之八十，并不得低于用人单位所在地的最低工资标准。

第二十一条 在试用期中，除劳动者有本法第三十九条和第四十条第一项、第二项规定的情形外，用人单位不得解除劳动合同。用人单位在试用期解除劳动合同的，应当向劳动者说明理由。

HUMAN RESOURCE MANAGEMENT

第六章

离职管理
法律风险管控

第一节　协商解除劳动合同

一、法律解读

根据《劳动合同法》规定，用人单位与劳动者协商一致，可以解除劳动合同。

协商解除劳动合同没有规定实体、程序上的限定条件，只要双方达成一致，内容、形式、程序不违反法律禁止性、强制性规定即可。

二、专业提示

1. 劳动合同关系和劳动关系辨析

（1）两者建立时间不同。劳动合同关系建立于用人单位和劳动者就劳动力交易达成意思表示一致之时。劳动关系建立自劳动者向用人单位用工之日起。一般来说，前者成立时间早于后者。

（2）两者法律性质不同。劳动合同关系是民事法律关系，劳动关系是社会法律关系。

（3）两者主体地位不同。劳动合同关系中用人单位和劳动者两者地位平等，不存在管理与被管理关系，劳动关系中用人单位和劳动者之间的地位不平等，两者是管理和被管理的关系。

（4）两者适用的法律不同。因为劳动合同关系是民事法律关系，所以劳动合同关系适用《合同法》等民事法律法规，劳动关系是社会法律关系，适用《劳动法》等法律法规。

（5）两者法律责任不同。违背劳动合同关系，其后果是承担违约责任等民事法律责任，一般由双方在合同中约定。违背劳动关系的后果是承担劳动法律法规规定的法律责任，例如支付解除劳动合同经济补偿或赔偿金等，一般由法律直接规定，用人单位和劳动者无法改变。

2．劳动者不辞而别，用人单位应如何应对

如果劳动者拒绝进行工作交接甚至一走了之，用人单位可做如下应对：

（1）在劳动合同中对工作交接进行约定。如果劳动合同对工作交接的内容和程序没有约定或约定不清，劳动者可能以此为由拒绝交接。因此，用人单位应细化劳动合同的工作交接条款，并制定相应的配套文件以便于实践操作。

（2）经济补偿金在劳动者进行工作交接时支付。也就是说，劳动者未如约履行工作交接义务的，用人单位可不支付经济补偿金。

（3）对一些特别重要的工作，用人单位可要求该岗位劳动者定期做工作总结上交公司备案，将其作为每年的考核内容。这样一来，即使该劳动者不进行工作交接或突然不辞而别，用人单位也不至于措手不及，也可最大程度减少由此而造成的损失。

三、法律风险

1．未签订书面的解除劳动合同协议的法律后果

解除劳动合同须签订书面的解除协议。如果没有书面的解除协议，用人单位就会留下非常大的法律隐患，用人单位就很难明确双方的权利义务，甚至无法证明协商解除劳动合同的提出方是谁和解除劳动合同的理由是什么，导致因为举证不能而无奈支付解除劳动合同经济补偿，甚至支付非法解除劳动合同的赔偿金。

2．未注明解除劳动合同提出方的法律后果

解除劳动合同协议中须明确解除合同的提出方。因为协商解除劳动合同如果是劳动者提出的，用人单位不需支付经济补偿金；如果是用人单位提出解除劳动合同的，应依法向劳动者支付经济补偿金。因此，协议应明确"经（乙方）劳动者提出申请，（甲方）用人单位同意，双方协商解除劳动合同"。否则，用人单位就有可

能要支付经济补偿金。

3. 未为劳动者出具解除或终止劳动合同证明以及办理档案和社保转移手续的法律后果

解除协议中须明确劳动者劳动合同解除后的义务。如工作交接、工作终止、财物返还、债务清偿等。劳动合同解除或终止后,用人单位必须在15天内为劳动者办理档案和社会保险关系的转移手续。否则,劳动行政部门将依照《劳动合同法》第八十四条规定,按照每人五百元以上两千元以下的标准,对用人单位处以罚款。给劳动者造成损害的,应当承担赔偿责任。

四、法律依据

《中华人民共和国劳动合同法》(自2008年1月1日起施行,中华人民共和国主席令第六十五号)

第二十六条　下列劳动合同无效或者部分无效:

(一)以欺诈、胁迫的手段或者乘人之危,使对方在违背真实意思的情况下订立或者变更劳动合同的;

(二)用人单位免除自己的法定责任、排除劳动者权利的;

(三)违反法律、行政法规强制性规定的。

对劳动合同的无效或者部分无效有争议的,由劳动争议仲裁机构或者人民法院确认。

《中华人民共和国劳动合同法实施条例》(中华人民共和国国务院令第535号)

第十条　劳动者非因本人原因从原用人单位被安排到新用人单位工作的,劳动者在原用人单位的工作年限合并计算为新用人单位的工作年限。原用人单位已经向劳动者支付经济补偿的,新用人单位在依法解除、终止劳动合同计算支付经济补偿的工作年限时,不再计算劳动者在原用人单位的工作年限。

《关于贯彻执行〈中华人民共和国劳动法〉若干问题的意见》的通知（劳部发〔1995〕309号）

37. 根据《民法通则》第四十四条第二款"企业法人分立、合并，它的权利和义务由变更后的法人享有和承担"的规定，用人单位发生分立或合并后，分立或合并后的用人单位可依据其实际情况与原用人单位的劳动者遵循平等自愿、协商一致的原则变更、解除或重新签订劳动合同。在此种情况下的重新签订劳动合同视为原劳动合同的变更，用人单位变更劳动合同，劳动者不能依据劳动法第二十八条要求经济补偿。

《中华人民共和国合同法》（自1999年10月1日起施行，中华人民共和国主席令第十五号）

第五十四条　下列合同，当事人一方有权请求人民法院或者仲裁机构变更或者撤销：

（一）因重大误解订立的；

（二）在订立合同时显失公平的。

一方以欺诈、胁迫的手段或者乘人之危，使对方在违背真实意思的情况下订立的合同，受损害方有权请求人民法院或者仲裁机构变更或者撤销。当事人请求变更的，人民法院或者仲裁机构不得撤销。

《中华人民共和国民法通则》（自1987年1月1日起施行，中华人民共和国主席令第三十七号）

第五十五条　民事法律行为应当具备下列条件：

（一）行为人具有相应的民事行为能力；

（二）意思表示真实；

（三）不违反法律或者社会公共利益。

第五十七条　民事法律行为从成立时起具有法律约束力。行为人非依法律规定或者取得对方同意，不得擅自变更或者解除。

第二节　劳动者单方面解除劳动合同

一、法律解读

1．劳动者的预告解除

根据《劳动合同法》规定，劳动者提前30天以书面形式通知用人单位的，可以解除劳动合同。劳动者在试用期内提前3天通知用人单位的，可以解除劳动合同。

劳动者预告解除劳动合同是《劳动法》第二条所规定的劳动者享有的基本权利——劳动者选择职业的权利的体现，即劳动者就业自由权利的体现，该权利不受劳动合同期限约束，因此，劳动者在劳动合同期限届满前享有提前解除劳动合同的权利。但劳动者提前解除劳动合同必然给用人单位正常生产经营带来影响，甚至带来损害，为此，《劳动法》和《劳动合同法》对劳动者行使该权利加以限制，即要求劳动者提前30天以书面形式通知用人单位，以便用人单位能够有足够时间安排人员替代辞职的劳动者，尽可能降低对正常生产经营的影响，避免产生损失。

试用期是用人单位与劳动者双方相互磨合时期，法律允许双方在试用期相互进行考察和选择，任何一方觉得对方不适合自己，都可以解除劳动合同。所以，试用期内，劳动者可以随时解除劳动合同。与《劳动法》有所不同的是，《劳动合同法》把试用期劳动者提前解除劳动合同作为预告解除的一种特殊情况来规定，而《劳动法》则将其作为劳动者即时解除的一个原因。实际上，《劳动法》规定的劳动者即时解除劳动合同情形，多是用人单位存有违法或违约行为情况下，劳动者享有的一项救济权利。而试用期解除劳动合同，则与用人单位违法或违约无关，因此，将其作为预告解除例外来规定，在分类上更科学。

2．劳动者随时解除劳动合同

根据《劳动合同法》第三十八条规定，用人单位有下列情形之一的，劳动者可以解除劳动合同：

（1）未按照劳动合同约定提供劳动保护或者劳动条件的；

（2）未及时足额支付劳动报酬的；

（3）未依法为劳动者缴纳社会保险费的；

（4）用人单位的规章制度违反法律、法规的规定，损害劳动者权益的；

（5）因本法第二十六条第一款规定的情形致使劳动合同无效的；

（6）法律、行政法规规定劳动者可以解除劳动合同的其他情形。

用人单位以暴力、威胁或者非法限制人身自由的手段强迫劳动者劳动的，或者用人单位违章指挥、强令冒险作业危及劳动者人身安全的，劳动者可以立即解除劳动合同，不需事先告知用人单位。

该条规定是劳动者的特别解除权，是劳动者无条件单方解除劳动合同的权利，如果出现了上述事由，劳动者无需向用人单位预告就可通知用人单位解除劳动合同。由于劳动者行使特别解除权往往会给用人单位的正常生产经营带来很大的影响，所以，在平衡保护劳动者与企业合法利益基础上，立法对此类情形做了具体的规定，只限于在用人单位有过错行为的情况下，允许劳动者行使特别解除权。

二、专业提示

用人单位在实践中需要注意的是，如果未按法律规定发放加班工资，就可能未足额支付工资。因此，用人单位必须坚持以下原则：并非所有的工作是加班，并非所有的加班都需支付加班工资。建议用人单位严格实行加班审批制度及考勤制度，在每月工资统计前让员工确认工作天数，以免因用人单位的失误而陷入员工单方辞职的风险之中。另外，用人单位需注意，除了法定假日用人单位必须按照不低于劳动合同规定的劳动者本人日或小时工资标准的300%支付劳动者外，其余加班均可补休。

三、法律风险

自《劳动法》1995年1月1日施行以来，适应社会主义市场经济的劳动制度开始步入法制轨道，促进了经济发展和社会进步。但从人民法院近年来审结的大量劳动争议案件来看，一些用人单位片面追求眼前经济利益，侵害劳动者合法权益的事件屡有发生。其根本原因是一些用人单位法律观念淡薄，无视法律规定。那么，用人单位违反法律、法规应承担哪些责任呢？

根据法律规定，"用人单位"包括在中华人民共和国境内与劳动者形成劳动关系的企业、个体经济组织（即一般雇工在七人以下的个体工商户）、国家机关、事业组织、社会团体。用人单位违反法律法规规定，应承担的法律责任有：

第一，用人单位制定的劳动规章制度违反法律、法规规定的，由劳动行政部门给予警告，责令改正；对劳动者造成损害的，应当承担赔偿责任。

第二，用人单位违反《劳动法》规定，延长劳动者工作时间的，由劳动行政部门给予警告，责令改正，并可以处以罚款。

第三，有下列侵害劳动者合法权益情形之一的，由劳动行政部门责令支付劳动者的工资报酬、经济补偿，并可以责令支付赔偿金：（1）克扣或者无故拖欠劳动者工资的；（2）拒不支付劳动者延长工作时间工资报酬的；（3）低于当地最低工资标准支付劳动者工资的；（4）解除劳动合同后，未依照劳动法规给予劳动者经济补偿的。

第四，劳动安全设施和劳动卫生条件不符合国家规定或者未向劳动者提供必要的劳动防护用品和劳动保护设施的，由劳动行政部门或者有关部门责令改正，可以处以罚款；情节严重的，提请县级以上人民政府决定责令停产整顿；对事故隐患不采取措施，致使发生重大事故，造成劳动者生命和财产损失的，对责任人员依照刑法有关规定追究刑事责任。

第五，强令劳动者违章冒险作业，发生重大伤亡事故，造成严重后果的，对责任人员依法追究刑事责任。

第六，非法招用未满十六周岁的未成年人的，由劳动行政部门责令改正，处以罚款；情节严重的，由工商行政管理部门吊销营业执照。

第七，违反《劳动法》对女职工和未成年工的保护规定，侵害其合法权益的，由劳动行政部门责令改正，处以罚款；对女职工或者未成年工造成损害的，应当承担赔偿责任。

第八，用人单位有下列行为之一，由公安机关对责任人员处以十五日以下拘留、罚款或者警告；构成犯罪的，对责任人员依法追究刑事责任：（1）以暴力、威胁或者非法限制人身自由的手段强迫劳动的；（2）侮辱、体罚、殴打、非法搜查和拘禁劳动者的。

第九，由于用人单位的原因订立的无效合同，对劳动者造成损害的，应当承担赔偿责任。

第十，用人单位违反《劳动法》规定的条件解除劳动合同或者故意拖延不订立劳动合同的，由劳动行政部门责令改正；对劳动者造成损害的，应当承担赔偿责任。

第十一，招用尚未解除劳动合同的劳动者，对原用人单位造成经济损失的，该用人单位应当依法承担连带赔偿责任。

第十二，用人单位无故不缴纳社会保险费的，由劳动行政部门责令其限期缴纳；逾期不缴的，可以加收滞纳金。

第十三，无理阻挠劳动行政部门、有关部门及其工作人员行使监督检查权，打击报复举报人员的，由劳动行政部门或者有关部门处以罚款；构成犯罪的，对责任人员依法追究刑事责任。

四、案例分析

案例一：员工辞职无需用人单位的审批同意

某公司有一名员工，是公司的技术骨干，公司给了该员工比较高的薪水待遇，希望能够留住人才。然而，最近该员工却向公司提交了辞职报告，让这家公司很为难，因为他的离开对公司来说是一种无形的损失。经过公司管理层商量，决定不批准他的辞职报告。然而，该员工却说他提交的是辞职报告，属于劳动者单方提前解除劳动合同，这不同于辞职申请，因此公司没有批准权。双方由此引发纠纷。那么，对于员工的辞职，企业到底有没有批准权？

评析：

基于保护劳动者就业自主权的考量，我国《劳动法》和《劳动合同法》均规定了劳动者的辞职权，在《劳动合同法》实施后，更是废止了原先《劳动法》规定的用人单位可以和劳动者约定劳动合同解除条件的规定，以避免用人单位利用其强势地位限制劳动者的辞职，从而赋予了劳动者辞职权。《劳动合同法》第三十七条规定，劳动者解除劳动合同，应当提前三十日以书面形式通知用人单位。可见，劳动者解除劳动合同，只需要提前三十日以书面形式通知用人单位就可以了，并不需要用人单位的同意。例如《深圳市中级人民法院关于审理劳动争议案件若干问题的指导意见（试行）》第八十条规定，"劳动者提前三十日以书面形式通知用人单位，可以解除劳动合同，用人单位不得以特别约定排除或限制劳动者的解除权。但由于劳动者未提前三十日通知解除劳动合同而给用人单位造成损失的，劳动者应当赔偿"。

现实工作中，由于很多员工提出辞职时，都是向用人单位提交的辞职申请，这样就使得这一行为的性质变得很模糊，这个申请究竟是员工跟企业协商解除劳动合同的行为，还是书面通知企业解除劳动合同的行为？司法界对此存在争议。而大多数企业出于自身利益的考虑都选择了前一个理解。即辞职申请是员工向用人单位提出协商解除劳动合同的申请，如果用人单位不批准这个申请，就是双方无法协商解除劳动合同，那么在出现其他法定事由之前，这个劳动关系还是有效存在的。久而久之，企业就误认为员工提出辞职必须得经过企业的同意批准，否则就不能辞职。对此，在司法实践中，一般把劳动者的辞职申请认定为对用人单位的离职通知，认为不需要用人单位的审批同意，除非该辞职申请明确是与用人单位协商解除劳动关系。

从这家公司的情况来看，该员工提出的辞职报告其实就是以书面形式通知公司解除劳动合同的，公司并没有批准权。从法律上来讲，从该员工提交辞职报告满三十日起，除非在这三十日内该员工撤回他的辞职报告，否则公司与该员工的劳动关系就算解除了。

五、法律依据

《中华人民共和国劳动合同法》（自2008年1月1日起施行，中华人民共和国主席令第六十五号）

第三十八条　用人单位有下列情形之一的，劳动者可以解除劳动合同：

（一）未按照劳动合同约定提供劳动保护或者劳动条件的；

（二）未及时足额支付劳动报酬的；

（三）未依法为劳动者缴纳社会保险费的；

（四）用人单位的规章制度违反法律、法规的规定，损害劳动者权益的；

（五）因本法第二十六条第一款规定的情形致使劳动合同无效的；

（六）法律、行政法规规定劳动者可以解除劳动合同的其他情形。

用人单位以暴力、威胁或者非法限制人身自由的手段强迫劳动者劳动的，或者用人单位违章指挥、强令冒险作业危及劳动者人身安全的，劳动者可以立即解除劳动合同，不需事先告知用人单位。

第四十六条　有下列情形之一的，用人单位应当向劳动者支付经济补偿：

（一）劳动者依照本法第三十八条规定解除劳动合同的；

……

第三节　用人单位单方面解除劳动合同

一、法律解读

用人单位单方面解除劳动合同的情形包括即时性解除劳动合同、预告性解除劳动合同和经济裁员。

1．即时性解除劳动合同

（1）基本规定。

即时性解除劳动合同是因劳动者的过失而使用人单位单方解除劳动合同的规定。

《劳动合同法》在赋予劳动者单方解除权的同时，也赋予用人单位对劳动合同的单方解除权，以保障用人单位的用工自主权，但为了防止用人单位滥用解除权，随意与劳动者解除劳动合同，立法上严格限定企业与劳动者解除劳动合同的条件，保护劳动者的劳动权。禁止用人单位随意或武断地与劳动者解除劳动合同。

（2）用人单位即时性解除劳动合同情形。

①在试用期间被证明不符合录用条件的，首先要注意以下三点：

第一，要求用人单位所规定的试用期期间符合法律规定。劳动合同期限三个月以上不满一年的，试用期不得超过一个月；劳动合同期限一年以上三年以下的，试用期不得超过二个月；三年以上固定期限和无固定期限的劳动合同试用期不得超过六个月。用人单位只能在此范围内约定试用期。

第二，试用期间的确认。试用期间的确定应当以劳动合同的约定为准，若劳动合同约定的试用期超出法定最长时间，则以法定最长时间为准；若试用期满后仍未办理劳动者转正手续，则不能认为还处在试用期间，用人单位不能以试用期不符合录用条件为由与其解除劳动合同。

第三，对试用期员工是否合格的认定。劳动者是否符合录用条件，是用人单位在试用期间，单方与劳动者解除劳动合同的前提条件。如果没有这个前提条件，用人单位无权在试用期内单方解除劳动合同。一般情况下应当以法律法规规定的基本录用条件和用人单位在招聘时规定的知识文化、技术水平、身体状况、思想品质等条件为准。

第四，对于劳动者在试用期间不符合录用条件的，用人单位必须提供有效的证明。如果用人单位没有证据证明劳动者在试用期间不符合录用条件，用人单位就不能解除劳动合同，否则，需承担因违法解除劳动合同所带来的一切法律后果。所谓证据，实践中主要看两方面：一是用人单位对某一岗位的工作职能及要求有没有做出描述；二是用人单位对员工在试用期内的表现有没有客观的记录和评价。

②严重违反用人单位的规章制度的。

适用这一项要符合以下三个条件。第一，规章制度的内容必须是符合法律、法规的规定，而且必须通过民主程序公之于众。第二，劳动者的行为客观存在，并且是属于"严重"违反用人单位的规章制度，何为"严重"，一般应根据劳动法规所规定的限度和用人单位内部的规章制度依此限度所规定的具体界限为准。如违反操作规程，损坏生产、经营设备造成经济损失的，不服从用人单位正常工作调动，不服从用人单位的劳动人事管理，无理取闹，打架斗殴，散布谣言损害企业声誉等，给用人单位的正常生产经营秩序和管理秩序带来损害。第三，用人单位对劳动者的处理是按照本单位规章制度规定的程序办理的，并符合相关法律法规规定。

③严重失职，营私舞弊，给用人单位的利益造成重大损害的。

即劳动者在履行劳动合同期间，没有按照岗位职责履行自己的义务，违反其忠于职守、维护和增进用人单位利益的义务，有未尽职责的严重过失行为或者利用职务之便谋取私利的故意行为，使用人单位有形财产、无形财产遭受重大损害，但不够刑罚处罚的程度。例如，因粗心大意、玩忽职守而造成事故；因工作不负责而经常产生废品、损坏工具设备、浪费原材料或能源等。有以上行为者，用人单位可以与其解除劳动合同。

④劳动者同时与其他用人单位建立劳动关系，对完成本单位的工作任务造成严重影响，或者经用人单位提出，拒不改正的，用人单位可以与其解除劳动合同。同时与其他用人单位建立劳动关系，即我们通常所说的"兼职"。我国有关劳动方面的法律、法规虽然没有对"兼职"做禁止性的规定，但作为劳动者而言，完成本职工作，是其应尽的义务。从事兼职工作，在时间和精力上必然会影响到本职工作。作为用人单位来说，对一个不能全心全意为本单位工作，并严重影响到工作任务完成的人员，有权与其解除劳动合同。

符合下列情形之一的，用人单位可以单方面解除劳动合同：

劳动者同时与其他用人单位建立劳动关系，对完成本单位的工作任务造成严重影响的；劳动者同时与其他用人单位建立劳动关系，经用人单位提出，拒不改正的。

需要注意的是，必须是给用人单位造成"严重"影响的，如果影响轻微，用人单位不能以此为由与劳动者解除合同。

⑤因《劳动合同法》第二十六条第一款第一项规定的情形致使劳动合同无效的。

根据《劳动合同法》第二十六条第一项规定，以欺诈、胁迫的手段或者乘人之危，使对方在违背其真实意思的情况下订立或者变更的劳动合同，属于无效或部分无效劳动合同。所谓"欺诈"是指一方当事人故意告知对方当事人虚假的情况，或者故意隐瞒真实的情况，诱使对方当事人做出错误意思表示，并基于这种错误的认识而签订了劳动合同。"胁迫"是指以给公民及其亲友的生命健康、荣誉、名誉、财产等造成损害为要挟，迫使对方做出违背真实的意思表示，并签订了劳动合同的行为。"乘人之危"是指行为人利用他人的危难处境或紧迫需要，为牟取不正当利益，迫使对方违背自己的真实意愿而订立的合同。《劳动合同法》第三条规定，"订立劳动合同，应当遵循合法、公平、平等自愿、协商一致、诚实信用的原则"。任何一方利用任何一种行为手段而使对方在违背真实意思的情况下订立或者变更劳动合同，均违反了意思自治的基本原则，是被法律所禁止的，因此自然允许利益受损者解除当事人之间的合同关系。

⑥被依法追究刑事责任的。

根据《劳动部关于贯彻执行〈中华人民共和国劳动法〉若干意见》第二十九条的规定，"被依法追究刑事责任"是指：被人民检察院免予起诉的、被人民法院判处刑罚的、被人民法院依据刑法第三十二条免予刑事处分的。劳动者被人民法院判处拘役、三年以下有期徒刑缓刑的，用人单位可以解除劳动合同。

2. 预告性解除劳动合同

单方预告解除权是指具备《劳动合同法》第四十条规定的三种情形，用人单位可以解除合同，但应当提前三十日以书面形式通知劳动者本人或者额外支付劳动者一个月工资。一般限于在劳动者无过错的情况下由于主客观情况变化而导致劳动合同无法履行的情形。具体而言包括以下三种情形：

（1）劳动者患病或非因工负伤，医疗期满后，不能从事原工作也不能从事由用人单位另行安排的工作的。这里的医疗期是指劳动者因患病或非因工负伤，停止工作治病休息，不得解除劳动合同的时限。劳动者因患病或非因工负伤，需要停止工作治病休息的，根据本人实际参加工作年限和在本单位工作年限，给予三个月到二十四个月的医疗期（见《企业职工患病或非因工负伤医疗期规定》）：

实际工作年限十年以下的，在本单位工作年限五年以下的为三个月，五年以上的为六个月。

实际工作年限十年以上的，在本单位工作年限五年以下的为六个月，五年以上十年以下的为九个月，十年以上十五年以下的为十二个月；十五年以上二十年以下的为十八个月；二十年以上的为二十四个月。

医疗期满后，劳动者如不能从事原工作，同时也不能从事用人单位另行安排的工作的，用人单位可以解除合同。

（2）劳动者不能胜任工作，经过培训或调整工作岗位，仍不能胜任工作。

这里的"不能胜任工作"，是指不能按要求完成劳动合同中约定的任务或者同工种、同岗位人员的工作量。劳动者在试用期满后不能胜任劳动合同所约定的工作，用人单位应对其进行培训或者为其调整工作岗位。如果劳动者经过一定期间的培训仍不能胜任原约定的工作，或者对重新安排的工作也不胜任，就意味着劳动者缺乏履行劳动合同的劳动能力。目前法律上对此并无统一的标准，只能从个案中得出规律。实践中，以下两种认定能否胜任工作的情形不能成立：一是单一的领导对单一的下属的结论；二是采用末位淘汰制认定不能胜任。认定是否胜任工作一般应采用公开、公平、公正的原则，员工有权复核，不能因人而异，对同一群体统一标准。通常采用360度考核办法，即通过上级、下级、客户的综合评价认定劳动者是否胜任工作，这种考核方法一般被认为是公平的。

这里需要提示用人单位的是，用人单位在管理中不要使用"末位淘汰制"的办法，与劳动者解除劳动合同。因为排在末尾的劳动者不一定不能胜任工作。即使对不能胜任工作的劳动者，用人单位也应当在证明其不能胜任后，对劳动者进行培训或者为其调整工作岗位。只有对那些经过培训或者调整工作岗位，仍不能胜任工作的劳动者，用人单位才可以解除劳动合同。

（3）劳动合同订立时所依据的客观情况发生重大变化，致使原劳动合同无法履行，经当事人协商不能就变更劳动合同达成协议。

这里的"客观情况发生重大变化"一般是指，劳动合同在履行过程中，发生了诸如企业被兼并、合并、分立，企业进行转产，企业进行重大技术改造，使员工的原工作岗位不复存在等情况。

这里需要提示用人单位的是，当出现"客观情况发生重大变化，致使原劳动合同无法履行"的情况后，用人单位要想解除劳动合同满足以下条件：第一，必须是当事人协商不能就变更劳动合同达成协议时，也就是说，如果经当事人协商能够就变更劳动合同达成协议，用人单位就不能解除劳动合同；第二，必须提前三十天以书面形式通知劳动者本人；第三，必须按规定给予经济补偿金。

3．经济性裁员

经济性裁员是指用人单位一次性辞退部分劳动者，以此作为改善生产经营状况的一种手段，其目的是保护自己在市场经济中的竞争和生存能力，度过暂时的难关。

（1）裁员的法律适用与风险控制。

①裁员条件及风险控制。

按照《劳动合同法》第四十一条规定，用人单位裁员需具备法定条件。裁员条件举证责任由用人单位承担，用人单位必须有充分证据举证证明达到法律所规定的可以裁员的条件方可裁员，不能举证的将会被认定为违法裁员。

用人单位裁员需具备的条件如下：

第一，用人单位依照《中华人民共和国企业破产法》（以下简称《企业破产法》）规定进行重整的。实践中用人单位依照《企业破产法》规定进行重整的裁员条件举证相对容易，提供人民法院出具的关于重整的裁定书即可，无法院出具的重整的裁定，不能以此为由裁员。

第二，用人单位生产经营发生严重困难的。用人单位生产经营发生严重困难是目前金融危机下用人单位裁员的主要理由，适用此条件时用人单位必须举证证明生产经营发生了困难，而且是严重的困难，这需要对企业相关财务状况进行举证，实践中很多用人单位以金融危机为幌子而进行裁员，实际上生产经营并没有受到影响，就会让裁员行为陷入违法解雇的风险中。

第三，企业转产、重大技术革新或者经营方式调整，经变更劳动合同后，仍需裁减人员的。用人单位需注意适用该条件时发生企业转产、重大技术革新或者经营方式调整并不能立即裁员，而是先要与劳动者变更劳动合同，经变更劳动合同后，仍需裁减人员的方可裁员。如果未经变更劳动合同即裁员，也属于违法解除合同，需承担违法解除合同的法律责任。

第四，其他因劳动合同订立时所依据的客观经济情况发生重大变化，致使劳动合同无法履行的。注意这里是"客观经济情况发生重大变化"，不是《劳动合同法》第四十条第（三）项的"劳动合同订立时所依据的客观情况发生重大变化，致使劳动合同无法履行，经用人单位与劳动者协商，未能就变更劳动合同内容达成协议的"。"客观经济情况"一般是指发生不可抗力或出现致使劳动合同全部或部分条款无法履行的其他情况，如企业迁移、兼并、分立、合资等。

②裁员程序及风险控制。

《劳动合同法》第四十一条规定，"有下列情形之一，需要裁减人员二十人以上或者裁减不足二十人但占企业职工总数百分之十以上的，用人单位提前三十日向工会或者全体职工说明情况，听取工会或者职工的意见后，裁减人员方案经向劳动行政部门报告，可以裁减人员"，该条款规定了裁员的人数要求及程序要求：

第一，人数要求。裁减人员需达到二十人以上或者裁减不足二十人但占企业职工总数百分之十以上才可启动裁员程序。实践中，用人单位裁员的风险在于裁减人员未达到二十人或者人数少的企业未达到职工总数百分之十也启动裁员程序。用人单位如果裁减人员人数不足法定标准，不能启动裁员程序成批解除劳动合同，只能按照《劳动合同法》第三十六条、第三十九条、第四十条的规定单个解除劳动合同，否则裁员行为违法，应当承担违法解雇的法律风险。建议用人单位以协商解除方式操作，这样更容易避免可能产生的法律风险。

第二，提前说明。用人单位应当提前三十日向工会或者全体职工说明情况，听取工会或者职工的意见，注意既可以向工会说明情况，也可以向全体职工说明情况，用人单位可以自行选择。用人单位在操作过程中需注意"全体职工"不能用"职工代表"代替，另外应当保留提前通知工会或者全体职工的书面证据，未提前通知或不能举证证明的均会导致违法裁员风险。

第三，报告程序。裁减人员方案需向劳动行政部门报告，注意法律并没有要求劳动行政部门批准后才可裁员，只要履行报告程序就行了。用人单位应当保留劳动行政部门签收的相关证据。

③裁员应当优先留用的人员。

按照《劳动合同法》的规定，裁减人员时，应当优先留用下列人员：第一，与本单位订立较长期限的固定期限劳动合同的；第二，与本单位订立无固定期限劳动合同的；第三，家庭无其他就业人员，有需要扶养的老人或者未成年人的。另外，用人单位裁减人员后，在六个月内重新招用人员的，应当通知被裁减的人员，并在同等条件下优先招用被裁减的人员。另外，根据《关于实行劳动合同制度若干问题的通知》第十九条规定，因经济性裁员而被用人单位裁减的职工，在六个月内又被原单位重新录用的，对职工裁减前和重新录用后的工作年限应当连续计算为本单位工作时间。

如果用人单位裁员不注意法律要求优先留用的人员范围，将较长期限合同及无固定期限合同员工裁掉而保留较短期合同员工，也会涉嫌违法裁员。

④裁员禁止与用人单位的法律风险。

所谓的裁员禁止是法律强制性规定特定的对象不得裁减。根据《劳动合同法》的规定，企业在裁员时"老、弱、病、残"员工不得裁减：

第一，从事接触职业病危害作业的劳动者未进行离岗前职业健康检查，或者疑似职业病病人在诊断或者医学观察期间的；

第二，在本单位患职业病或者因工负伤并被确认丧失或者部分丧失劳动能力的；

第三，患病或者非因工负伤，在规定的医疗期内的；

第四，女职工在孕期、产期、哺乳期的；

第五，在本单位连续工作满十五年，且距法定退休年龄不足五年的；

实践中用人单位裁员时往往最先考虑裁减的人员就是上述五类劳动能力降低、竞争力减弱的人员，但是这五类人员恰恰又是法律重点保护的对象，如果用人单位裁员时违法裁减上述人员，将面临违法解除劳动合同的风险。目前实践中出现所谓的"金融危机宝宝",就是部分女性员工为了避免被裁减,利用女职工在孕期、产期、哺乳期不得裁减的法律规定,突击怀孕。

⑤裁减试用期员工的限制与风险。

实践中,用人单位在裁员时往往优先考虑试用期员工,往往忽视这一过程中可能存在的风险。《劳动合同法》第二十一条规定,"在试用期中,除劳动者有本法第三十九条和第四十条第一项、第二项规定的情形外,用人单位不得解除劳动合同"。本条规定了试用期中解除劳动合同的依据限于第三十九条和第四十条第一项、第二项,排除了第四十一条(即裁员)的适用。换句话说,如果劳动者在试用期内,用人单位依据第四十一条之规定裁员缺乏法律依据,将面临违法解除劳动合同的风险。为了避免法律风险,用人单位对试用期员工可选择协商解除劳动合同,或在试用期届满后再裁减。

⑥裁员代替方案与风险控制。

由于裁员的条件、程序要求严格,且设置了裁员禁止规定以及优先留用人员规定,用人单位在考虑法律风险后,往往倾向于使用一些其他的非裁员方案达到裁员的目的,我们把这些其他方案称为裁员代替方案,实践中用人单位使用的裁员代替方案不外乎以下三种,具体从法律风险角度分析如下:

第一种方案:降薪。

实践中用人单位降薪有两种方式,一种是单方降薪,一种是协商降薪。所谓的单方降薪,就是用人单位在未经劳动者同意的情况下,降低劳动者的劳动报酬。在此认为,用人单位单方降薪不符合法律规定,根据《劳动合同法》第十七条的规定,劳动报酬属于劳动合同必备条款,用人单位单方降薪实际上是变更劳动合同的必备条款,《劳动合同法》第三十五条规定,"用人单位与劳动者协商一致,可以变更劳动合同约定的内容"。可见劳动合同的变更必须经劳动者同意才行,未经劳动者同意强行降低劳动报酬,可视为克扣或者未足额支付劳动报酬,劳动者有权要求足额发放,用人单位还会面临劳动监察方面的法律责任。

有人认为,劳动报酬属于规章制度的内容,可以通过与职工代表大会讨论,以达到降低劳动报酬的目的,这种做法是非常危险的,按照《最高人民法院关于审理劳动争议案件适用法律若干问题的解释（二）》第十六条的规定，用人单位制定的内部规章制度与集体合同或者劳动合同约定的内容不一致，劳动者请求优先适用合同约定的，人民法院应予支持。也就是说，规章制度的修改并不会导致劳动合同中劳动报酬的降低，劳动者可以请求优先适用合同约定。

还有人认为，用人单位可以与工会协商变更集体合同达到降薪的目的，认为这也是错误的，在劳动者与用人单位存在个体劳动合同的情况下，变更集体合同并不会影响个体劳动合同的约定。综上所述，用人单位单方降薪可能会导致相应的违法后果，当然，如果劳动合同约定部分奖金福利与企业经济效益挂钩，用人单位在效益下滑时不支付该部分奖金福利的，就不是单方降薪，而是按照劳动合同的约定履行。而所谓的协商降薪，就成了用人单位与劳动者协商一致降低劳动报酬的一定比例，共渡难关，这种方式基于劳资双方合意，不会存在法律风险，但用人单位在操作过程中需保留与劳动者协商一致的书面证据，比如劳动合同变更协议书、劳动报酬变更协议书等。

第二种方案：减少加班时间或不安排加班。

实践中，很多用人单位特别是劳动密集型企业，往往靠劳动者长时间加班获取较高的劳动报酬，一旦加班时间降低或者不安排加班，劳动者的劳动报酬就可能只是最低工资标准或略高于最低工资标准。在这种低工资水平下，劳动者一般会自然流失。金融危机对劳动密集型出口加工企业冲击最大，很多企业订单数量急剧下降，已无需安排劳动者加班，于是减少加班时间或不安排加班已经成为用人单位的一种裁员代替方案。

加班加点一贯来是我国《劳动法》不鼓励的行为，《劳动法》对此进行了严格的限制，《劳动法》第四十一条规定，用人单位由于生产经营需要，经与工会和劳动者协商后可以延长工作时间，一般每日不得超过一小时；因特殊原因需要延长工作时间的，在保障劳动者身体健康的条件下延长工作时间每日不得超过三小时，但是每月不得超过三十六小时。在金融危机下，企业订单减少不安排劳动者加班，这本来无可厚非，也不违反国家法律规定，但是在这个浮躁的社会里，不安排加班好像也变成了一种不道德的行为，最近更被媒体称为"变相裁员"。在符合法定条件及法定程序的情况下,企业裁员自救是一件很正常的事情,毕竟企业不是慈善机构,但是在媒体的"正义凛然"的指责下,这个很正常的合法行为似乎变成了一个偷偷摸摸见不得人的勾当,用人企业只要一有裁员的,立马就会成为众矢之的。我们要反对企业的违法裁员行为,但是,当裁员已经无法避免时,我们应当以更加宽容的眼光看待企业的裁员。

第三种方案:放假。

实践中用人单位放假有两种方式,一种是无薪放假,一种是有薪放假。很多用人单位想以无薪放假方式达到间接裁员的目的,笔者认为这是违反法律规定的,我国并无无薪放假的法律依据,无薪放假属于严重损害劳动者利益的行为,既涉嫌不提供劳动条件,也可认定为克扣工资。在特定条件下,企业放假必须符合相关的法律规定。

《工资支付暂行规定》第十二条规定,"非因劳动者原因造成单位停工、停产在一个工资支付周期内的,用人单位应按劳动合同规定的标准支付劳动者工资。超过一个工资支付周期的,若劳动者提供了正常劳动,则支付给劳动者的劳动报酬不得低于当地的最低工资标准;若劳动者没有提供正常劳动,应按国家有关规定办理"。

根据该规定,放假必须符合两个条件,一是用人单位有停工、停产的事实,二是停工停产非劳动者原因造成。另外,还需支付相应的工资及生活费。实践中有些用人单位在正常经营的情况下给劳动者放假,显然不符合法律规定,司法实践中可被认定为不给劳动者提供劳动条件,用人单位需承担相应的法律后果。

⑦裁员的经济补偿的适用。

第一,裁员并不适用"代通知金"。

所谓的"代通知金",是指用人单位以额外支付一个月工资代替提前三十日书面形式通知劳动者本人解除劳动合同而支付的金钱。按照《劳动合同法》第四十条的规定,用人单位只有在以下三种情况下解除劳动合同才可能支付"代通知金":一是劳动者患病或者非因工负伤,在规定的医疗期满后不能从事原工作,也不能从事由用人单位另行安排的工作的;二是劳动者不能胜任工作,经过培训或者调整工作岗位,仍不能胜任工作的;三是劳动合同订立时所依据的客观情况发生重大变化,致使劳动合同无法履行,经用人单位与劳动者协商,未能就变更劳动合同内容达成协议的。裁员程序中并无支付"代通知金"的要求,用人单位无需支付"代通知金"。

第二,裁员经济补偿是否有十二个月的封顶。

实践中,很多用人单位有一种错误认识,认为经济补偿最多不得超过十二个月。《违反和解除劳动合同的经济补偿办法》规定两种情况下经济补偿不超过十二个月,一是经劳动合同当事人协商一致,由用人单位解除劳动合同的,二是劳动者不能胜任工作,经过培训或者调整工作岗位仍不能胜任工作,由用人单位解除劳动合同的。

裁员经济补偿并无十二个月工资的限制。但《劳动合同法》创设了一种新的补偿制度,针对高工资收入者的经济补偿进行十二个月的计算封顶。《劳动合同法》第四十七条第二款规定,"劳动者月工资高于用人单位所在直辖市、设区的市级人民政府公布的本地区上年度职工月平均工资三倍的,向其支付经济补偿的标准按职工月平均工资三倍的数额支付,向其支付经济补偿的年限最高不超过十二年"。注意这里法律仅对高收入者经济补偿作了补偿年限和补偿基数的限制,即工资按照本地区上年度职工月平均工资三倍计算,补偿年限按照不超过十二年计算,对普通劳动者是没有限制的,只要劳动者月工资不高于用人单位所在直辖市、设区的市级人民政府公布的本地区上年度职工月平均工资的三倍,就不存在"三倍"和"十二年"的计算封顶。实践中需注意,如果劳动者在本单位存在2008年1月1日前的工作年限,在适用经济补偿时应当分段适用,2008年1月1日前的工作年限经济补偿计算无封顶限制,2008年1月1日后的工作年限才适用《劳动合同法》经济补偿的新规定。

第三,违法裁员赔偿金的适用。

用人单位裁员如果不符合法定条件、法定程序,则裁员行为会被认定为违法解除劳动合同行为,劳动者可以要求用人单位支付赔偿金,赔偿金按照经济补偿的两倍支付。违法解除劳动合同赔偿金的计算年限到底包不包括劳动者2008年1月1日之前的工作年限,在实践中一直存在争议,司法实践中劳动争议仲裁委员会和法院一段时间以来基本上都是以2008年1月1日作为分界线分段计算,2008年1月1日之前的工作年限按照经济补偿的标准,之后的工作年限才按照经济补偿两倍的标准,理由是《劳动合同法》对既往无溯及力。2008年9月18日《劳动合同法实施条例》颁布后，明确了赔偿金的计算年限自用工之日起计算，比如一个工作年限15年的老职工被违法裁员，用人单位可能需支付30个月工资的赔偿金，这样导致用人单位违法裁员的成本直线上升。

二、专业提示

用人单位如何防范员工和其他单位尚存在劳动关系的风险？如何防范员工在外兼职的风险？

第一，在招工时，要求员工出具一份解除劳动关系证明，或者劳动者出具没有与其他单位建立劳动关系的承诺书。在劳动合同中加入一条"劳动者对外兼职的，需书面告知用人单位并经用人单位书面同意"。

第二，用人单位应在规章制度中明确严重影响本单位工作的认定标准。当然，为便于操作，建议用人单位直接在劳动合同或用人单位规章制度中规定"乙方对外兼职即为严重违反甲方规章制度"。这样一旦发现劳动者的兼职行为，用人单位即可以"严重违反规章制度"为由解除劳动合同，不需要证明劳动者的兼职是否对完成本单位的工作造成严重影响，也不需要通知劳动者改正。

第二，在单方解除合同时，建议用人单位使用额外支付劳动者一个月工资的方式。

在实践中用人单位在单方解除劳动合同时，建议使用额外支付劳动者一个月工资的方式。因为一方面可以以防止劳动者在此期间做出对用人单位不利举动；另一方面对于劳动者而言，不用工作即可多得一个工资，这对于工作的交接、离职手续的办理都有一定的积极作用。

三、案例分析

案例一：员工迟到就算旷工

张三是深圳A公司的员工，2010年3月，张三有4次上班迟到35～45分钟的情况

（因为发生了交通事故导致迟到）。A公司的规章制度规定：员工每次上班迟到30分钟的，视为旷工半天。旷工一天的，扣3倍工资。因此，A公司支付张三3月份工资的时候扣了6天的工资。

张三不服，认为自己是4次迟到半个小时以上，就算是同意扣钱，也应该是扣2天的，绝对不能是6天。由于双方未能协商一致，张三申请劳动仲裁，要求单位返还克扣的6天工资。

说明：支付的剩余工资不低于当地最低工资标准。同时规章制度已履行相应的法定程序。

问题：

（1）张三因为迟到而被扣钱，是该扣2天还是6天？还是说根本不该扣钱？

（2）公司这样的规章制度是否合法合理？

（3）基于此案，对于员工迟到企业应该如何管理？

评析：

（1）张三因为迟到而被扣钱，是该扣2天还是6天？还是说根本不该扣钱？

本案的焦点是用人单位是否能够对员工实施经济处罚。根据《立法法》和《行政处罚法》的规定，对财产的处罚只能由法律、法规和规章设定。企业是以营利为目的的经济组织，除非有相关法律法规的明确授权，当然无权在规章制度中设定罚款条款。可见，用人单位在规章制度中设定罚款条款必须得到法律授权。

1982年国务院颁布施行的《企业职工奖惩条例》第十一条、第十二条规定了企业的罚款权，这是我国劳动法律关系中对企业职工罚款的直接法律渊源。然而，《企业职工奖惩条例》已经在2008年1月15日废止。也就是说，2008年1月15日以后，用人单位已经不能再根据该条例的规定在规章制度中设立罚款条款了。可现实中很多用人单位仍然在规章制度中赋予自己对员工罚款的权利，而且这种做法还被一些法律理论和实践所接受。理由有二：首先，法律既要维护劳动者的合法权益，又要考虑保障企业和雇主进行正常、有效的劳动管理和企业管理，维护企业和雇主的合法权益。法律对维护职工合法权益和提高企业管理效益都要兼顾；其次，法律并没有明文禁止企业对员工实施经济处罚。劳动者肆意迟到等行为应属于违反劳动纪律，用人单位应当有权在规章制度或企业奖惩制度中，对此类行为进行一定的处罚，以实现双方的权利义务平等。

本案例发生地深圳市，用人单位依据规章制度罚款更有法律依据：2008年11月1日实施的《深圳经济特区和谐劳动关系促进条例》第十六条规定，用人单位依照规章制度对劳动者实施经济处分的，单项和当月累计处分金额不得超过该劳动者当月工资的百分之三十，且对同一违纪行为不得重复处分。因此，在本案中，如果该用人单位合法有效的规章制度制定了罚款权，并向劳动者公示，依据《深圳经济特区和谐劳动关系促进条例》第十六条规定，用人单位拥有罚款权。

（2）企业是否该对张三罚款？如果可以，该罚多少？

本案中，企业的规章制度经过法定程序制定，并依法向包括张三在内的所有员工进行过公示，应属于合法有效的规章制度。张三和企业都应当遵守规章制度关于迟到罚款的规定，但是张三迟到是因为发生了交通事故，企业应当将此情况考虑进去。此外，罚款是一项非常严谨的处罚制度，所以，不止是张三应当遵照该制度，企业进行罚款也应当严格遵照该制度规定，而不能肆意对员工进行罚款。该规章明确规定，"员工每次上班迟到30分钟的，视为旷工半天。旷工一天的，扣3倍工资"。从严格意义来说，企业无权对迟到35～45分钟的张三进行罚款，因为张三每次都仅迟到35～45分钟，根据该规章，只能视为旷工半天，而规章制度中只规定了旷工达一天的，才予以罚款，没有对迟到半天的行为规定企业有罚款的权利。正所谓"法无明文规定不违法"，既然公司制度没有规定迟到半天要罚款，该企业就无权对每次仅迟到半天的张三进行罚款。

（3）企业该如何对迟到员工进行管理？

不管是法律还是实践，对企业的经济处罚权要求都非常严格。企业面对员工的迟到问题，不应仅从经济处罚一个方法进行处理，而应当完善企业的管理及制度等方面。具体可从以下几个方面着手：

第一，制定合法有效的规章制度。

如本案中的企业，通过法定程序制定规章制度，并依法向劳动者进行公示。当然，规章制度的内容也应当讲究，包括对什么样的违反劳动纪律问题可以进行何种处罚等。如果是经济处罚，则要考虑是否超过一定比例，尤其是处罚后的工资不能低于当地最低工资标准。另外，可以考虑结合适用全勤奖、绩效工资等手段，采用违反劳动纪律扣除一定额度的全勤奖、绩效工资的方式，比起扣除合同工资，企业具有更高的自主权。

第二，完善企业管理体制。

即使拥有合法有效的规章制度，可以对违反劳动纪律的员工进行处置，缺乏完善的企业管理体制，也会让公司的规章制度形同废纸。企业管理体制，包括实施全勤工资制度管理、绩效工资制度管理、考勤管理、对违纪员工的及时处理等。如果员工违反公司制度或劳动纪律，企业应当及时制作处罚决定或情况说明，并要求劳动者签字，以作为依法适用企业规章制度的证据。完善的管理，是企业得以适用规章制度对员工进行规范或处置的重要手段。

第三，合理规定上下班时间。

员工违纪，应该只是偶发状况，但如果一个企业的员工违纪成为一种常态，那么这个企业就应当好好检讨自身的制度设置及管理问题。如某些企业在市中心，但是员工大多居住在远离公司的郊外，那么公司应当考虑是否该将上班时间推迟到9点，下午下班时间稍往后延或者稍微缩短午休时间，以防止迟到现象等屡屡发生。

总之，企业与员工不应当是对立的两面，而应当是企业和社会发展的统一战线上的战友。企业对员工的管理不能单靠处罚手段，更多的应该是对员工的激励，以构建和谐的劳动关系，促进企业的良性发展。

案例二：处于"三期"的女职工绝对不能解雇吗

2006年，王某进入上海某电子设备有限公司（以下简称电子公司）从事销售工作，双方先后订立过三次劳动合同。2009年4月起，王某得知自己怀孕后便开始申请带薪年休假及病假。2009年7月，电子公司接到街道办事处计划生育办公室的调查函，要求配合调查王某是否存在超计划生育的事实，但公司一直未能与王某取得联系。2009年7月16日，电子公司收到王某传真至公司的"医院诊断证明书"一份，诊断及建议为"Ⅰ型糖尿病，建议休两周"，电子公司再次批准了王某的病假申请。2009年7月29日，王某又向公司发了一封名为"休假说明及申请"的邮件，表示希望2009年8月1日至2009年9月31日期间休无薪假，也就是事假。根据电子公司《员工手册》的规定休无薪假需要经过公司的批准，因为王某没有提交医院的相关诊断证明，同时公司业务大量上升，急需人手，电子公司遂未批准其休无薪假，并发出书面通知其应于2009年8月2日到岗。但王某收到通知后却一直未到岗上班，亦未向公司说明情况。2009年9月，公司依据规章制度的规定以连续旷工超过3天为由解除了与王某间的劳动关系。王某不服，诉诸劳动仲裁。

本案经过依法开庭审理后，最终劳动仲裁认定电子公司解除王某劳动关系的行为完全合法，裁决驳回了王某的仲裁请求。

问题：

能否解雇处于"三期"的女职工？

评析：

长期以来存在着一种误解，认为"三期"之内的女职工，无论工作表现如何，用人单位都不能进行解雇，这种想法显然是错误的。"三期"的女职工由于处于特殊期间，与普通员工相比，其处于较为弱势的地位，因此，我国现行法律法规对"三期"女职工进行了特殊保护，但是，法律的这种保护也是有节制的，如果女职工出现法律法规严令禁止的行为，用人单位依然有权对其进行开除处理。

《劳动合同法》第四十二条规定，"劳动者有下列情形之一的，用人单位不得依照本法第四十条、第四十一条的规定解除劳动合同：（一）从事接触职业病危害作业的劳动者未进行离岗前职业健康检查，或者疑似职业病病人在诊断或者医学观察期间的；（二）在本单位患职业病或者因工负伤并被确认丧失或者部分丧失劳动能力的；（三）患病或者非因工负伤，在规定的医疗期内的；（四）女职工在孕期、产期、哺乳期的；（五）在本单位连续工作满十五年，且距法定退休年龄不足五年的；（六）法律、行政法规规定的其他情形"。可见，法律仅仅禁止用人单位以《劳动合同法》第四十条和第四十一条解雇"三期"内的女职工，但是如果"三期"女职工出现《劳动合同法》第三十九条规定的"严重违反规章制度"、"严重失职"、"在试用期间被证明不符合录用条件"、"与其他用人单位建立劳动关系,对完成本单位的工作任务造成严重影响,或者经用人单位提出,拒不改正"、"因劳动者欺诈胁迫致使劳动合同无效"等情形,用人单位仍然可以依法解除劳动关系。

本案中,王某尽管怀孕,仍然应当严格遵守电子公司的规章制度,《员工手册》中规定无薪休假应由公司批准,王某在明知公司未批准休假的情况下,不提供任何说明和依据,擅自不来上班,已经构成旷工,因此电子公司依据规章制度的相应规定开除王某的做法并无不妥。

案例三:解雇企业高管是否有特殊要求

王某通过应聘方式进入A公司任总经理,任职起始时间为2009年3月,双方未签订劳动合同。同年3月5日,王某领到工资4000元,4月、5月、6月工资为6000元,7月工资8000元,加班奖金16000元。7月6日,王某与公司同事发生打架事件,A公司董事长宣布免去王某职务。对此,A公司以有关的董事会会议记录作为证据,但该会议记录上没有董事的签名。7月30日,A公司书面形式通知王某,告知因公司目前内部整顿,试用期人员暂不留用。王某于同年8月向区劳动争议仲裁委员会申请仲裁。

问题:

(1)A公司是否应当支付王某双倍工资差额?

(2)王某作为A公司的总经理,公司与其解除劳动合同与一般职员是否相同?

评析:

(1)A公司是否应当支付王某双倍工资差额?

《公司法》第二百一十七条规定,"本法下列用语的含义:(一)高级管理人员,是指公司的经理、副经理、财务负责人,上市公司董事会秘书和公司章程规定的其他人员"。公司总经理与普通劳动者虽然有所不同,但是在我国现今的劳动法律法规体制下,他们与公司之间的关系仍然是劳动关系。我国法律并没有对他们做特别的规定,因而也同样适用《劳动法》和《劳动合同法》的规定。只是需要指出的是，总经理是公司的高级管理人员，其同时受《公司法》的约束。比如本案中，王某入职后没有签订劳动合同，而总经理对公司进行日常管理包括的用工管理是其职责，王某没有履行职责，导致劳动合同应当签订而没有签订的，王某有过错。从《劳动合同法》及其实施条例来讲，王某还是可以要求双倍工资，但是在很多地方的司法实践中，未签订劳动合同的过错在劳动者的，将不支持劳动者要求支付双倍工资的请求。

（2）王某作为A公司的总经理，公司与其解除劳动合同与一般职员是否相同？

根据《公司法》的规定，总经理由公司董事会聘用，而总经理的解聘也由董事会决定。另根据《公司法》第一百四十七条规定，"有下列情形之一的，不得担任公司的董事、监事、高级管理人员：（一）无民事行为能力或者限制民事行为能力；（二）因贪污、贿赂、侵占财产、挪用财产或者破坏社会主义市场经济秩序，被判处刑罚，执行期满未逾五年，或者因犯罪被剥夺政治权利，执行期满未逾五年；（三）担任破产清算的公司、企业的董事或者厂长、经理，对该公司、企业的破产负有个人责任的，自该公司、企业破产清算完结之日起未逾三年；（四）担任因违法被吊销营业执照、责令关闭的公司、企业的法定代表人，并负有个人责任的，自该公司、企业被吊销营业执照之日起未逾三年；（五）个人所负数额较大的债务到期未清偿。公司违反前款规定选举、委派董事、监事或者聘任高级管理人员的，该选举、委派或者聘任无效。董事、监事、高级管理人员在任职期间出现本条第一款所列情形的，公司应当解除其职务"。

但是，需要注意的是，董事会解除的只是他的职务，劳动合同不能相应解除。关于解除劳动合同，我国现行劳动法律法规和司法实践中，没有将高管和普通劳动者区分开。

案例四：双方签订的协商解除协议是否有效

2011年1月17日，A公司向李某发放了录取通知，聘用其任公司行政经理一职，要求其于1月20日至公司报到并办理入职手续，劳动合同期限为3年，最初3个月为试用期。2011年2月初，公司要求与李某签订劳动合同，李某表示需要将合同文本带回去仔细阅读后再签字，公司对此予以同意。

2011年4月15日，公司经考核认为李某在试用期内的表现不佳，其工作能力未达到公司对该岗位的要求，向李某提出协商解除劳动合同，李某表示同意。于是双方签订了一份协商解除劳动关系协议，约定双方之间期限为2011年1月17日至2014年1月17日的劳动合同解除，李某工作至4月15日，公司向其支付工资至4月30日并额外给予其3个月税前工资作为补偿，协议生效后双方不存在任何劳动争议。

2011年4月16日，公司将上述款项以现金方式一次性支付给了李某，李某办理了离职手续。2011年6月初，李某申请仲裁，称公司未与其签订过书面劳动合同，要求公司支付自2011年1月17日至2011年4月15日期间的双倍工资。接到仲裁委的通知，公司方才发现李某一直未归还劳动合同文本。

问题：

（1）公司在试用期内解除劳动合同是否必须要与李某协商一致？双方签订的协商解除协议是否有效？

（2）公司是否需要支付未签订书面劳动合同的双倍工资？

（3）作为人力资源管理者，应当如何避免此类情况的发生？

评析：

（1）公司在试用期内解除劳动合同是否必须要与李某协商一致？双方签订的协商解除协议是否有效？

在试用期内，劳动者被证明不符合录用条件的，用人单位可以随时单方与劳动者解除劳动合同，此种解除无需与劳动者协商一致。在本案中，双方系协商解除，只要协商解除的任何一方未受到欺诈、胁迫或者乘人之危，则该协商解除即合法有效，因此，在本案中双方签订的协商解除协议是有效的。

（2）公司是否需要支付未签订书面劳动合同的双倍工资？

一般情况下，用人单位未与劳动者签订书面劳动合同，需要自用工满一个月后向劳动者支付双倍工资。但在本案中，首先，公司已经将劳动合同文本交给李某，尽到了与劳动者诚信磋商签订劳动合同的义务，双方没有签订劳动合同的过错主要不在公司。其次，双方在协商解除协议中已经明确约定了"协议生效后双方不存在任何劳动争议"，自然也包括不存在未签订劳动合同双倍工资差额的劳动争议。最后，公司支付给李某的补偿远远高于协商解除劳动合同的法定补偿标准，因此，即使李某提起劳动仲裁，要求用人单位支付未签书面劳动合同的双倍工资差额，一般情况下，劳动争议仲裁委员会和人民法院对李某的请求也不会支持。

（3）作为人力资源管理者，应当如何避免此类情况的发生？

劳动合同不仅是劳动者与用人单位确立劳动关系、明确双方权利和义务的契约协议，还是用人单位与劳动者建立劳动关系的书面证据。立法者不仅看中了劳动合同的契约功能，更是强调了是劳动合同的证明功能。因此，《劳动合同法》确立了不签订劳动合同的双倍工资罚则。

为了避免遭受双倍工资的惩处，企业的人力资源管理者操作人员应当注意以下几个方面：

①确保在劳动者入职后一个月内签订劳动合同；

②如果劳动者原因导致未签订超过一个月的，尽快与劳动者终止劳动关系；

③做好劳动合同到期的预警机制，合同到期后及时续签；

④如果劳动者拒签，保留相关证据。

案例五：辞退在工作时间内睡觉的员工，有错吗

刘某于2009年6月1日入职A公司，担任仓库管理员的工作。在此工作期间，刘某虽没有犯过大错误，但工作懒散不积极，其负责人对其工作态度表现相当不满。在2010年4月1日检查行为规范过程中，其负责人发现仓库门紧闭，进去后发现刘某不在工作岗位，而是在另一间办公室睡觉。故其负责人通知A公司人力资源部，人力资源部在了解大体情况后，与刘某谈话，以工作期间不在岗、忙其他事宜为由，予以辞退。刘某当时承认自己失误，在谈话记录上签字予以确认离职，按规定办理完相关手续。

事后刘某对A公司提起仲裁，仲裁理由为A公司强迫其签字离职，要求A公司给其一定的经济赔偿，并要求在其任职期间的延时加班，折算加班费予以发放。

问题：

（1）人力资源部以工作期间不在岗为由，辞退刘某是否合理？

（2）人力资源管理者在工作中应该采取何种法律措施，以避免类似事件发生？

评析：

（1）人力资源部以工作期间不在岗为由，辞退刘某是否合理？

根据《劳动合同法》第四条的规定，用人单位在规章制度要成为处理劳动争议的依据，须履行民主制定和公示告知程序并且不得违反法律规定。一般情况下，如果用人单位规章制度中规定了某种劳动违纪行为属于严重违反规章制度，并履行了民族制定和公示公告程序，用人单位就可以此为由解雇违反的劳动者并无须支付经济补偿。

但是，我国《劳动合同法》第三条还规定了订立劳动合同，应当遵循公平诚信原则，可见，用人单位对员工违纪行为的处罚除了要遵守规章制度程序性的法律要求外，还应遵循公平、合理、诚信原则。虽然用人单位制定规章规定对在工作时间内不在岗、睡觉的员工予以辞退，但同时也要看该行为是否给用人单位带来重大损失或造成其他严重不利影响，如果该员工不在岗、睡觉只是初犯并且没有给用人单位造成重大损失或其他严重不利影响，用人单位动辄以严重违纪为由做出辞退员工的处罚明显失衡，有违公平、合理的原则。

因此，本案中人力资源部以工作期间不在岗、睡觉为由，辞退刘某有不合理之处，在仲裁诉讼中仍然存在相当大的法律风险。

（2）人力资源管理者在工作中应该采取何种法律措施，来避免类似事件发生？

针对员工在工作时间或工作区域内打瞌睡或睡觉行为的处理，可以如此处理：

①事前防范。应当首重规章制度的合法合理运用。在程序上，规章制度应当依法遵守民主制度与公示告知程序，使员工了解到规章制度制定与实施的合法性。在实体上，将员工在工作时间或工作区域内打瞌睡或睡觉行为界定为违纪行为，不建议将一次睡岗行为就列为严重违纪予以辞退，可采取睡岗违纪行为叠加升格的方式，例如数次睡岗行为算作严重违纪，给予违纪员工一定的改进机会，避免做出刚

硬的处理规定。

②事中处理。应当及时固定员工的睡岗违纪行为。实践中，一旦发现员工初次有睡岗行为，要及时与该员工谈话做出处理，善意提醒员工积极改正，并要求员工出具书面的情况说明，保留有工签字的书面记录，这在后续的严重违纪处理和仲裁诉讼中具有重要的作用。当员工的数次睡岗行为已经升格为严重违纪时，人事部门必须慎重处理，及时以严重违纪为由做出书面辞退决定，或变通处理要求员工以个人原因申请主动辞职使其体面离开用人单位。

案例六：试用期满后，还可以试用期不符合录用条件辞退员工吗

张小姐于2009年6月24日进入一家小型服装企业A公司任开拓专员。合同约定试用期工资为4000元，转正后工资为6000元，合同期限为2年，试用期3个月，转正后购买社保。

2009年8月24日，经张小姐同意，公司将她从开拓部调往企划部任企划专员，口头约定重新试用3个月，但未重签合同。在这期间，张小姐仍是领取试用期工资，且并未缴纳社保。11月24日，张小姐主动提交转正申请给企划部聂经理，聂经理对张小姐的表现不是很满意，却不知道怎么处理，所以一直压着此事，并未提交给人力资源部。期间张小姐也催了几次，聂经理都搪塞说交给人力资源部了，正在审核中。

直到2009年12月底，张小姐直接询问人力资源部毛经理。毛经理在跟聂经理沟通后，由于聂经理表达了不想用张小姐的意思，毛经理跟张小姐沟通。这时矛盾爆发了，张小姐坚决不愿意离职，而且要求公司补回试用期工资，为自己购买社保等。在多次交涉之后，公司出具了一份公告以试用期不胜任工作为由辞退了张小姐，张小姐一气之下申请劳动仲裁。

问题：

（1）如果张小姐经证实不符合录用条件，公司能否以试用期不胜任工作为由辞退了张小姐，有何法律风险？

(2)案件中，A公司的哪些试用期做法违法，有何法律风险？

(3)此案中，张小姐可以提出哪些主张？

(4)基于本案，如何管理试用期员工？

评析：

(1)如果张小姐经证实不符合录用条件，公司能否以试用期不胜任工作为由辞退了张小姐，有何法律风险？

试用期是用人单位和劳动者建立劳动关系后为相互了解、选择而约定的不超过六个月的考察期。《劳动合同法》第三十九条第一项规定，"劳动者在试用期间被证明不符合录用条件的，用人单位可以解除劳动合同"。依据该条解除劳动合同的，用人单位依法无须支付解除劳动合同经济补偿金。如果张小姐经证实不符合录用条件，但是公司试用期不胜任工作的解除劳动合同，则根据《劳动合同法》第四十条第二项规定，劳动者不能胜任工作，经过培训或者调整工作岗位，仍不能胜任工作的，用人单位提前30日以书面形式通知劳动者本人或者额外支付劳动者一个月工资后，可以解除劳动合同。而且，此种情形解除劳动合同，用人单位应当向劳动者支付经济补偿金。

故公司以不胜任工作为由辞退张小姐，需要证明其已经经过培训或者调整工作岗位后还不胜任工作，否则就是违法辞退，需要支付赔偿金。另外，即使公司能证明辞退是有合法依据的，也需要提前30日通知或者支付一个月工资的代通知金，并且需要支付解除劳动合同经济补偿金。

因此，辞退试用期员工，如果能够证明员工不符合录用条件的，最好的做法是，在试用期内以员工在试用期间不符合录用条件为由予以辞退，如此不用支付任何经济补偿。千万不要以不胜任工作或不能完成工作指标为由，否则，存在需要支付代通知金、经济补偿金或赔偿金的风险。

(2)案件中，A公司的哪些试用期做法违法，有何法律风险？

第一，《劳动合同法实施条例》第十五条规定，"劳动者在试用期的工资不得低于本单位相同岗位最低档工资的80%或者不得低于劳动合同约定工资的80%，并不得低于用人单位所在地的最低工资标准"。案件中，张小姐转正后工资为6000元，而试用期工资仅为4000元，低于劳动合同约定工资的80%（4800元），故该试用期工资约定违法。

第二，《劳动合同法》第十九条规定，"劳动合同期限一年以上不满三年的，试用期不得超过二个月"。本案中，张小姐劳动合同期限为两年，其试用期依法不得超过两个月，而用人单位却与其约定了试用期三个月，该试用期限约定违法。

第三，试用期不缴纳社会保险，转正后才缴纳社会保险。该做法违法。因为试用期也是劳动合同的有效期，应当被计算在劳动合同的履行期内，在劳动合同期限内必须缴纳社会保险，因此，试用期内也必须缴纳社会保险。

第四，经员工同意后调整员工的工作岗位并重新约定试用期，该做法违法。本案中，张小姐于2009年6月24日入职，劳动合同期限为两年，则试用期限最长不得超过2个月，即最长到2009年8月23日止。8月24日，经张小姐同意，公司调整了张小姐的工作岗位并重新约定三个月的试用期，根据《劳动合同法》第十九条规定，"同一用人单位与同一劳动者只能约定一次试用期"。因此，即使员工同意调整了工作岗位，用人单位也不能再次约定试用期。

第五，试用期满后方才处理试用期员工，该做法违法《劳动部办公厅对<关于如何确定试用期内不符合录用条件可以解除劳动合同的请示>的复函》规定，"对试用期内不符合录用条件的劳动者，企业可以解除劳动合同；若超过试用期，则企业不能以试用期内不符合录用条件为由解除劳动合同"。本案中，假如张小姐的试用期到2009年11月23日止，且张小姐不符合录用条件，但是超过了11月23日，则公司就不能再以试用期内不符合录用条件为由解除劳动合同。另外用人单位超过试用期不办理转正手续，也将视为员工在正式合同期，也就是自动转正。

试用期工资约定违法的，则应补足试用期的工资差额。试用期未缴纳社会保险的，则劳动者有权根据《劳动合同法》第三十八条第三项，用人单位未依法为劳动者缴纳社会保险费的，劳动者可以解除劳动合同，主张解除劳动合同并要求用人单位支付经济补偿金。再者，《劳动合同法》第八十三条规定，"用人单位违反本法规定与劳动者约定试用期的，由劳动行政部门责令改正；违法约定的试用期已经履行的，由用人单位以劳动者试用期满月工资为标准，按已经履行的超过法定试用期的期间向劳动者支付赔偿金"。因此，对于违法约定的试用期已经履行了（2009年8月24日至2009年12月底），张小姐可以在并仅能在劳动行政程序（劳动监察）要求劳动行政部门责令单位按每月6000元工资标准支付违法履行期间的赔偿金。

（3）如何根据劳动合同的期限来合法约定试用期呢？

《劳动合同法》第十九条规定，"劳动合同期限三个月以上不满一年的，试用期不得超过一个月；劳动合同期限一年以上不满三年的，试用期不得超过二个月；三年以上固定期限和无固定期限的劳动合同，试用期不得超过六个月。……以完成一定工作任务为期限的劳动合同或者劳动合同期限不满三个月的，不得约定试用期"。

这里，如何理解"以上"、"不满"呢？比如一年期限的劳动合同，可以约定最长期限的试用期，是一个月还是两个月呢，如果想约定试用期为两个月，是不是非得约定合同期限为一年加一天呢？实践中，很多人很困惑这一问题。根据《民法通则》第一百五十五条规定，《民法通则》上所称的"以上、以下、以内、届满"包括本数；所称"不满、以外"，不包括本数。因此，劳动合同期限1年的，试用期最长可以约定为两个月，劳动合同期限没必要约定为一年零一天。

（4）张小姐可以提出以下主张。

第一，补足工资差额。其中，试用期两个月（2009年8月23日止），工资标准为4800元，故该两个月应补发800×2＝1600元，其余时间（2009年8月24日至2009年12月底）工资标准为6000元，故该四个月应补发2000×4＝8000元。

第二，补缴社会保险。

第三，要求恢复劳动关系或要求支付违法解除劳动合同的赔偿金。

（5）用人单位应如何做好试用期管理？

第一，用人单位要依法约定试用期，在能否约定试用期、试用期限、试用期工资、试用期的约定方式（仅口头约定试用期或仅在《入职登记表》或《员工手册》上批注试用期等做法是违法的）、试用期的约定次数等方面要合法。

第二，事先要对"录用条件"进行明确界定。试用期解除劳动合同的前提是员工在试用期内被证明不符合录用条件。因此，用人单位要想利用这一规定来保护自己的权益，就必须对录用条件做出具体明确的规定，切忌一刀切或空泛化、抽象化,比如说符合岗位要求,就不能仅仅说符合岗位要求,而应该把岗位要求是什么,怎么衡量是否符合岗位要求固定下来。

第三,"录用条件"要事先对员工明确,就是要让员工知道用人单位的录用条件,从法律的角度来说,就是用人单位有证据证明员工知道了录用条件。最好的做法是要求员工对录用条件进行签字确认。

第四,要跟员工明示考核依据和考核办法,做好平时的试用期考核工作,得出考核结果。如果没有有效的考核结果,用人单位很难证明员工不符合其录用条件。因此,最好的做法也是要员工对考核办法和考核结果进行签字确认。

第五,员工不符合录用条件的,用人单位必须在试用期届满之前做出解除决定并且解除通知书在试用期届满之前要送达员工。以不符合录用条件为由解除劳动合同也只有在试用期可用,过了这个时间,就无法再以不符合录用条件为由解除合同。因此,这就要求用人单位在发现员工不符合录用条件时,应及时解除合同,否则,超过试用期解除合同,就要支付较高的成本。

案例七:员工离职过程中的人事纠纷

(一)某公司员工A离职,但是用人单位以他曾经经手的事物未处理完毕为由,要求个人承担费用进行弥补,否则不给办理离职手续。

问题:

(1)此单位做法是否合法?

(2)如果不合法,个人应如何处理?

(二)某公司员工B,在公司工作已2年(还在合同期内),于2月11日突然提出离职,并于当天辞职。由于公司规定2月发1月的工资。另外,按照公司《员工手册》的规定,员工离职,必须提前一个月提出书面申请,否则扣押剩余工资,作为对公司造成的赔偿。但是B要求公司给予其剩余工资。

问题:

如果你是B所在公司的人力资源管理者,你该如何处理?

（三）C是某单位一名优秀员工，但因为长期中午不能按时吃饭的问题和主管领导在单位起了争执（无辱骂和身体接触），事后找上级领导理论，领导听后非但没有公平地处理这件事，反而说这位同事这么做非常不对，还要严肃处理她。C一气之下口头提了离职申请。C事后仔细思索，也觉得这种决定做得太草率。

问题：

（1）口头申请离职，是否生效？

（2）假如你是C公司的人力资源管理者，你该如何在人才不流失的条件下，对C进行管理？

评析：

（一）单位做法不合法。在员工依法提出离职的情况下，公司有义务为员工依法办理离职手续。员工经手的工作尚未完成，公司要求员工承担费用进行弥补则于法无据。如果双方的劳动合同对工离职的工作交接有特殊约定，员工未依法办理工作交接造成损失的，公司可通过法律途径要求员工赔偿。

员工在尚有经手工作的情况下，首先应当按照劳动合同约定做好工作交接，将经手工作提前做好移交、注明待办事项，以免给公司造成损失。同时以书面形式向公司提出离职，并保留固定证据。在公司不办理离职手续的情况下，可以提起劳动仲裁要求单位办理离职手续，并要求公司赔偿未及时办理离职手续造成的经济损失。

（二）如果你是B所在公司的人力资源管理者，你该如何处理？

首先，《员工手册》规定扣押剩余工资的做法不合法，剩余工资应当依法支付。

其次，应当首先与离职员工和具体的用人部门进行沟通交流，了解员工离职的真实原因，以及这名员工是否做好离职交接，是否因紧急离职给公司造成损失。确定上述情况后，再制定具体的应对策略。

再次，可向待离职员工提出两项方案。一是员工选择按照《员工手册》的规定提前一个月提出书面申请，并在尽快做好工作交接后，公司可提前办理离职手续，并在离职时支付剩余工资。二是员工选择违法解除劳动合同强行立即走人，公司按照规定支付剩余工资,但在离职后公司将提起劳动仲裁,要求员工赔偿给公司造成的各项经济损失。

需要注意的是,人力资源管理者在与员工沟通时,应当保留相应证据,可做好书面记录,让员工签字确认,或者让员工自己书面离职原因。

(三)口头申请离职,是否生效?

《劳动合同法》第三十七条规定,劳动者提前三十日以书面形式通知用人单位,可以解除劳动合同。从该条可看出,书面通知并不是强制性规范,劳动者可以以口头形式申请离职,口头申请离职也是表达意思表示的一种方式。实践中,很多员工就是以口头形式向公司提出辞职的,公司一般也认可这种口头申请辞职的方式。

假如你是C公司的人力资源管理者,你该如何在人才不流失的条件下,对C进行管理?

首先,吃饭的问题不应当成为双方履行劳动合同的障碍,因此双方都没有解除劳动合同的真实意思表示。

其次,人力资源管理者应当与这名员工进行详细的沟通交流,了解这名员工长期中午不能按时吃饭的原因,并充分听取这名员工的个人意见和切身需求,做好劝解工作。然后向公司相关领导反映这名员工的真实情况,让公司领导了解这名员工的合理需求。

再次,双方协商共同制定一个合理的方案,合理优化改进工作流程,既保证工作的顺利进行,又能保证这名员工能够准时吃午饭。

最后,人力资源管理者应向这名员工明确指出离职是一件相当慎重的事情,这种情绪化处理问题的方式是不恰当的,应当通过正确的方式表达自己的想法和诉求。

四、法律依据

《中华人民共和国劳动合同法》(自2008年1月1日起施行,中华人民共和国主席令第六十五号)

第三十九条 劳动者有下列情形之一的,用人单位可以解除劳动合同:

（一）在试用期间被证明不符合录用条件的；

（二）严重违反用人单位的规章制度的；

（三）严重失职，营私舞弊，给用人单位造成重大损害的；

（四）劳动者同时与其他用人单位建立劳动关系，对完成本单位的工作任务造成严重影响，或者经用人单位提出，拒不改正的；

（五）因本法第二十六条第一款第一项规定的情形致使劳动合同无效的；

（六）被依法追究刑事责任的。

第四十条 有下列情形之一的，用人单位提前三十日以书面形式通知劳动者本人或者额外支付劳动者一个月工资后，可以解除劳动合同：

（一）劳动者患病或者非因工负伤，在规定的医疗期满后不能从事原工作，也不能从事由用人单位另行安排的工作的；

（二）劳动者不能胜任工作，经过培训或者调整工作岗位，仍不能胜任工作的；

（三）劳动合同订立时所依据的客观情况发生重大变化，致使劳动合同无法履行，经用人单位与劳动者协商，未能就变更劳动合同内容达成协议的。

第四十一条 有下列情形之一，需要裁减人员二十人以上或者裁减不足二十人但占企业职工总数百分之十以上的，用人单位提前三十日向工会或者全体职工说明情况，听取工会或者职工的意见后，裁减人员方案经向劳动行政部门报告，可以裁减人员：

（一）依照企业破产法规定进行重整的；

（二）生产经营发生严重困难的；

（三）企业转产、重大技术革新或者经营方式调整，经变更劳动合同后，仍需裁减人员的；

（四）其他因劳动合同订立时所依据的客观经济情况发生重大变化，致使劳动合同无法履行的。

裁减人员时，应当优先留用下列人员：

（一）与本单位订立较长期限的固定期限劳动合同的；

（二）与本单位订立无固定期限劳动合同的；

（三）家庭无其他就业人员，有需要扶养的老人或者未成年人的。

用人单位依照本条第一款规定裁减人员，在六个月内重新招用人员的，应当通知被裁减的人员，并在同等条件下优先招用被裁减的人员。

第四十二条　劳动者有下列情形之一的，用人单位不得依照本法第四十条、第四十一条的规定解除劳动合同：

（一）从事接触职业病危害作业的劳动者未进行离岗前职业健康检查，或者疑似职业病病人在诊断或者医学观察期间的；

（二）在本单位患职业病或者因工负伤并被确认丧失或者部分丧失劳动能力的；

（三）患病或者非因工负伤，在规定的医疗期内的；

（四）女职工在孕期、产期、哺乳期的；

（五）在本单位连续工作满十五年，且距法定退休年龄不足五年的；

（六）法律、行政法规规定的其他情形。

第四十三条　用人单位单方解除劳动合同，应当事先将理由通知工会。用人单位违反法律、行政法规规定或者劳动合同约定的，工会有权要求用人单位纠正。用人单位应当研究工会的意见，并将处理结果书面通知工会。

第四节　劳动合同终止

一、法律解读

1. 定义

终止劳动合同是指企业劳动合同法律效力的终止，也就是双方当事人之间劳动关系的终结，彼此之间原有的权利和义务关系不复存在。

2. 终止劳动合同的条件

（1）合同期限已满。定期的劳动合同在合同约定的期限届满后，除非双方是依法续订或依法延期，否则合同即行终止。

（2）合同目的已经实现。以完成一定的工作为期的劳动合同在其约定工作完成以后，或其他类型的劳动合同在其约定的条款全部履行完毕以后，合同因目的的实现而自然终止。

（3）合同约定的终止条件出现。企业劳动合同或集体合同对企业劳动合同约定的终止条件出现以后，企业劳动合同就此终止。

（4）当事人死亡。劳动者一方死亡，合同即行终止；雇主一方死亡，合同可以终止，也可以因继承人的继承或转让第三方而使合同继续存在，这要依实际情况而定。

（5）劳动者退休。劳动者因达到退休年龄或丧失劳动能力而办理离退休手续后，合同即行终止。

（6）企业不复存在。企业因依法宣告破产、解散、关闭或兼并后，原有企业不复存在，其合同也告终止。

二、专业提示

在实践中需要注意以下几个方面：

第一，劳动合同的终止时间，以劳动合同期限最后一日的24时为准；

第二，劳动合同期满后，用人单位未与劳动者办理终止手续，劳动者继续在用人单位工作的，两者间形成了事实劳动关系。为避免形成事实劳动关系，用人单位在劳动合同期届满前三十天，将续订或终止劳动合同的意向以书面形式通知劳动者。

还有在实践中，用人单位最头痛的是对于签订无固定期限合同的员工，认为无固定期限的员工是"铁饭碗"，用人单位要对其养到老了，其实不然。第一，用人单位可通过制定详细的具体可操作性的规章制度，通过《劳动合同法》第三十九条的规定解除劳动合同；第二，用人单位可以在无固定期限合同中，明确约定劳动合同终止条件。

三、法律风险

1. 劳动合同期满未及时办理终止或续订手续的法律后果

（1）形成事实劳动关系后，应视为续订劳动合同。原劳动部《关于实行劳动合同制若干问题的通知》规定，"有固定期限的劳动合同期满后因用人单位方面的原因未办理终止或续订手续而形成事实劳动关系的，视为续订劳动合同。用人单位应及时与劳动者协商合同期限，办理续订手续"。

（2）劳动合同期满后不及时办理终止劳动合同手续，也不续签劳动合同，会使双方形成事实劳动关系。自事实劳动关系形成之日一个月还未续签劳动合同，用人单位将面临支付双倍工资的结果。

2. 违法终止劳动合同的法律后果

根据《劳动合同法》第四十八条规定，用人单位违反本法规定解除或者终止劳动合同，劳动者要求继续履行劳动合同的，用人单位应当继续履行；劳动者不要求继续履行劳动合同或者劳动合同已经不能继续履行的，用人单位应当依照《劳动合同法》第八十七条规定支付赔偿金。

四、案例分析

案例一：合同期满企业不续签，是否需要提前1个月通知

刘某于1999年7月进入广东东莞市××装饰有限公司（下简称××公司）任职，双方约定了工资、工作时间等待遇，并签订了将于2008年7月15日期满的劳动合同。在2008年7月15日刘某被××公司以期满为由终止劳动合同，公司要求刘某与公司做好工作交接，随后在财务处结清刘某的工资等事宜。

然而刘某却将公司告到劳动仲裁处，说公司解除合同并未提前一个月通知刘某本人，因此他要求公司支付其解除合同的代通知金。而公司则认为解除合同是因为合同期满，属于自然到期而终止的，并不是公司提前解除合同，因此无须支付其代通知金。

问题：

（1）刘某的要求是否应该得到支持？

（2）因合同期满而终止，用人单位也是否要提前一个月通知？

（3）基于此案，用人单位如何做好合同期满不再与员工续约？

评析：

对于劳动合同期满企业不续签是否需要提前一个月通知的问题，许多用人单位存有误解，从而付了一些冤枉钱。他们认为，劳动合同期满企业不续签的，应当提前1个月通知，否则，应当支付一个月工资的代通知金。该观点可能源于原劳动部《关于加强劳动合同管理完善劳动合同制度的通知》第五条"强化劳动合同制度运行的日常管理工作"中的"劳动合同期满前应当提前一个月向职工提出终止或续订劳动合同的书面意向，并及时办理有关手续"。但是，该通知的主要目的是规范企业劳动合同的日常管理，并不能作为未提前一个月通知就必须支付一个月代通知金的法律依据。在《劳动合同法》中，对于需要支付一个月代通知金的情形仅限于第四十条所规定的三种条件下解除劳动合同的情况，劳动合同的终止并未规定企业提前通知的义务。

在司法实践中，有时候会发生这样的情况，即企业在劳动合同期满之日或是提前一个月通知了员工不再续约，结果反被员工起诉是解除而不是终止劳动合同，最后因企业拿不出充分的证据证明是期满终止而非中途解除或通知之日为劳动合同期满之日而败诉。对此，企业在具体操作时要注意以下三点：

第一，不要选择提前通知，如果当地法律规定需要提前通知，需准备好书面的通知书让员工签名并注明签收日期，如果该员工不签名，应当及时通过邮政快递方式将通知书邮寄到该员工在《入职登记表》上留下的通讯地址并保存好邮寄的清单和回执。

第二，通知之后，即时将员工应得的工资及终止劳动合同的补偿金支付至员工的银行账号。

第三，在劳动合同到期之日将《终止劳动合同证明书》按照上述方式让该员工签收或快递给该员工。

第五节　劳动合同解除和终止限制性规定

一、法律解读

1. 在劳动者无过失时禁止用人单位解除劳动合同的规定

《劳动合同法》第四十二条规定，"劳动者有下列情形之一的，用人单位不得依照本法第四十条、第四十一条的规定解除劳动合同：（一）从事接触职业病危害作业的劳动者未进行离岗前职业健康检查，或者疑似职业病病人在诊断或者医学观察期间的；（二）在本单位患职业病或者因工负伤并被确认丧失或者部分丧失劳动能力的；（三）患病或者非因工负伤，在规定的医疗期内的；（四）女职工在孕期、产期、哺乳期的；（五）在本单位连续工作满十五年，且距法定退休年龄不足五年的；（六）法律、行政法规规定的其他情形"。

本条是关于在劳动者无过失时禁止用人单位解除劳动合同的规定。根据该规定，劳动者主观上无过失的情形主要有以下六种：

第一，从事接触职业病危害作业的劳动者未进行离岗前职业健康检查，或者疑似职业病病人在诊断或者医学观察期间的情形。

该情形包括两类劳动者：一是未进行离岗前职业健康检查的从事接触职业病危害作业的劳动者。从事接触职业病危害作业的劳动者离岗前，必须进行职业健康检查，以确认是否患职业病。二是在诊断期间或者在医学观察期间的疑似职业病病人。疑似职业病病人，是指表现出来的某些症状与患职业病的病人相似，但尚未确诊为患职业病的劳动者。

职业病，是指劳动者在劳动过程中受职业危害因素的影响而导致的疾病，具体参照《职业病目录》。

第二，劳动者在本单位患职业病或者因工负伤并被确认丧失或者部分丧失劳动能力的情形。该情形包括两层含义：一是劳动者在本单位患职业病或者因工负伤，二是劳动者被确认丧失或者部分丧失劳动能力。职业病的含义，如上所述。因工负伤，参照《工伤保险条例》第十四条和第十五条。

在实践中用人单位对于从事接触职业病危害作业的劳动者应当进行离职前健康检查，并做好相应的健康检查记录，否则，事后该劳动者出现职业病的，将可能导致和该劳动者的新单位承担连带责任。

第三，劳动者患病或者非因工负伤，在规定的医疗期内的情形。此处的患病，不包括职业病。非因工负伤，不包括工伤。医疗期，是指职工因患病或者非因工负伤停止工作治病休息的期限，根据参加工作的年限从三个月至二十四个月不等。

第四，女职工在孕期、产期、哺乳期的情形。该情形中对女职工孕期、产期、哺乳期的规定参照《女职工劳动保护规定》《劳动部关于印发〈女职工劳动保护规定问题解答〉的通知》和《关于女职工生育待遇若干问题的通知》。

第五，劳动者在本单位连续工作满十五年，且距法定退休年龄不足五年的情形。该情形劳动者同时符合两个时限要求的，用人单位不得解除劳动合同。

第六，法律、行政法规规定的其他情形。符合本法之外的其他法律、行政法规规定情形的，用人单位不得根据《劳动合同法》第四十条、第四十一条的规定解除劳动合同。

出现上述任意一种情形，用人单位都不得依照《劳动合同法》第四十条、第四十一条的规定解除劳动合同。

二、专业提示

劳动者达到退休年龄，继续聘用的，应当如何处理？

首先须确定，超过法定退休年龄的劳动者与用人单位之间形成劳务关系还是劳动关系？

实践中，存在两种观点：

第一种观点认为是劳动关系。理由是，我国《劳动法》对最低劳动法定年龄做出规定，即年满16岁的公民才能成为劳动法律关系的主体。但对法定劳动年龄上限并未做出明确规定。《工伤保险条例》第二条明确规定，"中华人民共和国境内的企业、事业单位、社会团体、民办非企业单位、基金会、律师事务所、会计师事务所等组织和有雇工的个体工商户（以下称用人单位）应当依照本条例规定参加工伤保险，为本单位全部职工或者雇工（以下称职工）缴纳工伤保险费。中华人民共和国境内的企业、事业单位、社会团体、民办非企业单位、基金会、律师事务所、会计师事务所等组织的职工和个体工商户的雇工，均有依照本条例的规定享受工伤保险待遇的权利"。很显然，上述条款中的"本单位全部职工或者雇工"理应包括超过法定退休年龄继续工作的劳动者。《工伤保险条例》第六十六条，进一步规定了用人单位使用童工造成童工伤残、死亡的，由用人单位向童工或者童工的直系亲属给予一次性赔偿的标准以及由此产生争议的处理程序。《工伤保险条例》并没有对超过法定退休年龄而继续工作的劳动者因工伤残、死亡待遇做出特殊规定。从立法本意看，超过法定退休年龄继续工作的劳动者应属于《工伤保险条例》所称职工的范畴，《工伤保险条例》未将超过法定退休年龄继续工作的劳动者排除在享受工伤保险待遇之外。因此，超过法定退休年龄的劳动者与用人单位之间应为劳动关系。

另一种观点认为是劳务关系。理由是，劳动者达到法定退休年龄，其劳动合同终止，开始享受基本养老保险待遇；因工作遭受伤亡事故或患职业病，劳动保障行政部门不予认定为工伤。因此，超过法定退休年龄的劳动者与用人单位之间应为劳务关系。

在此同意后一种观点。

第一，劳动者达到法定退休年龄，其劳动合同终止，开始享受基本养老保险待遇。虽然《劳动法》、《工伤保险条例》对法定劳动年龄上限并未做出明确规定，但《工伤保险条例》第三十五条第一款第三项规定，"工伤职工达到退休年龄并办理退休手续后，停发伤残津贴，按照国家有关规定享受基本养老保险待遇"。该法条规定了劳动者达到退休年龄就开始享受基本养老保险待遇。对此，《劳动合同法》及《劳动合同法实施条例》予以明确规定，《劳动合同法》第四十四条规定，"有下列情形之一的，劳动合同终止：……（二）劳动者开始依法享受基本养老保险待遇的"。《劳动合同法实施条例》第二十一条规定，"劳动者达到法定退休年龄的，劳动合同终止"。从上述规定可知，目前我国的法律、法规是限制超过法定退休年龄的人员就业，劳动者达到法定退休年龄，其劳动合同即告终止，开始享受基本养老保险待遇。

第二，超过法定退休年龄的劳动者因工作遭受伤亡事故或患职业病，劳动保障行政部门不予认定为工伤。工伤认定是劳动保障行政部门的职责。工伤认定的前提条件是劳动者与用人单位之间形成劳动关系，只有在劳动法律关系中，劳动者因工作遭受伤亡事故或患职业病的，才能被认定为工伤。《辽宁省工伤保险实施办法》第十三条规定，"有下列情形之一的，劳动保障行政部门不予受理工伤认定申请，但劳动能力鉴定委员会可以委托进行劳动能力鉴定：……（三）离退休人员或者超过法定退休年龄的人员被用人单位聘用后，因工作遭受事故伤害或者因现工作岗位性质患职业病的"。因此，在辽宁省劳动保障行政部门对超过法定退休年龄的劳动者因工作遭受伤亡事故或患职业病是不予工伤认定的。北京市、天津市、重庆市、厦门市、太原市等地也明确规定不得认定工伤。

第三，超过法定退休年龄的劳动者与用人单位解除协议，不能获得经济补偿。《劳动法》第二十八条规定，"用人单位依据本法第二十四条、第二十六条、第二十七条的规定解除劳动合同的，应当按照国家有关规定给予经济补偿"。根据该规定，用人单位提出解除劳动合同符合法定情形，劳动者可以获得经济补偿。劳动部《关于实行劳动合同制度若干问题的通知》第十三条规定，"已享受养老保险待遇的离退休人员被再次聘用时，用人单位应与其签订书面协议，明确聘用期内的工作内容、报酬、医疗、劳保待遇等权利和义务"。劳动部办公厅《对〈关于实行劳动合同制度若干问题的请示〉的复函》第二项规定，"离退休人员与用人单位应当按照聘用协议的约定履行义务，聘用协议约定提前解除书面协议的，应当按照双方约定办理，未约定的，应当协商解决。离退休人员聘用协议的解除不能依据《劳动法》第二十八条执行"。从以上规定精神看，超过法定退休年龄的劳动者与用人单位解除协议，即使用人单位提出解除协议符合法定情形，超过法定退休年龄的劳动者也不能获得经济补偿。

第四，超过法定退休年龄的劳动者无法缴纳基本养老保险费用。根据国务院《关于深化企业职工养老保险制度改革的通知》的有关规定，国家建立基本养老保险制度是为了保障离退休人员的基本生活，劳动法律关系中用人单位和劳动者均要按一定比例向社会保险机构缴纳基本养老保险费用，个人缴费年限累计满15年的，退休后按月享受基本养老金。因此，超过法定退休年龄的劳动者是无法缴纳基本养老保险费用的。

三、法律风险

在劳动者存在不能解除劳动关系的情况下，用人单位解除或终止了劳动关系的话，将面临法律风险。《劳动合同法》第四十八条规定，"用人单位违反本法规定解除或者终止劳动合同，劳动者要求继续履行劳动合同的，用人单位应当继续履行；劳动者不要求继续履行劳动合同或者劳动合已经不能继续履行的，用人单位应当依照本法第八十七条规定双倍支付赔偿金"。

四、法律依据

《中华人民共和国劳动合同法》（自2008年1月1日起施行，中华人民共和国主席令第六十五号）

第四十一条 有下列情形之一，需要裁减人员二十人以上或者裁减不足二十人但占企业职工总数百分之十以上的，用人单位提前三十日向工会或者全体职工说明情况，听取工会或者职工的意见后，裁减人员方案经向劳动行政部门报告，可以裁减人员：

（一）依照企业破产法规定进行重整的；

（二）生产经营发生严重困难的；

（三）企业转产、重大技术革新或者经营方式调整，经变更劳动合同后，仍需裁减人员的；

（四）其他因劳动合同订立时所依据的客观经济情况发生重大变化，致使劳动合同无法履行的。

裁减人员时，应当优先留用下列人员：

（一）与本单位订立较长期限的固定期限劳动合同的；

（二）与本单位订立无固定期限劳动合同的；

（三）家庭无其他就业人员，有需要扶养的老人或者未成年人的。

用人单位依照本条第一款规定裁减人员，在六个月内重新招用人员的，应当通知被裁减的人员，并在同等条件下优先招用被裁减的人员。

第四十二条　劳动者有下列情形之一的，用人单位不得依照本法第四十条、第四十一条的规定解除劳动合同：

（一）从事接触职业病危害作业的劳动者未进行离岗前职业健康检查，或者疑似职业病病人在诊断或者医学观察期间的；

（二）在本单位患职业病或者因工负伤并被确认丧失或者部分丧失劳动能力的；

（三）患病或者非因工负伤，在规定的医疗期内的；

（四）女职工在孕期、产期、哺乳期的；

（五）在本单位连续工作满十五年，且距法定退休年龄不足五年的；

（六）法律、行政法规规定的其他情形。

第四十八条　用人单位违反本法规定解除或者终止劳动合同，劳动者要求继续履行劳动合同的，用人单位应当继续履行；劳动者不要求继续履行劳动合同或者劳动合同已经不能继续履行的，用人单位应当依照本法第八十七条规定支付赔偿金。

第八十七条　用人单位违反本法规定解除或者终止劳动合同的，应当依照本法第四十七条规定的经济补偿标准的二倍向劳动者支付赔偿金。

第六节 经济补偿

一、劳动合同解除时用人单位须支付经济补偿的情形

1. 劳动者即时解除劳动合同的情形

劳动者依据《劳动合同法》第三十八条规定行使即时辞职权辞职的,用人单位须支付解除劳动合同经济补偿金,具体包括:

(1)用人单位未按照劳动合同约定提供劳动保护或者劳动条件的情形。这里的"劳动条件"是指劳动者的工作设施、工作环境、劳动强度和工作时间等。这些条件有国家或地方标准的,应符合国家或地方标准。如没有国家或地方标准,双方可以在集体合同或者劳动合同中相应约定。

第一,保护劳动者在劳动过程中的生命健康安全等是用人单位的基本责任和义务。用人单位为劳动者提供相应的劳动保护是对劳动者基本利益的维护。

第二,劳动保护和劳动条件是指在劳动合同中约定的用人单位对劳动者所从事的劳动必须提供的生产、工作条件和劳动安全卫生保护措施,即用人单位保障劳动者完成劳动任务和劳动过程中安全健康保护的基本要求,包括劳动场所和设备、劳动安全卫生设施、劳动防护用品等。《劳动合同法》第十七条规定劳动保护和劳动条件是劳动合同的必备条款,即提供劳动保护和劳动条件是用人单位应尽的义务,如果用人单位未按照国家规定的标准或劳动合同的规定提供劳动条件,致使劳动安全、劳动卫生条件恶劣,严重危害职工的身体健康,经国家劳动部门、卫生部门确认,劳动者可以与用人单位解除劳动合同。

(2)未及时足额支付劳动报酬的。劳动者的合法劳动报酬应当及时且足额支付,不得无故克扣或拖欠劳动报酬。存在特殊情况时应及时告知员工或工会,如公司资金未及时到账或资金紧张要延期发放时,及时告知员工或工会并得到谅解

的，则不构成"未及时"情形。根据劳动部在1995年5月12日发布实施的关于印发《对〈工资支付暂行规定〉有关问题的补充规定》的通知第四条规定，该《规定》第十八条所称"无故拖欠"系指用人单位无正当理由超过规定付薪时间未支付劳动者工资。不包括：第一，用人单位遇到非人力所能抗拒的自然灾害、战争等原因、无法按时支付工资；第二，用人单位确因生产经营困难、资金周转受到影响，在征得本单位工会同意后，可暂时延期支付劳动者工资，延期时间的最长限制可由各省、自治区、直辖市劳动行政部门根据各地情况确定。其他情况下拖欠工资均属无故拖欠。例如《深圳市员工工资支付条例》第十二条规定，"用人单位因故不能在约定的工资支付日支付工资的，可以延长五日；因生产经营困难，需延长五日以上的，应当征得本单位工会或者员工本人书面同意，但最长不得超过十五日"。

（3）未依法为劳动者缴纳社会保险费的情形。用人单位自用工之日起应当依法为劳动者缴纳社会保险是国家强制性规定，不得通过双方约定予以免除。国家现在对"未依法为劳动者缴纳社会保险费"还没有统一的规定，最高人民法院也没有统一的解释，具体见本章第八节的论述。此处不再赘述。

（4）用人单位的规章制度违反法律、法规的规定，损害劳动者权益的情形。该情形必须符合以下两个方面：规章制度违反法律、法规；该违法行为业已给劳动者造成损害。这里强调了只有在已经对劳动者造成损害的情况下，劳动者才能以此为由通知用人单位即时解除劳动合同，并要求支付解除劳动合同经济补偿。

（5）因下列情形致使劳动合同无效的情形，包括：

①用人单位以欺诈、胁迫的手段或者乘人之危，使劳动者在违背真实意思的情况下订立或者变更劳动合同的；

②用人单位免除自己的法定责任、排除劳动者权利的；

③用人单位违反法律、行政法规强制性规定的；

④法律、行政法规规定劳动者可以解除劳动合同的；

⑤用人单位以暴力、威胁或者非法限制人身自由的手段强迫劳动者劳动的，或者用人单位违章指挥、强令冒险作业危及劳动者人身安全的。

2. 用人单位提出协商解除劳动合同的情形

协商解除劳动合同,由用人单位提出动议的,用人单位需要支付经济补偿。这里强调是用人单位主动提出协商解除劳动合同的,才须支付经济补偿,如果是劳动者主动提出,用人单位可以不支付经济补偿。

3. 劳动者无过错,用人单位依法预告解除劳动合同的情形

如果没有依法提前三十天预告的,应当支付劳动者一个月工资,即常说的代通知金,这种情形就是大家常说的支付"N+1"个月经济补偿的情形,可见并不是任何情形下,用人单位没有提前三十天通知,都必须支付代通知金。具体包括以下情形:

(1)劳动者患病或者非因工负伤,在规定的医疗期满后不能从事原工作,也不能从事由用人单位另行安排的工作的;

(2)劳动者不能胜任工作,经过培训或者调整工作岗位,仍不能胜任工作的;

(3)劳动合同订立时所依据的客观情况发生重大变化,致使劳动合同无法履行,经用人单位与劳动者协商,未能就变更劳动合同内容达成协议的。

4. 用人单位经济性裁员的情形

根据《劳动合同法》第四十一条规定,用人单位可以进行经济性裁员的情形有:

(1)依照企业破产法规定进行重整的;

(2)生产经营发生严重困难的;

(3)企业转产、重大技术革新或者经营方式调整,经变更劳动合同后,仍需裁减人员的;

(4)其他因劳动合同订立时所依据的客观经济情况发生重大变化,致使劳动合同无法履行的;

(5)法律、行政法规规定的其他情形。

二、劳动合同终止,用人单位须支付经济补偿的情形

第一,劳动合同期满,除用人单位维持或者提高劳动合同约定条件续订劳动合

同，劳动者不同意续订的情形外，终止劳动合同的，用人单位需支付经济补偿人；

第二，用人单位被依法宣告破产、被吊销营业执照、责令关闭、撤销或者用人单位决定提前解散而终止劳动合同，用人单位需支付经济补偿；

第三，以完成一定工作任务为期限的劳动合同因任务完成而终止的，用人单位应当向劳动者支付经济补偿（《劳动合同法实施条例》第二十二条）；

第四，法律、行政法规规定的其他情形。

三、经济补偿的计算、支付时间、纳税

1. 经济补偿年限标准

根据《劳动合同法》第四十七条规定，"经济补偿按劳动者在本单位工作的年限，每满一年支付一个月工资的标准向劳动者支付。六个月以上不满一年的，按一年计算；不满六个月的，向劳动者支付半个月工资的经济补偿"。

2. 经济补偿的计算基数

根据《劳动合同法》第四十七条规定，经济补偿的计算基数是劳动者在劳动合同解除或者终止前十二个月的平均工资。此处的"平均工资"，根据《劳动合同法实施条例》第二十七条规定，应当按照劳动者应得工资计算，包括计时工资或者计件工资以及奖金、津贴和补贴等货币性收入。劳动者在劳动合同解除或者终止前十二个月的平均工资低于当地最低工资标准的，按照当地最低工资标准计算。劳动者工作不满十二个月的，按照实际工作的月数计算平均工资。

3. 经济补偿的封顶

《劳动合同法》实施之前的法律规定，用人单位提出并与劳动者协商一致解除劳动合同的，支付的经济补偿金最多不超过十二个月工资。劳动者不能胜任工作，经过培训或者调整工作岗位仍不能胜任工作，由用人单位解除劳动合同的，支付的经济补偿金最多不超过十二个月工资。对于其他情形解除或终止劳动合同需要支付经济补偿金的，没有最多支付十二个月工资的限制。《劳动合同法》实施后，劳动者月工资高于用人单位所在直辖市、设区的市级人民政府公布的本地区上年度职工

月平均工资三倍的,向其支付经济补偿的标准按职工月平均工资三倍的数额支付,向其支付经济补偿的年限最高不超过十二年。其他情形下支付经济补偿金则没有上述年限限制。

4. 经济补偿金的支付时间

《劳动合同法》第五十条规定,"劳动者应当按照双方约定,办理工作交接。用人单位依照本法有关规定应当向劳动者支付经济补偿的,在办结工作交接时支付"。如果用人单位不及时发给经济补偿的,根据《劳动合同法》第八十四条规定,解除或者终止劳动合同,未依照本法规定向劳动者支付经济补偿的,由劳动行政部门责令限期支付经济补偿;逾期不支付的,责令用人单位按应付金额50%以上100%以下的标准向劳动者加付赔偿金。

5. 经济补偿金的纳税

根据《财政部、国家税务总局关于个人与用人单位解除劳动关系取得的一次性补偿收入征免个人所得税问题的通知》的规定,个人因与用人单位解除劳动关系而取得的一次性补偿收入,在当地上年职工平均工资3倍数额以内的部分,免征个人所得税。个人领取一次性补偿收入时,按照国家和地方政府规定的比例实际缴纳的住房公积金、医疗保险费、基本养老保险费、失业保险费,可以在计征其一次性补偿收入的个人所得税时予以扣除。

6. 经济补偿金和赔偿金的区别

第一,概念不同。

经济补偿金是用人单位解除劳动合同时,给予劳动者的经济补偿。

经济赔偿金(此处的"赔偿金"仅指用人单位对劳动者支付的赔偿金,劳动者向用人单位支付赔偿金的相关内容,见本章第七节)是用人单位违反《劳动法》规定解除或者终止劳动合同的向劳动者支付赔偿金。

第二,归责原则不同。

经济补偿金的条件较为简单,强调的是向劳动者倾斜,因此并不要求用人单位有过错,即一般情况下,经济补偿适用无过错责任。赔偿的条件较为严格,强调的是过错责任。

第三，适用情形不同。

经济补偿适用的情形如前所述，不再重复，赔偿金适用的情形如下：

根据《劳动合同法》规定，用人单位有下列情形之一，对劳动者造成损害的，应赔偿劳动者损失。

（1）用人单位直接涉及劳动者切身利益的规章制度违反法律、法规规定，给劳动者造成损害的。

（2）用人单位提供的劳动合同文本未载明本法规定的劳动合同必备条款或者用人单位未将劳动合同文本交付劳动者，给劳动者造成损害的。

（3）用人单位自用工之日起超过一个月不满一年未与劳动者订立书面劳动合同的，应当向劳动者每月支付二倍的工资，用人单位违反本法规定不与劳动者订立无固定期限劳动合同的，自应当订立无固定期限劳动合同之日起向劳动者每月支付二倍的工资。

（4）用人单位违反规定与劳动者约定试用期，违法约定的试用期已经履行的，由用人单位以劳动者试用期满月工资为标准，按已经履行的超过法定试用期的期间向劳动者支付赔偿金。

（5）用人单位违反规定，扣押劳动者居民身份证等证件或者劳动者依法解除或者终止劳动合同，用人单位扣押劳动者档案或者其他物品，给劳动者造成损害的。

（6）用人单位有下列情形之一的，由劳动行政部门责令限期支付劳动报酬、加班费或者经济补偿；劳动报酬低于当地最低工资标准的，应当支付其差额部分；逾期不支付的，责令用人单位按应付金额百分之五十以上百分之一百以下的标准向劳动者加付赔偿金：①未按照劳动合同的约定或者国家规定及时足额支付劳动者劳动报酬的；②低于当地最低工资标准支付劳动者工资的；③安排加班不支付加班费的；④解除或者终止劳动合同，未依照本法规定向劳动者支付经济补偿的。

（7）劳动合同依照《劳动合同法》第二十六条规定被确认无效，给劳动者造成损害的。

（8）用人单位违反规定解除或者终止劳动合同的。

（9）用人单位有下列情形之一的，给劳动者造成损害的：

① 以暴力、威胁或者非法限制人身自由的手段强迫劳动的；

② 违章指挥或者强令冒险作业危及劳动者人身安全的；

③ 侮辱、体罚、殴打、非法搜查或者拘禁劳动者的；

④ 劳动条件恶劣、环境污染严重，给劳动者身心健康造成严重损害的。

（10）用人单位违反规定未向劳动者出具解除或者终止劳动合同的书面证明给劳动者造成损害的。

（11）劳务派遣单位违反规定给被派遣劳动者造成损害的，这时由劳务派遣单位与用工单位承担连带赔偿责任。

（12）不具备合法经营资格的用人单位的违法犯罪给劳动者造成损害的。

（13）个人承包经营违反规定招用劳动者，给劳动者造成损害的，这时由发包的组织与个人承包经营者承担连带赔偿责任。

四、法律风险

在实践中，用人单位要注意两方面的责任，一是代扣代缴劳动者个人所得税的责任，按相关规定，劳动者因与用人单位解除劳动关系而取得的一次补偿收入（包括用人单位发放的经济补偿金、生活补助金和其他补助费用），其收入在当地上年职工平均工资3倍以数额以内的部分，免征个人所得税，超过部分，用人单位具有法定代扣代缴义务。二是用人单位可将经济补偿金作税前抵扣或摊销，各种补偿性支出数额较大，一次性摊销对当年用人单位所得税收入影响较大的可以在以后年度均匀摊销。

五、专业提示

在实践中，对于劳动合同期满后，劳动者仍在原用人单位工作，原用人单位未表示异议的，但也未办理终止或者续订劳动合同的，即双方处于事实劳动关系期间，该如何处理？

关于这个问题，先后有不同的规定，分别规定如下：

第一，1996年10月31日实施的《劳动部关于实行劳动合同制度若干问题的通知》第十四条规定，有固定期限的劳动合同期满后，因用人单位方面的原因未办理终止或续订手续而形成事实劳动关系的，视为续订劳动合同。用人单位应及时与劳动者协商合同期限，办理续订手续。由此给劳动者造成损失的，该用人单位应当依法承担赔偿责任。可见，根据该通知，自1996年10月31日之日起，用人单位是不能随意终止事实劳动关系的。而是应当及时与劳动者协商合同期限，办理续订手续。因此给劳动者造成损失的，该用人单位应当依法承担赔偿责任。

第二，2001年4月26日发布，4月30日起实施的最高人民法院《关于审理劳动争议案件适用法律若干问题的解释》第十六条规定，"劳动合同期满后，劳动者仍在原用人单位工作，原用人单位未表示异议的，视为双方同意以原条件继续履行劳动合同。一方提出终止劳动关系的，人民法院应当支持"。从该条规定分析，从2001年4月30日起，用人单位可以随意终止事实劳动关系，并且可以不支付经济补偿金和承担赔偿责任。但是既然"视为双方同意以原条件继续履行劳动合同"，是不是说双方已经视为按照前一份劳动合同的期限等条件签订了新劳动合同？如果这样理解，则双方之间就不是事实劳动关系，而是书面劳动合同关系了。既然是书面劳动合同关系了，用人单位理当更不能随意解除了，如果把它当作没有约定劳动合同期限的劳动关系，那就是无固定期限劳动合同了。由此看来，这条规定还有待商榷。

第三，针对上述人民对《最高人民法院关于审理劳动争议案件适用法律若干问题的解释》第十六条规定的质疑，2001年11月26日劳动和社会保障部办公厅发布《关于对事实劳动关系解除是否应该支付经济补偿金问题的复函》，对《最高人民法院关于审理劳动争议案件适用法律若干问题的解释》第十六条规定，"劳动合同期满后，劳动者仍在原用人单位工作，原用人单位未表示异议的，视为双方同意以原条件继续履行劳动合同。一方提出终止劳动关系的，人民法院应当支持"，做了以下解释，"该规定中的'终止'是指劳动合同期满后，劳动者仍在原用人单位工作，用人单位未表示异议的，劳动者和原用人单位存在的是一种事实上的劳动关系，而不等于双方按照原合同约定的期限续签了一个新的劳动合同。一方提出终止劳动关系的，应认定为终止事实上的劳动关系"。对此解释的直观理解可以认为劳动合同到期后双方未续订而形成事实劳动关系的，一方可以提出终止这段劳动关系，既然是终止劳动关系，在2008年1月1日《劳动合同法》实施之前，自然不用支付经济补偿。这种一刀切的做法，显然置劳动者于不利境地。

第四，2008年9月18日实施的《劳动合同法实施条例》第六条规定，"用人单位自用工之日起超过一个月不满一年未与劳动者订立书面劳动合同的，应当依照《劳动合同法》第八十二条的规定向劳动者每月支付两倍的工资，并与劳动者补订书面劳动合同；劳动者不与用人单位订立书面劳动合同的，用人单位应当书面通知劳动者终止劳动关系，并依照《劳动合同法》第四十七条的规定支付经济补偿"。分析该条规定可知，用人单位显然不能随意终止或解除事实劳动关系，不但如此，用人单位自用工之日起超过一个月不满一年未与劳动者订立书面劳动合同的，应当向劳动者每月支付两倍的工资，并与劳动者补订书面劳动合同。

除非劳动者本人不愿意与用人单位订立书面劳动合同，用人单位才能书面通知劳动者终止劳动关系，即使如此，用人单位还是得支付经济补偿。需要说明的是，原固定期限劳动合同到期，单位没有及时终止劳动合同，劳动者继续在该单位工作的，用人单位又没有异议的，双方之间建立的劳动关系也属于事实劳动关系，同样适用上述规定。

六、法律依据

《中华人民共和国劳动合同法》（自2008年1月1日起施行，中华人民共和国主席令第六十五号）

第四十六条 有下列情形之一的，用人单位应当向劳动者支付经济补偿：

（一）劳动者依照本法第三十八条规定解除劳动合同的；

（二）用人单位依照本法第三十六条规定向劳动者提出解除劳动合同并与劳动者协商一致解除劳动合同的；

（三）用人单位依照本法第四十条规定解除劳动合同的；

（四）用人单位依照本法第四十一条第一款规定解除劳动合同的；

（五）除用人单位维持或者提高劳动合同约定条件续订劳动合同，劳动者不同意续订的情形外，依照本法第四十四条第一项规定终止固定期限劳动合同的；

（六）依照本法第四十四条第四项、第五项规定终止劳动合同的；

（七）法律、行政法规规定的其他情形。

第四十七条 经济补偿按劳动者在本单位工作的年限，每满一年支付一个月工资的标准向劳动者支付。六个月以上不满一年的，按一年计算；不满六个月的，向劳动者支付半个月工资的经济补偿。

劳动者月工资高于用人单位所在直辖市、设区的市级人民政府公布的本地区上年度职工月平均工资三倍的，向其支付经济补偿的标准按职工月平均工资三倍的数额支付，向其支付经济补偿的年限最高不超过十二年。

本条所称月工资是指劳动者在劳动合同解除或者终止前十二个月的平均工资。

第七节　劳动者的赔偿责任

在劳动争议案件中，用人单位侵犯劳动者利益的现象为社会所普遍关注，而劳动者"侵犯"用人单位利益的情况也时有发生，特别是因劳动者给企业造成损失的情况非常多见，如何对有关责任进行界定，是劳动者和用人单位普遍关心的问题。

一、劳动者给用人单位造成损失的主要情形

在企业用工管理实践当中，劳动者给用人单位造成损失的情形主要包括：

第一，劳动者违法解除劳动合同导致企业损失。如劳动者未履行提前通知义务而擅自离开工作岗位，使得短期内企业无法补充人员或者有些公司的重要项目可能因劳动者的不辞而别而无法完成，造成外部的商业违约风险，间接给公司造成损失。

第二，劳动者违反相关约定导致企业损失。如劳动者违反劳动合同约定的保密义务或者竞业限制，泄漏用人单位商业秘密从而导致企业利润下滑产生经济损失。

第三，在劳动合同履行过程中，因劳动者职务行为导致企业损失。主要表现为没有按照岗位职责履行自己的义务，有未尽职责的严重过失行为或者利用职务之便谋取私利的故意行为，使用人单位有形财产、无形财产遭受重大损害的情形。比如，商业银行的业务经理违反风险控制规定随意放贷，从而造成的银行呆账坏账。

二、用人单位向劳动者追究赔偿责任的原则

对于上述劳动者给用人单位造成损失的前两种情形，通常是在员工离职后发生的，双方已不存在劳动关系，用人单位追究劳动者的赔偿责任，可以按照双方约定并结合实际损失大小要求劳动者进行赔偿，此时用人单位追究劳动者的赔偿责任主要以《民法通则》等作为法律依据，以实际损失为主要参照标准。

对于劳动者在职期间所导致的损失，应考虑劳动关系的特殊性。

首先，在劳动关系存续期间，用人单位既是企业财产的所有人和管理人，又是企业内部的管理者和监督者，所以一旦发生劳动者造成用人单位经济损失的情况，用人单位就具有双重身份，既是受害人，又是劳动者的管理者。如果在此情况下让劳动者承担所有的赔偿责任，而企业作为管理者就不再承担任何责任，不符合公平原则。

其次，用人单位支付给劳动者的对价即劳动报酬与劳动者创造的劳动成果具有不对等性，企业作为劳动成果的享有者，更应承担经营风险。再者用人单位的每一项工作都由不同的劳动者来完成，如果严格要求劳动者根据其过错承担赔偿责任，实质是将企业的经营风险全部转移到劳动者身上，这对处于弱势地位的劳动者来说，并不合理。

因此，通常情况下，只有在劳动者由于故意或重大过失，给用人单位造成经济损失的情况下，劳动者才负赔偿责任。如果劳动者没有过失或者仅存在轻微过失，

则无需赔偿。

三、用人单位向劳动者追究赔偿的范围

用人单位向劳动者追究赔偿责任也应根据致损类型进行分析，如劳动者违法解除劳动合同导致企业损失，根据《违反〈劳动法〉有关劳动合同规定的赔偿办法》规定，可要求劳动者赔偿以下费用：（1）用人单位招收录用其所支付的费用；（2）用人单位为其支付的培训费用，双方另有约定的按约定办理；（3）对生产、经营和工作造成的直接经济损失；（4）劳动合同约定的其他赔偿费用。

对劳动者违反保密约定或竞业限制约定侵犯用人单位商业秘密导致损失的情形，根据相关规定，可以按《反不正当竞争法》第二十条的规定进行赔偿。

而对员工在职期间因职务行为导致企业损失的情形，根据相关规定，只能要求劳动者进行限额赔偿，如劳动部印发的《工资支付暂行规定》第十六条规定，"因劳动者本人原因给用人单位造成经济损失的，用人单位可按照劳动合同的约定要求其赔偿经济损失。经济损失的赔偿，可从劳动者本人的工资中扣除。但每月扣除的部分不得超过劳动者当月工资的20%。若扣除后的剩余工资部分低于当地月最低工资标准，则按最低工资标准支付"。《上海市企业工资支付办法》也规定，"劳动者因本人原因给单位造成经济损失，用人单位依法要其赔偿，并需从工资中扣除赔偿费的，扣除的部分不得超过劳动者当月工资收入的20%，且扣除后的剩余工资不得低于本市规定的最低工资标准"。

四、劳务派遣中的损失赔偿责任分担

在劳务派遣用工方式中，劳动者作为派遣公司的员工在用工单位提供劳动，若给用工单位造成经济损失或者因职务行为给其他人造成损害，应该如何承担相关赔偿责任呢？对此，劳务派遣关系中，用工单位和用人单位共同承担原本由用人单位承担的权利义务，实际用工单位与签订合同的用人单位相分离，尽管用工单位与劳

动者之间的权利义务关系的范围小于一般劳动关系，但其具体内容并不脱离劳动关系。在多数情况下，用工单位享有对劳动者实际工作的指挥管理权，故因劳动者原因导致用工单位损害，用工单位可以主张赔偿损失。

而对于劳动者给第三方造成损失的情形，根据2010年7月1日实施的《侵权责任法》规定，用人单位的工作人员因执行工作任务造成他人损害的，由用人单位承担侵权责任。劳务派遣期间，被派遣的工作人员因执行工作任务造成他人损害的，由接受劳务派遣的用工单位承担侵权责任；劳务派遣单位有过错的，承担相应的补充责任。因此，在劳务派遣中，用工单位的责任和权利不因其与劳动者不存在劳动关系而脱离。

对于劳动者给用人单位造成损失的情形，建议用人单位通过管理措施加以预先防范，如加强安全生产培训、对商业秘密采取保密措施，在合同中约定损失计算办法等，力争将损失最小化。

五、专业提示

用人单位应在劳动合同中明确约定劳动者突然辞职的赔偿责任。另外，还应对劳动者未尽到提前通知义务及该劳动者突然辞职造成的损失的相关证据材料进行留存。如果劳动者没有办妥辞职手续，原用人单位也没有出具解除劳动关系证明，劳动者到其他单位工作给原用人单位造成损失的，该用人单位与劳动者承担连带赔偿责任，其连带赔偿的份额应不低于对原用人单位造成经济损失总额的70%。

六、法律依据

《中华人民共和国劳动合同法》（自2008年1月1日起施行，中华人民共和国主席令第六十五号）

第九十条　劳动者违反本法规定解除劳动合同，或者违反劳动合同中约定的保密义务或者竞业限制，给用人单位造成损失的，应当承担赔偿责任。

《违反〈劳动法〉有关劳动合同规定的赔偿办法》（劳部发〔1995〕223号文件）

第四条 劳动者违反规定或劳动合同的约定解除劳动合同，对用人单位造成损失的，劳动者应赔偿用人单位下列损失：

（一）用人单位招收录用其所支付的费用；

（二）用人单位为其支付的培训费用，双方另有约定的按约定办理；

（三）对生产、经营和工作造成的直接经济损失；

（四）劳动合同约定的其他赔偿费用。

第五条 劳动者违反劳动合同中约定的保密事项，对用人单位造成经济损失的，按《反不正当竞争法》第二十条的规定支付用人单位赔偿费用。

《中华人民共和国反不正当竞争法》（自1993年12月1日起施行，中华人民共和国主席令第十号）

第二十条 经营者违反本法规定，给被侵害的经营者造成损害的，应当承担损害赔偿责任，被侵害的经营者的损失难以计算的，赔偿额为侵权人在侵权期间因侵权所获得的利润；并应当承担被侵害的经营者因调查该经营者侵害其合法权益的不正当竞争行为所支付的合理费用。

被侵害的经营者的合法权益受到不正当竞争行为损害的，可以向人民法院提起诉讼。

《工资支付暂行规定》（劳部发〔1994〕489号）

第十六条 因劳动者本人原因给用人单位造成经济损失的，用人单位可按照劳动合同的约定要求其赔偿经济损失。经济损失的赔偿，可从劳动者本人的工资中扣除。但每月扣除的部分不得超过劳动者当月工资的20%。若扣除后的剩余工资部分低于当地月最低工资标准，则按最低工资标准支付。

《中华人民共和国公司法》（自2006年1月1日起施行，中华人民共和国主席令第四十二号）

第一百四十八条 董事、监事、高级管理人员应当遵守法律、行政法规和公司章程，对公司负有忠实义务和勤勉义务。

董事、监事、高级管理人员不得利用职权收受贿赂或者其他非法收入，不得侵占公司的财产。

第一百四十九条　董事、高级管理人员不得有下列行为：

（一）挪用公司资金；

（二）将公司资金以其个人名义或者以其他个人名义开立账户存储；

（三）违反公司章程的规定，未经股东会、股东大会或者董事会同意，将公司资金借贷给他人或者以公司财产为他人提供担保；

（四）违反公司章程的规定或者未经股东会、股东大会同意，与本公司订立合同或者进行交易；

（五）未经股东会或者股东大会同意，利用职务便利为自己或者他人谋取属于公司的商业机会，自营或者为他人经营与所任职公司同类的业务；

（六）接受他人与公司交易的佣金归为己有；

（七）擅自披露公司秘密；

（八）违反对公司忠实义务的其他行为。

董事、高级管理人员违反前款规定所得的收入应当归公司所有。

第一百五十条　董事、监事、高级管理人员执行公司职务时违反法律、行政法规或者公司章程的规定，给公司造成损失的，应当承担赔偿责任。

第八节　劳动争议解决

一、法律解读

1. 定义

劳动争议解决，是指法律、法规授权的专门机构依法对劳动关系双方当事人之间发生的劳动争议进行调解、仲裁和审判的活动。所谓劳动争议即用人单位和劳动者之间因劳动的权利与义务发生分歧而引起的争议，又称劳动纠纷。

2. 劳动争议的范围

根据我国《劳动争议调解仲裁法》第二条规定,劳动争议的范围是:

(1) 因确认劳动关系发生的争议;

(2) 因订立、履行、变更、解除和终止劳动合同发生的争议;

(3) 因除名、辞退和辞职、离职发生的争议;

(4) 因工作时间、休息休假、社会保险、福利、培训以及劳动保护发生的争议;

(5) 因劳动报酬、工伤医疗费、经济补偿或者赔偿金等发生的争议;

(6) 法律、法规规定的其他劳动争议。

根据《最高人民法院关于审理劳动争议案件适用法律若干问题的解释(二)》第七条规定,以下纠纷不属于劳动争议:

(1) 劳动者请求社会保险经办机构发放社会保险金的纠纷;

(2) 劳动者与用人单位因住房制度改革产生的公有住房转让纠纷;

(3) 劳动者对劳动能力鉴定委员会的伤残等级鉴定结论或者对职业病诊断鉴定委员会的职业病诊断鉴定结论的异议纠纷;

(4) 家庭或者个人与家政服务人员之间的纠纷;

(5) 个体工匠与帮工、学徒之间的纠纷;

(6) 农村承包经营户与受雇人之间的纠纷。

3. 劳动争议处理的形式

《劳动争议调解仲裁法》规定的劳动争议处理的基本形式是:依法向劳动争议调解委员会申请调解,向仲裁委员会申请仲裁;向人民法院提起诉讼;当事人自行协商解决。当事人自行协商解决是在没有第三者的情况下,通过劳动关系当事人双方互谅、互让,协商解决纠纷的一种形式。这种形式简单方便、省时省力,不伤感情,有利于团结。国家提倡和支持劳动争议双方当事人采取自行协商的方式解决发生的争议。

4. 劳动争议案件的举证责任

(1) 存在劳动关系的举证责任。

劳动者与用人单位存在劳动关系是确定纠纷属于劳动纠纷的前提和基础。在实践中,劳动争议仲裁机关规定,劳动者提起仲裁申请必须提供劳动合同,否则不予立案。用人单位与劳动者签订劳动合同是法律的强制性规定,但很多用人单位为逃避责任而不与劳动者签订劳动合同。仲裁机构以劳动合同作为受理依据,显然是错误地适用了法律。只要劳动者举证证明为用人单位提供了劳动,仲裁机构就应当作为劳动案件受理。用人单位若否认双方之间的劳动关系,应当举证证明。

(2)劳动争议仲裁时效的举证责任。

《劳动法》第八十二条规定,"提出仲裁要求的一方应当自劳动争议发生之日起六十日内向劳动争议仲裁委员会提出书面申请"。《中华人民共和国企业劳动争议处理条例》(以下简称《企业劳动争议处理条例》)第二十三条规定,当事人应当从知道或者应当知道其权利被侵害之日起6个月内,以书面形式向仲裁委员会申请仲裁。"劳动争议发生之日"显然不同于"当事人知道或者应当知道其权利被侵害之日"。但是劳动部《关于贯彻劳动法若干问题的意见》第八十五条却偏偏规定,"'劳动争议发生之日'是指当事人知道或者应当知道其权利被侵害之日"。按照"上位法优于下位法"原则,《企业劳动争议处理条例》规定在《劳动法》实施后,应当失去效力。而实际上,司法和仲裁部门仍在适用该条例。

实践表明,60天的诉讼时效期间显然不利于劳动者。按照举证责任的要求,在是否超过仲裁时效问题上,应由主张超过时效一方举证证明。但实践中常有仲裁庭或人民法院要求劳动者举证证明自己提起仲裁申请没有超过时效。从处理劳动纠纷的经验看,劳资双方发生争议时往往都有很长时间的协商过程,因双方处于高度戒备状态,都会尽量避免给对方留下书面证据。待协商不成劳动者被迫申请仲裁时,已经远远超过60天。虽然,在双方开始协商时劳动者就已经知道自己的权利受到了侵害,但争议并未实际发生。仲裁庭和人民法院以协商开始时作为争议发生时,不仅劳动者的权益得不到维护,也鼓励了用人单位通过协商拖延时间规避时效。因此,应当由用人单位举证证明争议发生时间,如果用人单位不能举证,则应认为劳动者提起仲裁没有超过时效。

(3)劳动报酬纠纷的举证责任。

劳动报酬纠纷是劳动纠纷的重要组成部分,根据《最高人民法院关于民事诉讼证据的若干规定》第六条规定，在因用人单位做出的开除、除名、辞退、解除劳动合同、减少劳动报酬、计算劳动者工作年限等决定发生争议时，用人单位负举证责任。表面上看，此规定赋予了用人单位对劳动报酬问题的举证义务，但是实际上对用人单位并无多大的约束。这是因为：①按照该规定，只有因用人单位做出开除、除名、辞退、解除劳动合同、减少劳动报酬的"决定"发生争议时，用人单位才承担举证责任，但用人单位在做出上述决定时并不出具书面文书，劳动者显然不能证明用人单位做出过类似决定。②按照该规定，只有用人单位做出减少劳动报酬决定时才承担举证责任。要使该条规定得以执行，劳动者必须首先证明自己劳动报酬减少，再由用人单位举证减少的根据。但这对劳动者而言，基本上是不可能做到的。

笔者认为，应当规定"因劳动报酬发生纠纷的，由用人单位负举证责任"。这是因为，劳动报酬数额的确定必须以劳动者已经完成的工作任务与工资支付标准为依据。如果没有劳动合同，劳动者既不能对工资支付标准举证，更不能举证证明自己完成的劳动任务。道理很简单，那就是劳动者在完成劳动任务后，不可能要求用人单位签字确认。《工资支付暂行规定》第六条第三款规定，"用人单位必须书面记录支付劳动者工资的数额、时间、领取者的姓名以及签字，并保存两年以上备查"。因此，用人单位有义务记录并保存工作记录。

立法应当规定，当劳资之间因劳动报酬发生纠纷时，应由用人单位举证。当然，即使这样规定仍然还有两个问题不能解决：第一，用人单位伪造记录；第二，用人单位根本没有记录或者遗失记录。对于第一个问题，应当规定用人单位每月工作记录必须由劳动者签字确认，以防止用人单位伪造或涂改记录。对于第二个问题，可以规定用人单位如不能提供完整记录，就应当采用定额赔偿制度核算赔偿数额，即规定按照同行业平均工资的两倍确定工资支付标准，按照劳动合同确定劳动者的工作任务。

（4）内部规章制度有效性的举证责任。

根据《劳动法》第二十五条规定，劳动者严重违反劳动纪律或者用人单位规章制度的，用人单位可以解除劳动合同。按照有关规定，在此种情况下，用人单位解除劳动合同无须支付经济补偿金。但是，用人单位以该条规定解除劳动合同的前提是其劳动与规章制度必须是合法的、合理的。就合法性而言，用人单位的纪律与制度不得违反法律、法规、规章和政策。从法理上说，内部劳动制度的有效要件应当包括：①制定主体合法；②规定内容合法；③制定程序合法。

对于用人单位规章制度是否合法有效应由用人单位负责举证。特别是法律要求用人单位制定规章制度必须履行法定程序，如民主讨论、向职工公示等情况下，用人单位应就制定程序合法承担举证责任。就合理性而言，用人单位制定规章制度应为完成劳动任务所必须，而且不得违反一般社会道德观念。如用人单位规定女职工在在职期间不得结婚等，属无效规定。

（5）证据内容推定制度的适用。

《最高人民法院关于民事诉讼证据的若干规定》第七十五条规定，"有证据证明一方当事人持有证据无正当理由拒不提供，如果对当事人主张该证据的内容不利于证据持有人，可以推定该主张成立"。实践中，用人单位为规避法律义务，常恶意不举证。在此情况下，法院应当依据该规定采取证据内容的推定。如劳动者以特快专递收据证明自己提前一个月向用人单位发出解除合同通知，但用人单位却以没有收到该通知或收到的通知并非解约通知为由进行抗辩时，应当要求用人单位举证证明，不能举证则应当推定劳动者已经履行了通知义务。另外，凡是劳动法律、行政法规、政府规章、劳动政策要求用人单位做到的，用人单位应当就自己遵守了这些规定的事实承担举证责任。比如，《劳动法》第十六条规定，"建立劳动关系应当订立劳动合同"。如果用人单位不能提供劳动合同则应当推定劳动者的主张成立。考虑到现实中存在用人单位没有与劳动者订立劳动合同的普遍情况，也应采用定额赔偿制度。

二、专业提示

1. 用人单位应当在工资表上注明拒付工资的声明

在实践中，劳动关系存续期间产生的支付工资争议，用人单位能够证明已经书面通知劳动者拒付工资的，书面通知送达之日为争议发生之日。由于因工资报酬发生的争议占劳动争议案件的绝大多数,为了降低用人单位的仲裁风险,建议用人单位在每月的工资及福利等发放的同时显眼地注明"如对单位发放的数额有异议的,应在三个工作日内向公司办公室咨询,否则,视为公司拒付"。这样一来员工如果认为工资发放有误,应在收到工资之日起三个工作日内向公司办公室咨询。如三个工作日后员工有异议,必须在一年内提起仲裁申请,否则,将因超过仲裁时效而承担败诉的不利后果。

因解除或者终止劳动关系产生的争议,用人单位不能证明劳动者收到解除或者终止劳动关系书面通知时间的,劳动者主张权利之日为争议发生之日。

2. 上述情形能引起的法律后果

用人单位在向员工支付劳动报酬时,须有相应的拒付说明,以便阻断时效。否则,只要在劳动关系存续期间,员工随时可要求支付劳动报酬。也可随时据此单方提出解除劳动关系,并要求用人单位支付经济补偿金。另外,用人单位在与劳动者解除或终止劳动关系时,必须将书面解除或者终止劳动关系的通知送达给劳动者。否则,将很可能面临劳动者随时主张补交社会保险、补发工资的风险。

三、劳动争议案件证据合法性鉴别

在法律的适用过程中,必须"以事实为依据,以法律为准绳",在劳动争议的仲裁、诉讼过程中自然也不例外。但何为"事实"呢?毫无疑问,"事实"是指法律事实,即能够用证据证明了的事实。因此,证据的列举与采信,即成为事实的证明、案件的解决过程中最基础的一步。下面以一个案例为材料进行分析。

某纺织企业,是重点消防单位。企业《员工手册》规定,严禁在生产区域吸烟,一经发现,视作严重违纪,即解除劳动合同。员工王某烟瘾较大,一日烟瘾发作,便躲在厂房角落里吸烟,不巧被两名巡查人员发现,随即被带到企业人力资源部,人力资源部经理对王某进行了批评教育,并制作了批评教育笔录,王某也认识到自己行为的危害性,并做了自我批评。但当人力资源部经理让王某在笔录上签字时，王某苦苦哀求，不愿签字，人力资源部经理经不住王某的哀求，加之有巡查人员作证，便不再坚持让王某签字。过后不久，企业厂长听说此事，非常生气，要坚决解除王某的劳动合同。随后，人力资源部便通知王某解除劳动合同。王某不服，起诉到仲裁委员会，要求撤销企业解除劳动合同决定。庭审时，王某当庭否认自己在生产区域吸烟的事实，而企业证明王某吸烟的证据是批评教育笔录，并有两位巡查人员出庭作证。企业的证据能否被仲裁庭采信？

从这个案件的真实情况来看，企业完全有理由以严重违纪为由解除王某的劳动合同：首先，该单位的《员工手册》有明确规定吸烟视作严重违纪；其次，由于该单位为重点消防单位，《员工手册》这样的规定也并无不妥。从法律的角度看，这个案例主要牵涉两个问题，一是"客观事实"和"法律事实"的区分问题。"客观事实"即案件的真实的情况，比如在这个案件中，即王某确实有吸烟的行为，严重违反了用人单位的规章制度；而"法律事实"是指能够为合法有效的证据证明了的案件的情况。法律事实作为劳动争议仲裁庭或者法院判决的依据，往往是案件双方当事人争议的焦点。

在这个案件中，有两份证据，一是批评教育笔录；二是两名巡查员的证言效力问题。这两份证据能证明的事实即为法律事实。

那这个案件的法律事实是怎样的呢？这就牵涉证据的效力问题。一份合法有效的证据，往往要具备三个方面的特征，即客观性、关联性和合法性。在这个案例中，主要牵涉的是这两份证据的客观性问题。对于批评教育笔录，由于没有王某的签字，是不具备客观性的；对于两名巡查员的出庭证言，由于该两名巡查员与企业的利害关系，在客观性方面也是有瑕疵的，这样的证据往往只能作为间接证据使用，即需要与其他证据配合，才能作为王某确实有吸烟行为的证据。由于第一份证据不具有客观性导致了不被采信，第二份证据由于客观性的瑕疵以及其他证据的配合也很难作为认定王某吸烟的证据。那么，该案例的法律事实即为王某没有吸烟，所以，企业因为严重违纪解除王某的劳动合同则是不合法的，企业应该承担相应的责任。

这个案例其实提醒了人力资源管理者：作为企业的员工，可以对员工进行更多的人性化、灵活性的交流和沟通，但作为一名人力资源管理经理，更应该按照规章制度办事，把规章制度作为我们处理事情的主要依据。

四、案例分析

案例一：即时通讯记录能否作为证据使用

K小姐是一家高新技术公司的人事专员，负责公司招聘、培训及员工关系管理三个模块的工作。2008年年底，K小姐的年末绩效考核成绩连合格都没达到。公司给K小姐安排了为期一个月的培训，但培训后的考核结果依旧不尽如人意。2009年3月10日，公司向K小姐发出了《解除劳动合同通知书》。同月16日，与K小姐私交甚好的前台文员张小姐也无缘由地不辞而别。

2009年4月25日，公司收到劳动争议仲裁立案通知书，原来K小姐与张小姐同时提请劳动争议仲裁，要求公司向其二人支付未签订劳动合同的双倍工资补偿。公司历来管理规范，员工入职当日签订劳动合同已成为惯例，但当公司人员打开档案柜时却发现两人的劳动合同不翼而飞。后人力资源部从张小姐使用的办公电脑中发现，在其MSN聊天记录中，二人谈及K小姐窃取两人劳动合同，并以此为由向公司要求双倍工资的企图等内容。

问题：

即时通讯记录能否作为证据使用？

评析：

伴随着数字化时代的来临，计算机、数字网络技术已经深深嵌入人们的生产生活。在企业经营的层面，计算机成为"耕樵渔读"的生产工具，我们的创意、研发成果、设计图纸、客户名单、技术方案、重要文件几乎都以数据电文的形式产生和存在。相对于传统的纸质文件，数字文件具有易复制性（原件与复件难以区分、易篡改性、易传播性（随时被抄袭或泄漏）等特征。类似通过MSN、QQ、E-mail这样的即时通讯程序形成的通讯记录是应用在计算机网络平台上的，利用点对点的协议实现的即时的文本、音频和视频信息。

在"聊天"的过程中，所有的聊天内容均可以被保存在聊天记录中。根据《中华人民共和国电子签名法》第四条规定，能够有形地表现所载内容，并可以随时调取查用的数据电文，视为符合法律、法规要求的书面形式。即时通讯记录完全符合该条规定，所以，即时通讯记录属于《民事诉讼法》规定的书面证明，可以作为证据使用。例如《最高人民检察院关于印发检察机关贯彻刑诉法若干问题的意见的通知》就规定，即时通讯记录属于视听资料。因此，聊天记录、电子邮件这样的即时通讯可以作为诉讼争议的证据。

但是，就像其他数字文件一样，员工在企业内部使用聊天工具发出的信息都将通过企业自己的路由器出口流入即时通讯工具供应商的服务器，可以通过一定的技术手段进行拦截并有修改的可能，从而使其真实性受到质疑。对此，本案中的公司想要让那份聊天记录为公司所用，可以在保证聊天记录没有被更改、删节的前提下，将储存聊天记录的电脑硬盘信息进行公证。不过在司法实践中，很多公证处不办理即时聊天记录的公证。可喜的是，随着科技进步，现在出现了一种TSA时间戳证据固定方式，用人单位在实践中，也可以采用这种方式来固定聊天记录。所谓TSA时间戳是由权威时间戳服务机构（Time Stamp Authority）颁发的一个具有法律效力的电子凭证，是各种类型的电子文件（数据电文）在时间、权属及内容完整性方面的证明。

五、法律依据

《中华人民共和国劳动争议调解仲裁法》（自2008年5月1日起施行，中华人民共和国主席令第八十号）

第二条 中华人民共和国境内的用人单位与劳动者发生的下列劳动争议，适用本法：

（一）因确认劳动关系发生的争议；

（二）因订立、履行、变更、解除和终止劳动合同发生的争议；

（三）因除名、辞退和辞职、离职发生的争议；

（四）因工作时间、休息休假、社会保险、福利、培训以及劳动保护发生的争议；

（五）因劳动报酬、工伤医疗费、经济补偿或者赔偿金等发生的争议；

（六）法律、法规规定的其他劳动争议。

第六条 发生劳动争议，当事人对自己提出的主张，有责任提供证据。与争议事项有关的证据属于用人单位掌握管理的，用人单位应当提供；用人单位不提供的，应当承担不利后果。

《劳动人事争议仲裁办案规则》（自2009年1月1日起施行，人社部第2号令）

第二条 本规则适用下列争议的仲裁：

（一）企业、个体经济组织、民办非企业单位等组织与劳动者之间，以及机关、事业单位、社会团体与其建立劳动关系的劳动者之间，因确认劳动关系，订立、履行、变更、解除和终止劳动合同，工作时间、休息休假、社会保险、福利、培训以及劳动保护，劳动报酬、工伤医疗费、经济补偿或者赔偿金等发生的争议；

（二）实施公务员法的机关与聘任制公务员之间、参照公务员法管理的机关（单位）与聘任工作人员之间因履行聘任合同发生的争议；

（三）事业单位与工作人员之间因除名、辞退、辞职、离职等解除人事关系以及履行聘用合同发生的争议；

（四）社会团体与工作人员之间因除名、辞退、辞职、离职等解除人事关系以及履行聘用合同发生的争议；

（五）军队文职人员聘用单位与文职人员之间因履行聘用合同发生的争议；

（六）法律、法规规定由仲裁委员会处理的其他争议。

《最高人民法院关于审理劳动争议案件适用法律若干问题的解释（三）》（法释〔2010〕12号）

第一条 劳动者以用人单位未为其办理社会保险手续，且社会保险经办机构不能补办导致其无法享受社会保险待遇为由，要求用人单位赔偿损失而发生争议的，人民法院应予受理。

第二条 因企业自主进行改制引发的争议,人民法院应予受理。

《中华人民共和国民事诉讼法》(自2008年4月1日起施行,中华人民共和国主席令第七十五号)

第六十三条 证据有下列几种:

(一)书证;

(二)物证;

(三)视听资料;

(四)证人证言;

(五)当事人的陈述;

(六)鉴定结论;

(七)勘验笔录。

以上证据必须查证属实,才能作为认定事实的根据。

第六十四条 当事人对自己提出的主张,有责任提供证据。

当事人及其诉讼代理人因客观原因不能自行收集的证据,或者人民法院认为审理案件需要的证据,人民法院应当调查收集。

人民法院应当按照法定程序,全面地、客观地审查核实证据。

第六十五条 人民法院有权向有关单位和个人调查取证,有关单位和个人不得拒绝。

人民法院对有关单位和个人提出的证明文书,应当辨别真伪,审查确定其效力。

第六十六条 证据应当在法庭上出示,并由当事人互相质证。对涉及国家秘密、商业秘密和个人隐私的证据应当保密,需要在法庭出示的,不得在公开开庭时出示。

第六十七条 经过法定程序公证证明的法律行为、法律事实和文书,人民法院应当作为认定事实的根据。但有相反证据足以推翻公证证明的除外。

第六十八条 书证应当提交原件。物证应当提交原物。提交原件或者原物确有困难的,可以提交复制品、照片、副本、节录本。

提交外文书证,必须附有中文译本。

第六十九条 人民法院对视听资料，应当辨别真伪，并结合本案的其他证据，审查确定能否作为认定事实的根据。

第七十条 凡是知道案件情况的单位和个人，都有义务出庭作证，有关单位的负责人应当支持证人作证。证人确有困难不能出庭的，经人民法院许可，可以提交书面证言。

不能正确表达意志的人，不能作证。

第七十一条 人民法院对当事人的陈述，应当结合本案的其他证据，审查确定能否作为认定事实的根据。

当事人拒绝陈述的，不影响人民法院根据证据认定案件事实。

第七十二条 人民法院对专门性问题认为需要鉴定的，应当交由法定鉴定部门鉴定；没有法定鉴定部门的，由人民法院指定的鉴定部门鉴定。

鉴定部门及其指定的鉴定人有权了解进行鉴定所需要的案件材料，必要时可以询问当事人、证人。

鉴定部门和鉴定人应当提出书面鉴定结论，在鉴定书上签名或者盖章，鉴定人鉴定的，应当由鉴定人所在单位加盖印章，证明鉴定人身份。

第七十三条 勘验物证或者现场，勘验人必须出示人民法院的证件，并邀请当地基层组织或者当事人所在单位派人参加。当事人或者当事人的成年家属应当到场，拒不到场的，不影响勘验的进行。

有关单位和个人根据人民法院的通知，有义务保护现场，协助勘验工作。

勘验人应当将勘验情况和结果制作笔录，由勘验人、当事人和被邀参加人签名或者盖章。

第七十四条 在证据可能灭失或者以后难以取得的情况下，诉讼参加人可以向人民法院申请保全证据，人民法院也可以主动采取保全措施。

《最高人民法院关于民事诉讼证据的若干规定》（法释〔2001〕33号）

第一条 原告向人民法院起诉或者被告提出反诉，应当附有符合起诉条件的相应的证据材料。

第二条 当事人对自己提出的诉讼请求所依据的事实或者反驳对方诉讼请求所

依据的事实有责任提供证据加以证明。

没有证据或者证据不足以证明当事人的事实主张的，由负有举证责任的当事人承担不利后果。

第三条 人民法院应当向当事人说明举证的要求及法律后果，促使当事人在合理期限内积极、全面、正确、诚实地完成举证。

当事人因客观原因不能自行收集的证据，可申请人民法院调查收集。

第六条 在劳动争议纠纷案件中，因用人单位做出开除、除名、辞退、解除劳动合同、减少劳动报酬、计算劳动者工作年限等决定而发生劳动争议的，由用人单位负举证责任。

延伸阅读

编辑的话 | 亲爱的读者,感谢您选择了这本书。如果没有您,这凝聚了作者与编辑心血的作品,就太寂寞了。

《老HR手把手教你搞定HR管理——从有证书到会干活》

HR老手分享自己的经验,解决各种HR操作难题。
看完就能上岗,让HR少走弯路,聪明地干活!

应聘者资料真伪难辨、人事规章制度执行困难、员工绩效考核指标很难建立……考证时没遇到这些难题,书上也找不到解决方案。HR如何走出"有证书却不会干活"的困局?

作者从员工入职前、在职中、离职后的基础管理入手,抛开枯燥的理论,通过案例分析、法条提示,一一讲解了应对各种问题的方法思路及注意事项,并附以各种可以直接套用的HR管理操作模板,帮助HR在短时间内提升工作技能和管理技巧,从拼命地干活转变为聪明地干活。

作者:应秋月　　定价:58.00元　　ISBN: 978-7-301-20993-6

《人力资源常用法规速查手册》

权威人力资源管理专家为您指引操作和规避风险
新劳动合同法颁行之后的人力资源管理案头必备书

《人力资源常用法规速查手册》是国内首次针对人力资源管理专业人士编撰的法规速查手册,内容涵盖了劳动合同、培训、商业秘密与竞业限制协议、经济补偿金、违约金、赔偿金、生活补助费、工作时间、休息休假、劳动报酬、法定福利、社会保险等人力资源管理工作所涉及的相关国家级法律法规,读者可以迅速地根据目录查询到相关具体规定,是人力资源管理必备的专业书籍。

作者:程向阳　　定价:68.00元　　ISBN: 978-7-301-14878-5

更多好书,尽在掌握

大宗购买、咨询各地图书销售点等事宜,请拨打销售服务热线:010-82894445
媒体合作、电子出版、咨询作者培训等事宜,请拨打市场服务热线:010-82893505
推荐稿件、投稿,请拨打策划服务热线:010-82893507,82894830
欲了解新书信息,第一时间参与图书评论,请登录网站:www.sdgh.com.cn